实用新闻与传播学丛书　　总主编　顾理平

新媒体概论
NEW MEDIA THEORIES

曾来海　主编

南京师范大学出版社
NANJING NORMAL UNIVERSITY PRESS

图书在版编目(CIP)数据

新媒体概论 / 曾来海主编. —南京：南京师范大学出版社，2015.6
(实用新闻与传播学丛书)
ISBN 978-7-5651-2066-4

Ⅰ.①新… Ⅱ.①曾… Ⅲ.①传播媒介—概论 Ⅳ.①G206.2

中国版本图书馆 CIP 数据核字(2015)第 053354 号

书　　名	新媒体概论
丛书策划	林荣芹　王　涛
主　　编	曾来海
责任编辑	王　涛　王　敏
出版发行	南京师范大学出版社
地　　址	江苏省南京市宁海路122号(邮编：210097)
电　　话	(025)83598919(总编办)　83598412(营销部)　83598297(邮购部)
网　　址	http://www.njnup.com
电子信箱	nspzbb@163.com
照　　排	南京理工大学印刷照排中心
印　　刷	江阴金马印刷有限公司印刷
开　　本	787 毫米×960 毫米　1/16
印　　张	15.25
字　　数	273 千
版　　次	2015 年 6 月第 1 版　2015 年 6 月第 1 次印刷
书　　号	ISBN 978-7-5651-2066-4
定　　价	31.00 元

出 版 人　彭志斌

南京师大版图书若有印装问题请与销售商调换
版权所有　侵犯必究

总　序

新锐博士团队，精辟理论阐述，实用本科教材，科学知识传播，这是我对本丛书的基本期待。翻阅一本本书稿，这种期待的满足感油然而生。江苏是一个新闻大省，拥有一批国内外有重要影响的新闻传媒集团和新闻传播人才；江苏也是一个教育大省，其中，新闻传播教育的学科点众多，新闻教育的优秀学者荟萃，但是，学者们的许多成果花开本土，却果结异乡，令人颇为遗憾。我们希望这套产于本土，香飘本土的教材，能成为我省新闻教育的一段宝贵记忆。换句话说，我们书写的，是一种历史责任感和使命感。

一、关于作者

在我的感觉中，一个人最具创造性的阶段应该在三十岁至四十岁间，理工科类稍早，人文学科稍晚。这并不奇怪，这个年龄段的人身体机能处于巅峰状态，精力旺盛，注意力集中，更主要的是他们告别了年少轻狂，也未至暮气沉沉，因此具备无穷的想象力和创造力。本丛书的作者，正是这样一个年龄段的年轻才俊，一群才华横溢的博士。在他们的身上体现出来的，首先是新锐的思想。他们普遍具有良好的教育背景，通过博览群书，具有了比较广阔的学术视野。他们对前辈先贤的理论有良好的理解，同时，他们又拥有可贵的质疑精神，不迷信权威，不妄从传统，希望用自己的头脑，来解读新闻传播的理论与实践。他们的奇思妙想和真知灼见频频闪现，因此，翻阅丛书，我们不时会有"原来如此""原来还可以如此"的惊喜。其次是良好的学术功力。丛书的作者均为博士或在读博士，他们都经历了良好的学术训练和理论熏陶，这就使本丛书充满了浓浓的理性魅力，也更加符合学术规范的基本要求。学术功力的培养说起来简单，实际上是一个异常艰苦的过程。一方面，学术训练需要大量的时间和精力做保障。春暖花开要抵挡得住美景的诱惑，夏日酷暑要忍受得了炎热的烦扰，秋高气爽要抗拒得住美食的侵蚀，冬雪飘零要忍耐得了严寒的考验。另一方面，学术训练还需要一定的天赋和灵气。理论研究的过程中需要有好奇心和发现力,要有较强的领悟能力,而我们的作者正是这方面的佼佼者。第三,强烈的责任心。"文章千古事",教材的写作更是如此。大至谋篇布局及主要观点的表达,小至遣词造句的准确和标点的精当,作者们都要认真琢磨,反复推敲,体现了他们的良苦用心和科学态度。作者们都知道,这不仅是一般的学术研究,更是一种直接的知识传承,必须要本着对历史、对科学负责的态度来从事本书的写作。在初稿完成后,大家又不断地进行校阅,争取最好的呈现。这套书所有的作者都是大学一线教师,教书育人是他们的天职,他们把这种责任心倾注到了这套丛书的写作中,他们深知,面对一双双求知若渴的眼睛,面对日新月异的传媒发展局面,只有专注的、科学的表达,才对得起读者的期待和经受得住时间的检验。

二、关于丛书

这套丛书具备这样一些特点:第一,创新性。首先是内容的创新。新闻与传播学科是一门贴近社会的学科,必须时刻关注社会的日新月异和科技的最新进展,关注这个时代的宏观趋势和微观变迁。因此,创新性几乎可以说是这门学科的必然要求。近年来,经过一代代新闻人的不懈努力,学术界有不少册相关学科的教材出版,初步框定了主要的研究领域,构建成科学的学科体系,形成了基本的学科概念,这些内容是这套丛书必须传递的基本内容。因为我们始终相信一点,传统是创新之母,脱离了传统的创新只能是空中楼阁。因此,我们遵循已有的、规范的学科内容。在此基础上,我们更强调内容的不断创新。新闻的价值,贵在"新"字,否则就成了旧闻,而关于新闻的学科知识,当然也必须时时关注新闻界的最新变化,并从理论上对这种变化进行总结。于是,在这套丛书中,我们除了能看到对本学科相关知识的系统阐述外,更能看到这些新锐的学者关于新闻与传播学发展的最新总结。其次是形式的创新。除了一般教材常规的表述方式外,我们在形式上也做了一些创新性的尝试,譬如,我们在每章的开头都会有知识点导读或小贴士,在文中会有精当的最新案例分析,在文后附有促进理解的思考题。另外,在本丛书的编排和版式安排上,我们也做了不少创新性的尝试。我们希望这样的尝试,会给读者以耳目一新之感。第二,学理性。对学理性的坚守应该是一个有责任心的学者应有的态度,我们当然也不例外。这套丛书是一套教材,因此,它承担的学术责任理应更重。这种学术责任一方面表现为它对本学科知识表述的完整性上,即读者通过对本套教材的学习,对本学科的知识能有一个完整的、全面的了解。另一方面则表现为对本学科知识表述的准确性上。我们希望我们提供的观点是有创新价值的,但前提是准确。学术研究需要百花齐放,新见迭出,但教材提供的观点不追求石破天惊,更不应该离经叛道。我们希望我们提供的是基本成熟的,为学界和业界普遍认可的观点。第三,实用性。本套教材不追求玄虚空洞的抽象理论,专注于学而有用,因此,实用性是我们重要的着力点。

三、关于读者

中央电视台著名节目主持人白岩松在一档连线节目中曾有过这样一段话:"英国一家著名媒体的同行问我,英国的媒体人应该向中国的媒体人学什么?我告诉他,第一是中文。这当然是开玩笑。我告诉他首先要学习中国媒体人对世界的好奇心。"看似有些令人意外的回答,包含的却正是一个媒体人应该具备的基本素质。好奇心表达着一个人对世界的关心和关爱,也表达着一个媒体人发现新闻的必备能力。试想,如果一个人对外在世界漠不关心,充满着无所谓的态度,怎么会从纷繁复杂的诸多现象和事实中去发现最有价值的新闻进行传播呢?当然,一个媒体人应该具备的素质远不止好奇心这一项。国际化的视野,专业主义精神,社会责任意识,创新思维能力……所有这些,都有待在悠长岁月的流淌中养成。丛书的读者,主要是一批充满新闻理想的、意气风发的大学年轻学子,也包括那些对新闻传播有爱好的人们,坚守社会正义、维护社会良知是他们共同的追求。我们希望通过本套教材,能对他们实现各自的新闻理想有所帮助。

顾理平

(南京师范大学新闻与传播学院院长、博士生导师)

前 言

纵观人类传媒发展演变的漫长历史,我们发现:每一种新媒体的出现及普遍使用都会严重地冲击旧有的媒体,甚至有"狼来了"的危机与恐惧。但是短暂的"危机"之后,几乎所有新旧媒体都有惊无险,相安无事,并一直处于相互竞争、相互弥补的状态,最终逐渐形成了"共存共荣"的格局。然而,以国际互联网和手机为代表的数字化新媒体自诞生以来,不仅技术的更新与升级日新月异,还不断催生出众多的衍生新媒体。这些新媒体不仅兼容了文字、图片、声音、影像、动画等多媒体信息,而且几乎融合了报纸、杂志、广播、电视等传统媒体的所有优势。而更让人惊讶的是,这一系列新媒体几乎都在短时间内就得到了社会的广泛关注并迅速普遍使用。这些新媒体的普及不仅深刻地影响了社会的政治、经济、文化、生活与思维方式,也改变了传统的传播方式、理念、内容与形式,而且改变了既有的传媒市场格局,甚至致使报纸、杂志、广播、电视等传统媒体遭遇了前所未有的危机。即使传统传媒也在不断地利用包括数字技术、网络技术、移动通信技术等数字化新媒体的核心技术来提升自身的竞争力,但仍然未见转机。时至今日,在这些新媒体的强势竞争之下,报纸、杂志、广播、电视等传统媒体甚至近乎有被颠覆之恐惧。所以,对以网络与手机为代表的数字化新媒体的研究与教育不仅非常重要,而且变得非常迫切,甚至有刻不容缓之势。

为了满足传媒实务界对网络与手机等新媒体知识与人才的需求,目前国内高校新闻传播学类本科专业普遍开设了"新媒体概论"这一课程,而且也出版了数本相关教材。但是现有新媒体相关教材往往要么过于偏向抽象理论的阐述,要么过于偏向具体媒介现象的罗列。本教材在吸收与借鉴现有新媒体课程教材经验的基础上,不断吸取专家、学者有关新媒体研究的最新成果,力图做到理论与现象并重,既让传媒专业的学生了解具体的新媒体现象,又让他们明了新媒体的基本规律与相关理论。具体而言,本教材分为两部分,第一部分为第一至第四章,主要在新媒体的内涵与外延、新媒体对社会的影响、新媒体经济、新媒体法规与伦理四方面从宏观上较为概括地阐述了网络与手机等新媒体的基本理论。第二部分为第五至第九章，主要把现有新媒体形态以网络、广播电视、印刷、手机四类基本媒体类型为分类标准分为四种类别，然后从概念、分类、特征、起源、发展、社会影响、使用与管理等方面对每一具体新媒体形态进行详尽的介绍与剖析，以全面展示新媒体的具体现象与规律。

  本教材在编写的过程中吸取了不少国内外新媒体专家、学者的研究成果，在此，致以衷心的感谢！

  同时，在此特别感谢本系列教材主编、南京师范大学出版社的领导及编辑对本教材所提出的修改意见以及他们为本教材的出版所付出的辛勤劳动。由于作者水平有限，加上新媒体自身的变化莫测，本教材可能存在不少疏漏之处，在此，真诚地希望广大读者、同行专家批评指正。

作者

2015 年 3 月 25 日

目 录

总序 ·· (1)
前言 ·· (1)

上 篇

第一章 新媒体概述 ·· (3)
  第一节 新媒体的界定 ·· (4)
    一、"新媒体"一词的起源 ···································· (5)
    二、新媒体的种种定义 ··· (5)
    三、新媒体的科学界定 ··· (7)
    四、当前新媒体的形态 ··· (8)
  第二节 新媒体技术 ··· (9)
    一、数字技术 ·· (9)
    二、计算机网络技术 ··· (10)
    三、移动通信技术 ··· (11)
  第三节 新媒体与传统媒体的比较优势 ···················· (12)
    一、技术的数字化 ··· (12)
    二、信息的海量化与共享性 ··································· (12)
    三、形式的多媒体与超文本 ··································· (13)
    四、使用的个性化与交互性 ··································· (14)
  第四节 新旧媒体的融合 ·· (14)
    一、媒体融合的概念 ··· (15)
    二、新旧媒体在竞争中融合 ··································· (17)
    三、新旧媒体的融合方式 ······································ (17)

四、新旧媒体融合的产物 …………………………………… (18)

第二章　新媒体与社会发展 ………………………………… (20)
 第一节　新媒体与社会经济 ……………………………… (21)
  一、新媒体对社会经济的积极作用 ……………………… (21)
  二、新媒体对社会经济的消极影响 ……………………… (24)
 第二节　新媒体与社会政治 ……………………………… (26)
  一、新媒体对社会政治的积极作用 ……………………… (26)
  二、新媒体对社会政治的消极影响 ……………………… (29)
 第三节　新媒体与社会文化 ……………………………… (30)
  一、新媒体对社会文化的积极作用 ……………………… (30)
  二、新媒体对社会文化的消极影响 ……………………… (35)

第三章　新媒体经济 ………………………………………… (39)
 第一节　新媒体产业 ……………………………………… (40)
  一、新媒体产业的含义 …………………………………… (40)
  二、新媒体产业资源的构成 ……………………………… (41)
  三、新媒体的产业群 ……………………………………… (44)
  四、新媒体产业的特征 …………………………………… (46)
  五、我国新媒体产业的发展 ……………………………… (47)
  六、我国新媒体产业的政策 ……………………………… (51)
 第二节　新媒体企业运营 ………………………………… (55)
  一、新媒体企业的融资方式 ……………………………… (55)
  二、新媒体企业的盈利方式 ……………………………… (58)
  三、新媒体企业的微内容生产 …………………………… (62)
  四、新媒体企业的营销与推广 …………………………… (63)
  五、新媒体企业的扩张与并购 …………………………… (64)

第四章　新媒体法规与伦理 ………………………………… (65)
 第一节　新媒体法律规范 ………………………………… (66)
  一、新媒体的版权特点：版权开放(Copyleft) ………… (66)

二、与新媒体有关的国际条约……………………………………(68)
　　三、外国新媒体法律规范……………………………………(73)
　　四、中国新媒体法律规范……………………………………(83)
　第二节　新媒体伦理………………………………………………(87)
　　一、外国新媒体伦理…………………………………………(87)
　　二、中国新媒体伦理…………………………………………(91)

下　篇

第五章　网络新媒体（一）……………………………………(99)
第一节　新闻网站………………………………………………(100)
　　一、新闻网站的概念与特征…………………………………(100)
　　二、新闻网站的起源与发展历程……………………………(102)
　　三、新闻网站的社会影响力…………………………………(104)
　　四、新闻网站的使用与管理…………………………………(104)
第二节　门户网站………………………………………………(106)
　　一、门户网站的概念、分类与特征…………………………(106)
　　二、门户网站的起源与发展历程……………………………(111)
　　三、门户网站的社会影响力…………………………………(112)
　　四、门户网站的使用与管理…………………………………(113)
第三节　视频网站………………………………………………(114)
　　一、视频网站的概念与分类…………………………………(114)
　　二、视频网站的起源与发展历程……………………………(115)
　　三、视频网站的社会影响力…………………………………(116)
　　四、视频网站的使用与管理…………………………………(117)
第四节　搜索引擎………………………………………………(117)
　　一、搜索引擎的概念与分类…………………………………(118)
　　二、搜索引擎的起源与发展历程……………………………(120)
　　三、搜索引擎的使用…………………………………………(122)
　　四、搜索引擎的社会影响力…………………………………(122)

第五节　SNS …………………………………………………… (123)
　　一、SNS 的概念及其社交理论 ……………………………… (123)
　　二、SNS 的起源与发展历程 ………………………………… (124)
　　三、SNS 的社会影响力 ……………………………………… (125)
　　四、SNS 的使用与管理 ……………………………………… (125)

第六章　网络新媒体（二） ……………………………………… (127)

第一节　虚拟社区 ……………………………………………… (128)
　　一、虚拟社区的概念、分类与特征 ………………………… (128)
　　二、虚拟社区的起源与发展历程 …………………………… (130)
　　三、虚拟社区的社会影响力 ………………………………… (131)
　　四、虚拟社区的管理 ………………………………………… (131)

第二节　即时通信 ……………………………………………… (132)
　　一、即时通信的概念、分类与特征 ………………………… (132)
　　二、即时通信的起源与发展历程 …………………………… (134)
　　三、即时通信的使用与管理 ………………………………… (135)

第三节　RSS ………………………………………………… (136)
　　一、RSS 的概念、类型与特征 ……………………………… (136)
　　二、RSS 的起源与发展历程 ………………………………… (138)
　　三、RSS 的社会影响 ………………………………………… (139)

第四节　博客、微博与轻博客 ………………………………… (139)
　　一、博客 ……………………………………………………… (140)
　　二、微博 ……………………………………………………… (143)
　　三、轻博客 …………………………………………………… (144)
　　四、博客、微博与轻博客的社会影响力 …………………… (146)
　　五、博客、微博与轻博客的使用与管理 …………………… (147)

第五节　播客 …………………………………………………… (148)
　　一、播客的概念、分类与特征 ……………………………… (148)
　　二、播客的起源与发展历程 ………………………………… (150)
　　三、播客的使用与管理 ……………………………………… (151)

　　第六节　维客 …………………………………………… (152)
　　　　一、维客的概念、分类与特征 …………………………… (152)
　　　　二、维客的起源与发展历程 ……………………………… (155)
　　　　三、维客的使用与管理 …………………………………… (156)
　　第七节　网络游戏 ………………………………………… (157)
　　　　一、网络游戏的概念、分类与特征 ……………………… (158)
　　　　二、网络游戏的起源与发展历程 ………………………… (161)
　　　　三、网络游戏的使用与管理 ……………………………… (163)

第七章　广电新媒体 ……………………………………… (164)
　　第一节　网络广播 ………………………………………… (165)
　　　　一、网络广播的概念、分类与特征 ……………………… (165)
　　　　二、网络广播的起源与发展历程 ………………………… (167)
　　　　三、网络广播的使用与管理 ……………………………… (167)
　　第二节　数字广播 ………………………………………… (168)
　　　　一、数字广播的概念与特征 ……………………………… (168)
　　　　二、数字广播的起源与发展历程 ………………………… (169)
　　　　三、数字广播的使用与管理 ……………………………… (171)
　　第三节　数字电视 ………………………………………… (171)
　　　　一、数字电视的概念、分类与特征 ……………………… (171)
　　　　二、数字电视的起源与发展历程 ………………………… (172)
　　　　三、数字电视的使用与管理 ……………………………… (174)
　　第四节　IPTV ……………………………………………… (174)
　　　　一、IPTV 的概念与特征 ………………………………… (174)
　　　　二、IPTV 的起源与发展历程 …………………………… (176)
　　　　三、IPTV 的使用与管理 ………………………………… (177)
　　第五节　楼宇电视 ………………………………………… (178)
　　　　一、楼宇电视的概念、类型与特征 ……………………… (178)
　　　　二、楼宇电视的起源与发展历程 ………………………… (179)
　　　　三、楼宇电视的经营与管理 ……………………………… (180)

第六节　移动电视 …………………………………………………… (180)
　一、移动电视的概念、分类与特征 ……………………………… (180)
　二、移动电视的起源与发展历程 ………………………………… (181)
　三、移动电视的经营与管理 ……………………………………… (182)

第七节　数字电影 …………………………………………………… (182)
　一、数字电影的概念与特征 ……………………………………… (182)
　二、数字电影的起源与发展历程 ………………………………… (184)
　三、数字电影的管理 ……………………………………………… (186)

第八章　印刷新媒体 ……………………………………………………… (188)

第一节　电子图书 …………………………………………………… (189)
　一、电子图书的概念与特征 ……………………………………… (189)
　二、电子图书的起源与发展历程 ………………………………… (192)
　三、电子图书的使用与管理 ……………………………………… (193)

第二节　电子报纸 …………………………………………………… (194)
　一、电子报纸的概念与特征 ……………………………………… (194)
　二、电子报纸的起源与发展历程 ………………………………… (196)
　三、电子报纸的使用与管理 ……………………………………… (198)

第三节　电子杂志 …………………………………………………… (198)
　一、电子杂志的概念、分类与特征 ……………………………… (198)
　二、电子杂志的起源与发展历程 ………………………………… (200)
　三、电子杂志的使用与管理 ……………………………………… (201)

第九章　手机新媒体 ……………………………………………………… (203)

第一节　手机短信、彩信、彩铃 …………………………………… (205)
　一、手机短信 ……………………………………………………… (205)
　二、手机彩信 ……………………………………………………… (206)
　三、手机彩铃 ……………………………………………………… (207)

第二节　手机报纸、图书、杂志 …………………………………… (208)
　一、手机报纸 ……………………………………………………… (208)

二、手机图书 …………………………………………………… (211)
三、手机杂志 …………………………………………………… (212)
第三节　手机广播、电视、电影 …………………………………… (213)
一、手机广播 …………………………………………………… (213)
二、手机电视 …………………………………………………… (216)
三、手机电影 …………………………………………………… (219)

参考文献 ……………………………………………………………… (222)

上篇

上卷

第一章 新媒体概述

国际互联网的起源:从 ARPAnet 到 Internet

1969年12月,为了保持国内军事实验室计算机的通信联系,美国国防部研究计划署(ARPA)于是使用剑桥大学的 BBN 和 MA 协定将美国西南部的加利福尼亚大学洛杉矶分校(University of California, Los Angeles)、斯坦福大学研究学院(Stanford Research Institute)、加州大学圣塔芭芭拉分校(University of California, Santa Barbara)和犹他州大学(University of Utah)的四台主要计算机连接起来,供科学家们进行计算机联网实验用。这就是因特网的前身——美国军用"阿帕网"(ARPAnet)。

后来为了满足更多研究机构与公司计算机的联网需要,1974年,开发出了连接分组网络的 TCP/IP——即著名的传输控制协议 TCP 和网际互联协议 IP。将不同的计算机局域网互联,形成"互联网"。这就是"internetwork",简称"Internet"。

1986年,美国国家科学基金组织(National Science Foundation, NSF)将分布在美国各地的5个为科研教育服务的超级计算机中心互联,并支持地区网络,形成 NSFnet。两年后,NSFnet 替代 ARPAnet 成为 Internet 的主干网。

直到1989年,ARPAnet 解散,Internet 开始从军用转向民用。于是美国 IBM、MCI、MERIT 三家公司在1992年联合组建了一个高级网络服务公司(ANS),建立了一个新的网络,叫作 ANSnet,成为 Internet 的另一个主干网,从而使 Internet 开始走向商业化。

1995年4月30日,NSFnet 正式宣布停止运作。然而此时 Internet 的骨干网已经覆盖了全球91个国家,主机已超过400万台。从此以后,因特网更以惊人的速度向前发展,很快就达到了今天的规模。

学习要点：

  1. 新媒体的科学定义

  2. 当前数字化新媒体的核心技术

  3. 与传统书籍、报纸、杂志、电影、广播、电视等大众传媒相比较，当前以网络、手机为代表的新媒体的明显优势

  4. 新旧媒体之间的融合与竞争

  随着人类社会生产技术的不断变革，人类的信息传播技术也在不断革新，而传播技术革新的结果往往就是促成新媒体的诞生。如印刷技术的发明促成书籍、报纸、杂志等印刷媒体的诞生，电讯技术的发明则促成了广播、电影、电视等电子媒体的出现，而今天的数字技术与网络技术又促成了计算机网络媒体的形成，移动通信技术则促成手机媒体的诞生，这些新出现的媒体一次又一次地冲击着旧有的媒体技术与媒体形式。虽然每一次都经历了"狼来了"的危机，但是在电子媒体出现之前，几乎所有新旧媒体在有惊无险之后都相安无事，一直处于相互竞争和相互弥补的状态，形成了"共存共荣"的格局。所以，社会公众对"新媒体"一词并不敏感，甚至不觉为奇。然而直到计算机网络媒体和手机媒体出现之后，似乎对旧有媒体有颠覆性变革之势，这才引起社会的关注与重视，从而"新媒体"一词迅速成为社会上流行的词汇。那么，究竟什么是新媒体？当今促成新媒体形成的核心技术有哪些？与旧有媒体相比，新媒体的优势是什么？新旧媒体之间是怎样竞争与合作的？竞争与合作的产物又是什么？本章将一一解答以上疑问。

第一节 新媒体的界定

  明确新媒体的含义是我们学习和认识新媒体的首要问题。然而目前关于新媒体的定义各种各样，五花八门，那么，究竟怎样界定新媒体呢？我们首先得从"新媒体"一词的起源说起，然后在各种有代表性定义的基础之上，给新媒体一个较为科学的界定。

一、"新媒体"一词的起源

中文的"新媒体"一词是英文"New Media"的直接翻译,所以我们要了解"新媒体"的起源,还得从"New Media"一词的来源说起。一般认为,"新媒体"作为传播媒介的一个专有术语,最早是由美国一个叫 P. 戈尔德马克(Peter Carl Goldmark)的人提出来的。P. 戈尔德马克是 LP(留声机唱片,the long-playing microgroove 33-1/3 rpm vinyl phonograph disc)和 EVR(电子录像,Electronic Video Recording)的发明者,还是参与制定彩色电视 NTSC 标准的重要成员,曾担任过美国 CBS(哥伦比亚广播公司)技术研究所所长。他在1967年发表了一份关于开发 EVR 商品的计划,在这个计划里他第一次提出了"新媒体"一词。[①] 之后,有一个叫 E. 罗斯托(E. Rostow)的人,他是美国传播政策总统特别委员会主席。他在1969年向当时的美国总统尼克松提交的报告书中,也多处使用"New Media"(新媒体)一词。[②] 从此以后,"新媒体"一词就开始在美国社会流行,并逐步流传到全世界,"新媒体"也逐渐成为全世界的热门话题。

二、新媒体的种种定义

目前关于新媒体的定义,国内外专家仍然没有达成共识,以至于出现了五花八门的定义。然而综合起来,这些有代表性的定义可以归纳为新媒体即为网络媒体、新媒体即为数字媒体、新媒体即为新的媒体三种基本类型。

(一)新媒体即为网络媒体,或者就是互联网

联合国新闻委员会在1998年5月举行的年会上正式提出把互联网称为继报纸、广播、电视之后出现的"第四媒体",于是便有了新媒体就是互联网的定义。还有类似的定义,如"新媒体是指以电脑为核心的传播科技,它们促成或加强使用者彼此之间的互动,也方便使用者获得资讯"(Rice & Williams 等)。[③] 但随着手机等新媒体出现以后,新媒体仅为网络媒体的概念自然就被

[①] http://www.terramedia.co.uk/quotations/Quotes_G.htm.
[②] 陈刚. 新媒体与广告. 北京:中国轻工业出版社,2002:1.
[③] 岳泉,汪徽志,刘红珠. 新媒介概论. 南京:南京大学出版社,2010:46.

大多数人所抛弃。

(二) 新媒体即为数字媒体

美国俄裔新媒体艺术家列维·曼诺维奇(Lev Manovich)是这样界定的：新媒体将不再是任何一种有特殊意义的媒体，而只是一种与传统媒体形式没有关系的一组数字信息，但这些信息可以根据需要以相应的媒体形式展示出来。①清华大学新闻与传播学院新媒体研究中心主任熊澄宇教授在中国网络媒体论坛上也曾说过："今天的新媒体主要是指在计算机信息处理技术基础上产生和发展的媒体形态，包括在线的网络媒体和离线的其他数字媒体形式。"②还有一些类似的定义，如新媒体是一种既超越了电视媒体的广度，又超过了印刷媒体深度的媒体，而且由于其高度的互动性、个人性和感知方式的多样性，它具备了从前任何媒体都不曾具备的力度，即互动式数字化复合媒体。③就目前全球最新的媒体技术来说，基本上可以认为新媒体主要集中体现在数字技术这一关键技术上。

(三) 新媒体即为新的媒体，与传统的、旧有的媒体相对而言，包括新技术、新形式或新内容

这是一个相对的、变动的概念。如国务院发展研究中心研究员岳颂东就提出，"新媒体是采用当代最新的科技手段，将信息传播给受众，从而对受众产生预期效应的介质"。④但是很难从内涵与外延两个方面来给新媒体下一个科学确切的定义，所以很多学者就从媒体所表现出来的特征入手，概括或描述新媒体的概念。其中美国《连线》杂志对新媒体的定义是"所有人对所有人的传播"。而威廉姆斯等人(Williams, Stover & Grant)给出的定义是，新媒体是"应用微电子、电脑和广电技术提供崭新的，或者变旧为新的资讯服务"。⑤还有美国在线媒体顾问、资深媒体分析师凡·克劳思贝(Vin Crosbie)给出的

---

① 刘军.从电影到电视，再到新媒体——试论影像媒体语言的流变.广播电视与教育,2003(2).
② 熊澄宇.在中国网络媒体论坛上的发言.www.cctv.com,2003-06-18.
③ 吴征.媒体业发展趋势与新媒体的文化使命.http://tech.sina.com.cn/it/66496.shtml.
④ 岳颂东.新媒体产业的8个特点.http://finance.sina.com.cn/hy/20080519/17024884944.shtml.
⑤ 岳泉,汪徽志,刘红珠.新媒介概论.南京:南京大学出版社,2010:46.

定义是,新媒体"就是能对大众同时提供个性化内容的媒体,是传播者和接受者融会成对等的交流者、而无数的交流者相互间可以同时进行个性化交流的媒体"。① 这些定义一方面让我们一看就知道所指的是什么,但另一方面作为一个概念却又不严密,甚至难合逻辑,比较随意。

相对而言,较为严密的定义有:中国人民大学新闻学院匡文波教授2007年曾经给新媒体下了这样一个定义,即"新媒体,是一个相对的概念,是继报刊、广播、电视等传统媒体以后发展起来的新的媒体形态",并在2008年绘制了新媒体家族图谱以阐明新媒体的范畴,认为主要有网络类(如各种网站、视频、博客、搜索引擎、图书、报刊等)、数字广播电视类与移动类(如手机媒体)。② 中国传媒大学的周鸿铎教授在2007年也曾经这样说过,"从理论的角度讲,新媒体包括全新的媒介、革新的媒介、衍生的媒介、外来的媒介,但在我国的表现是两种形式:新型媒介和衍生媒介"。③ 还有上海大学影视技术学院吴信训教授也曾在2008年对新媒体的定义作了这样的解释,"以全新的技术实现既往未有的传播功能,或对既存媒介在传统技术与功能上实现了某种质的超越的媒介"。④ 后来北京大学新闻与传播学院的陆地教授与高菲也对新媒体作了更为全面的定义,强调新媒体有广义和狭义之分,狭义的新媒体仅指新兴媒体;广义的新媒体则包括在传统媒体基础上改造而来的新型媒体和与传统媒体意义相对应的新兴媒体。并进一步解释了新兴媒体与新型媒体的概念,其中新兴媒体是指在传播理念、传播技术、传播方式和消费方式等方面发生了质的飞跃的媒介或媒体;新型媒体则是指在传统媒体基础上经过技术上的升级换代、与传统媒体并无本质差异的媒介或媒体。⑤

三、新媒体的科学界定

综合已有的观点,本书认为新媒体有广义与狭义之分。广义的新媒体,指的是与旧有的传统的媒体相比,由于出现新的媒体技术、媒体形式或媒体内容

---

① 郑治. 新媒体是什么?. http://blog. sina. com. cn/s/blog_591 eeecd0100085r. html.
② 陆地,高菲. 新媒体的强制性传播研究. 北京:人民出版社,2010:13-14.
③ 陆地,高菲. 新媒体的强制性传播研究. 北京:人民出版社,2010:13-14.
④ 陆地,高菲. 新媒体的强制性传播研究. 北京:人民出版社,2010:14.
⑤ 陆地,高菲. 新媒体的强制性传播研究. 北京:人民出版社,2010:16-18.

等,而产生了大规模的新的媒体。而狭义的新媒体,就是我们今天所指的新媒体,那就是基于数字技术、计算机网络技术、移动通信技术等,以及在新旧媒体之间相互作用之后产生的各种全新的或融合的媒体。

同时,广义的新媒体是抽象的定义,适合各时代的关于新媒体的界定,但狭义的新媒体则是具体的定义,仅适于当前数字化、网络化技术时代关于新媒体的界定。

四、当前新媒体的形态

当前新媒体主要是基于计算机网络技术、数字技术与移动通信技术而产生与形成的,所以根据以上三大技术标准可以把当前的新媒体形态划分为网络新媒体、数字新媒体与手机新媒体三大类型。

(一)网络新媒体

网络新媒体就是以计算机网络为传播信息的载体。其主要形式有:门户网站、搜索引擎、网络游戏、电子邮件(E-mail)、网络论坛(BBS)、网络报纸、网络杂志、网络广播、网络电视、即时通讯、SNS、RSS、博客(Blog)、播客(Podcast)、维客(Wiki)、微博客、拍客等传播形态。

(二)数字新媒体

数字新媒体是通过数字技术存储与传输信息的媒体形态。其主要形式有:数字音频广播(DAB)、数字多媒体广播(DMB)、数字卫星广播(DSB)、数字调幅广播(DAM)、互动电视、数字电视、IPTV、楼宇电视、移动电视、数字图书、数字期刊、数字报纸等传播形态。

(三)手机新媒体

手机新媒体指的是通过移动通信技术,主要以手机为载体传递信息的媒体。其主要形式有:手机短信、手机彩信、手机彩铃、手机飞信、手机报纸、手机杂志、手机图书、手机广播、手机电视、手机游戏等传播形态。

第二节 新媒体技术

纵观人类大众传播媒介发展的整个过程，我们发现每一种新媒体的诞生背后都有新的传播技术在支撑。如图书、报纸、杂志等纸质印刷媒体产生的支撑技术是造纸术与印刷术，广播、电影与电视等电子媒体产生的支撑技术是电报、电话与照相技术，而以网络媒体与手机媒体为代表的新媒体的出现则是以新兴的数字技术、计算机网络技术与移动通信技术作为支撑技术的。

> **☞ 小贴士：**
>
> **技术应用的"30年法则"**
>
> 保罗·萨弗发现，一项新技术在最初三十年内要经历三个典型的阶段。"第一个10年：许许多多的兴奋，许许多多的迷惑，但是渗透得并不广泛。第二个10年：许许多多的潮涨潮落，产品开始向社会渗透。第三个10年：'哦，又有什么了不起？'只不过是一项标准技术，人人都拥有了它。"
>
> ——摘自 Paul Saffo and the 30-Year Rule, Design World, 24(1992):18.

一、数字技术

一般认为，数字技术是伴随着计算机的发明与微电子技术的进步而开发的一种新的信息编码方式，以数字"0"和"1"组成的二进制的"比特"(bit)作为信息编码的最小单位，通过电子计算机、光缆、通信卫星等设备，把图、文、声、像等信号转化为电子计算机能识别的比特进行运算、加工、存储、传送、传播与还原。由于在运算、存储等环节中要借助于计算机对信息进行编码、压缩、解码等，所以也称为计算机数字技术。换句话说，数字技术最终的目的就是将信息进行数字化表达。

具体来说，从信息传播过程的各环节来看，数字技术主要包括数字信息处理与生成技术、数字信息存储技术、数字无线技术、数字传播技术、数字终端技术、数字媒体的信息安全与检索技术。其中，数字信息处理与生成技术包括数字音频处理技术、数字图像处理技术、计算机图形与动画技术；数字信息存储技术包括磁存储技术、半导体存储技术、光存储技术、网络存储技术；数字无线技术包括数字移动通信技术、无线互联网技术、卫星通信技术；数字传播技术包括数字通信技术、计算机网络技术、下一代网络 NGN 技术、流媒体技术；数字终端技术包括个人计算机技术、数字电视终端技术、手持移动数据终端技术；数字媒体的信息安全与检索技术包括数字媒体信息安全技术、数字媒体数据库技术与数字媒体信息检索技术。

与传统的模拟信号相比，数字技术具有信号稳定、精度高、保密性好、通用性强、抗干扰能力强、便于长期存储等明显优点。

虽然数字技术最初只在雷达、航天、声呐、通讯、海洋技术、电子技术、微电子、计算机、人工智能等国防建设与国民经济领域普遍使用，但随着社会市场需求的扩大，新闻信息传播等商业领域也开始不断地使用数字技术来改进自身信息的处理、存储与传输方式。随着大众传媒的数字化，传统的大众传媒不仅摆脱了原有传送方式的限制，而且打破了传统的图书、报纸、杂志、广播、电影、电视、电讯与电脑之间的界限，产生了综合文字、图像、声讯与视讯的多媒体形态的新媒体。

二、计算机网络技术

计算机网络技术是通信技术与计算机技术相结合的产物。计算机网络是通过通信线路与通信设备（如电缆、光纤、双绞线、微波、载波或通信卫星等），按照网络协议，将各地分散的、独立的计算机相互连接起来，在网络软件的支持下实现彼此之间硬件、软件和数据资源共享的系统。计算机网络通过共享硬件、软件和数据资源，实现对共享数据资源的集中处理、管理和维护。

计算机网络可以按照网络涉辖范围和互联距离、网络拓扑结构、网络数据传输和网络系统的拥有者、不同的服务对象等不同标准进行种类划分。若以网络范围为划分标准的话，一般划分为局域网（LAN）、城域网（MAN）与广域网（WAN）；如果按网络的交换方式分类，一般划分为报文交换、电路交换与分组交换；若按照所采用的拓扑结构来分类的话，可以将计算机网络分为总线网、星星网、环形网、树形网和网形网；如果按照其所采用的传输介质来划分的话，可以分为双绞线网、同轴电缆网、光纤网、无线网；如果按照信道的带宽来划分的话，一般可以分为窄带网和宽带网；而按照不同的途径来分类的话，可以分为科研网、教育网、商业网、企业网和校园网等。

自美国军方 ARPAnet 诞生以来，计算机网络技术的魅力就得到无尽的展现,尤其是万维网(World Wide Web,简称 WWW 或 Web)的出现最终实现了计算机网络民用化、商业化与全球化的发展与使用。在此基础之上,Web技术也历经了从 Web1.0 到 Web2.0,从 Web2.0 到 Web3.0 的变革,计算机网络也从第一代网络发展至下一代网络(NGN)。

计算机网络技术的每一次革新都推动了传播技术的变革,推进大众传媒的改进,甚至催生出新的媒体。如 Web1.0 的主要特点在于用户通过使用互联网浏览器获取信息;而 Web2.0 更注重用户的交互作用,用户既是网站内容的消费者,也是网站内容的制造者;Web3.0 则将实现智能化的人与人、人与机器的交流。

三、移动通信技术

顾名思义,移动通信是与固定通讯相对而言的,就是指移动体(如人、汽车、火车、飞机、轮船、收音机等)与移动体之间,或移动体与固定体之间的信息传输。移动通信技术通过无线网络实现了跨时空的信息传播,使数字信息传播摆脱了电线、光缆等固定网络的限制与阻碍。

移动通信技术已经从以 NMT、AMPS 为标准的模拟传输的第一代移动通信系统发展至以 GSM、PDC、CDMA 和 D-AMPS 等为标准的数字语音传输的第二代移动通信系统,又从第二代移动通信技术发展到了以 WCDMA、CDMA2000、TD-SCDMA 和 WiMAX 为标准的智能信息处理的第三代移动通信系统,然后再从第三代移动通信技术发展至以正交频分复用(OFDM)为标准的集 3G 与 WLAN 于一体的高质量视频图像传输的第四代移动通信系统。

移动通信技术的每一次更替都推动着媒体技术的发展与变革,甚至催生出了新的媒体形态。如第一代移动通信技术只能提供语音服务,但第二代移动通信技术却可以提供语音、短信、彩信、国际互联网、移动商务等服务,而第三代移动通信技术还可以提供网页浏览、电话会议、电子商务、视频音频接收等服务,到了第四代移动通信技术提供的则是多媒体信息服务,此时的手机已经是一个微型的移动电脑了。

当然,以上所述的数字技术、计算机网络技术与移动通信技术三者之间并非孤立的,而是相互支撑的,其中数字技术是基础,网络技术和移动通信技术则是渠道,只有信息实现了数字化的转换以后,才能通过网络技术与移动通信技术进行传输与接收。而这三大技术的结合则构筑了新媒体技术的核心,并为新媒体的诞生、新旧媒体的融合提供了技术前提。

第三节　新媒体与传统媒体的比较优势

与传统媒体(如报纸、杂志、书籍、广播、电视、电影等)相比较,以网络与手机为代表的新媒体自诞生之日起,其独特的优势就表现得非常突出与强劲,但在众多的优势当中,最为明显的则表现为以下几个方面。

一、技术的数字化

在主要的传统大众媒体当中,要么以纸张为介质,要么以磁带和胶片为介质,虽然也能保存相当长的时间,但是往往有失真的现象,尤其是对于传统电子媒体来说,不仅在长时间的保存当中会失真,而且在信号传播过程中,其模拟信号也容易失真。相反,新媒体是以数字化技术为基础的大众传播媒介,以体积小、容量大的光盘、硬盘、云盘等为介质,以字节比特为信息的最小单位,不仅信息的存储数字化,而且信息的传送与接收也数字化,所以,这从根本上就保证了新媒体信息本身的稳定性、高保真与高清晰。同时,数字化技术也是新媒体其他特征与优势的前提与保证。

二、信息的海量化与共享性

由于传统媒体存储介质容量有限,如平面媒体受版面的限制、电子媒体受时间的限制,所以广大受众通过这些媒体所能获得的信息也是有限的。而以数字化信息存储与传播的新媒体,却能在微小的存储介质(如光盘、硬盘、云盘等)里长时间保存海量的数字化信息,尤其在通过网线把世界各地单个计算机连接起来以后,所形成的国际互联网(Internet)上,所有连线和在线的计算机所存储的信息就变成了一个浩瀚无边的信息海洋,所有在线网民都可以在这个信息的海洋里冲浪。

从宏观上说,即使在传统媒介社会里,信息也是庞杂和海量的,但是从单个的媒体信息容量来看,却是极其有限的,同时受众所能够获得的信息也是极为有限的。可是在新媒体社会里,不仅单个媒体自身存储的信息近乎海量,而且各个单个的媒体连接起来的网络里所拥有的信息更像一个汪洋大海。更为重要的是,每个受众只要在线联机就可以在跨国界、跨疆域的有线或无线网络里分享彼此所拥有的信息,从而实现全球海量信息的共享,并且这种全球性新闻信息的共享是不受时间与空间限制的。尤其在 P2P 技术的支持下,出现了如 BT 和 emule 等一大批的共享软件,使得新媒体的高度共享得以全面实现与普及。

> ☞ **小贴士：**
>
> **你知道 P2P 吗？**
>
> P2P 就是 Peer to Peer,即对等网络,它引导网络计算机模式从集中式向分布式偏移,也就是说网络应用的核心从中央服务器向网络边缘的终端设备扩散：服务器到服务器、服务器到 PC 机、PC 机到 PC 机、PC 机到 WAP 手机……所有的网络节点上的设备都可以建立 P2P 对话。[①]

三、形式的多媒体与超文本

传统媒体的信息往往以较为单一的符号作为表现形式,比如纸质媒体是利用文字和图片传递信息,广播是以声音发送信息,而电视则借助于声音、图像和字幕传播信号。但是以网络与手机为代表的新媒体信息的保存、表达与传播,则兼容了文字、图片(表)、声音、动画、影像等多种传播符号。由于运用了综合处理文字、图形、声音和图像的多媒体技术,新媒体达到了将传统媒体的优势集于一身,而且最大限度地实现了各种传播形式的"兼容并包"。这不仅使新媒体丰富了信息传播的手段,而且也使受众的各种感官得以充分调动。

由于信息的数字化处理,新媒体不再像传统媒体一样以文本形式呈现和以线性形式组织,而是以多媒体形式展示,以节点(Node)为单位的超文本呈现,以超链接组织。每一个节点内的信息可以是文本、图像、图形、动画、声音或它们的组合,节点之间则通过关系加以链接,组织上呈网状结构。这一方面既便于新媒体海量信息的存储,又便于受众对信息的浏览与检索。

---

① 陆群,张佳昺.新媒体革命——技术、资本与人重构传媒业.北京:社会科学文献出版社,2002:88.

四、使用的个性化与交互性

与传统媒体以同一信息同时向社会公众传播的大众传播相比,新媒体则往往是个性化的小众传播。在以网络与手机为代表的新媒体传播中,受众可以根据自己的需要通过搜索和检索工具来选择信息,还可以自由地选择信息接收的时间、地点以及信息的表现形式,甚至信息的生产与传播者还可以利用"信息推送技术",根据用户的特殊需求提供订单式服务。

同时,新媒体也不再像传统媒体一样持有"你说我听"的单向传播模式,而是交互式传播。传统媒体按线性输出信息,让受众被动地接收以统一标准生产的信息产品,即使也通过热线电话、来信、来访等方式展开与受众的互动,但互动的频率一般比较低且成本较高,而新媒体的互动则非常便捷且成本低廉。新媒体不仅可以通过点击量来体现互动,而且可以通过留言和评论等方式来直接互动,甚至还可以通过在线提问和交流来实现互动。除此之外,新媒体的交互性还体现在让受众直接参与信息的生产。信息生产的直接参与主要体现在发帖或上传自己所采集的信息,这不仅可以为媒体信息生产与传播者提供信息来源,而且还常常率先发布一些消息,尤其是突发性消息或传统媒体难以采集或者不发布的消息往往会由网络和手机等新媒体率先报道。

第四节　新旧媒体的融合

从整个大众传媒的演变过程来看,任何一种新媒体的出现都会引起新旧媒体之间的竞争,但在竞争的同时,新旧媒体又往往相互取长补短,共存共荣,甚至相互融合发展,以至于在融合中又形成新的媒体。如语言传播与电报融合形成电话,电话与唱机融合形成广播,广播与电影融合形成电视。但是这些新媒体的出现并没有引起社会对媒体融合的关注,直到以网络与手机为代表的新媒体诞生,新旧媒体的融合才呈现出前所未有的规模与速度,并引发了全球性的新媒体革命。

一、媒体融合的概念

自从美国麻省理工学院(MIT)媒体实验室创始人尼古拉斯·尼葛洛庞帝(Nicholas Negroponte)在1978年首次提出"媒体融合"(Media Convergence)一词以来,关于媒体融合的概念至今尚无定论,在种种定义中,最具有代表性的就是"技术融合论""大汇流论""大媒体论""生产融合论"。然而这些定义都是从特定的视角来界定的,并没有全面揭示媒体融合的内涵与外延。所以本书在综合已有的代表性定义的基础上,概括了媒体融合的本质特征。

(一) 媒体融合的种种定义

1. "技术融合论"

尼葛洛庞帝提出"融合"的概念,"所有的传播技术正在遭受联合变形之苦,只有把它们作为单个事物对待时,它们才能得到适当的理解"。[①] 他画了三个交叉的圆圈来代表计算机、印刷和广播三者的技术边界,认为三个圆圈的交叉处将会成为成长最快、创新最多的领域,并进一步认为"广播和动画业""电脑业"与"印刷和出版业"三个领域将会逐渐趋于融合(如图1-1)。[②] 也就是说,在计算机技术和网络技术两者融合的基础上,文件、对话、图片、音乐和影像等数字信息都可以使用一种终端和网络来传播,这就大大加强了不同媒体之间的互换性和互联性。虽然这在当时只是一种设想或预言,没有经过严格的论证与实验,但却无意中指明了新旧媒体技术发展融合的方向。

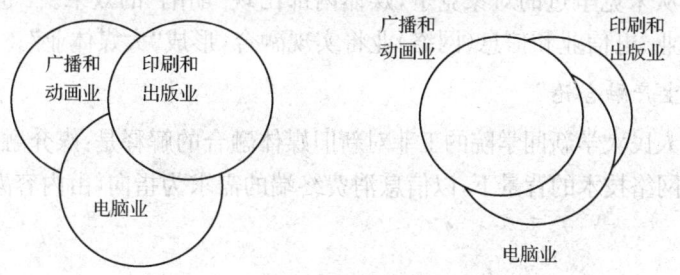

图1-1 MIT媒介实验室的汇聚结构

---

① Stewart Brand. The Media Lab: Inventing the Future at MIT. New York: Viking Penguin,1987,p. 11.

② (美)罗杰·菲德勒. 媒介形态变化:认识新媒介. 明安香译. 北京:华夏出版社,2000:22.

2."大汇流论"

托马斯·鲍德温、史蒂文森·麦克沃依、查尔斯·斯坦菲尔德三位学者对新旧媒体的"融合"曾经这样解释:美国的《1996年电信法案》(Telecommunications Act of 1996)结束了电信、有线电视、广播和计算机业各自为政的局面而汇流到一起,产生了整合宽带系统(Broad-Band Communication Systems),开创了一个数字化的时代,继而引发了大汇流(Convergence)。并进一步认为,"整合宽带系统"可以称为"全方位服务网络"(FSN,Full Service Network),其发展取决于信息源、设备和软件的设计者和制造商、网络的建造者和经营者以及用户。其中,信息源一般包括电影、电视和音乐制作者,杂志、报纸及其经销商(包括广播网络和辛迪加经营者)、广播公司,私营有线电视系统,游戏制造商,在线服务公司(Online Company)。技术设计者和制造商主要有计算机软件和硬件(数据处理)行业、电话和有线电视公司以及相关设备的制造商。[①] 也就是说信息传输渠道的"三网"融合引发了信息数字化和新旧媒体技术的融合,从而实现新旧媒体的融合。

3."大媒体论"

美国学者凯文·曼尼(Kebin Maney)在《大媒体》(1996年在台湾翻译出版)一书中对新旧媒体的融合是这样解释的:在传媒业不分领域的全面竞争中,传统的大众传媒业、电信业、信息(网络)业都将统合到一种新产业之下,这个新产业就叫作"大媒体业"(Mega-media)。同时,在大媒体业呈现爆炸性成长的同时,也会造成所有的企业都会投入同一个市场,不是与他人结盟,就是要和过去从未竞争过的对象竞争,媒体内部出现"崩陷"的效果。[②] 也就是说,大众传媒业、电信业和信息(网络)业将实现融合,形成"大媒体业"。

4."生产融合论"

中国人民大学新闻学院的王菲对新旧媒体融合的解释是:媒介融合是在数字技术和网络技术的背景下,以信息消费终端的需求为指向,由内容融合、网络

---

① (美)托马斯·鲍德温. 大汇流:整合媒介信息与传播. 龙耘,官希明译. 北京:华夏出版社,2000:1-3.

② 闵大洪. 感受台湾的大媒体潮(上). http://www.zjol.com.cn/gb/node26108/node30205/node195050/node195054/user object7ai5554.html.

融合和终端融合所构成的媒介形态的演化过程。其本质为生产形态的融合。①

（二）媒体融合的本质特征

综合目前已有的代表性定义,本书认为,就媒体融合的本质特征而言,应该包含以下几方面特点：

其一,媒体融合的前提是数字技术、计算机网络技术和移动通信技术三大基本技术。

其二,媒体融合的动力是市场需求与新旧媒体的竞争。

其三,媒体融合的形态是计算机网络、手机等新媒体技术平台与图书、报纸、杂志、广播、电视、电影等传统媒体融合,形成新的混合型新媒体。

其四,媒体融合的结果首先是导致媒体组织的融合、生产的融合、管理的融合、交易的融合、产品的融合、竞争的融合和市场的融合,最终导致技术的融合、产业的融合、消费形态的融合。

二、新旧媒体在竞争中融合

竞争与融合是相对的,但竞争往往又促使融合的实现。从大众传媒发展变革的历史来看,任何一种新的媒体的出现,都会对旧有的媒体产生激烈的竞争,如广播产生以后,就对报纸、杂志、图书等旧有媒体产生严重的冲击和威胁,但是同时报纸等旧有媒体也借鉴和吸收广播报道迅速的优势,广播也在借鉴和吸收报纸深度报道与分析的特点,两者在竞争中相互融合。而电视则很明显的就是广播和电影在竞争中相互融合而形成的媒体。网络媒体和手机媒体从技术上讲是全新的媒体,但内容上则全面综合了报纸、广播、电视、图书、杂志和电影的所有形式而形成综合性媒体,同时还形成了网络报纸、网络广播、网络电视、手机广播、手机电视、手机报纸等多种混合型媒体。

三、新旧媒体的融合方式

关于新旧媒体的融合方式,按照不同的标准有很多不同的归纳与概括,但代表性的主要有"生产管理融合论""新闻融合论""综合融合论"。

---

① 王菲.媒介大融合:数字新媒体时代下的媒介融合论.广州:南方日报出版社,2007:21-22.

(一)"生产管理融合论"

美国西北大学教授戈登从生产管理的视角把媒体融合归纳为所有权融合(Ownership Convergence)、策略性融合(Tactical Convergence)、结构性融合(Structural Convergence)、信息采集融合(Information-gathering Convergence)、新闻表达融合(Storytelling or Presentation Convergence)五种方式。①

(二)"新闻融合论"

美国鲍尔州立大学教授戴默等按照"新闻融合"的程度进行划分,分为交互推广(Cross-promotion)、克隆(Cloning)、竞合(Coopetition)、内容分享(Content Sharing)、融合(Convergence)五种方式。②

(三)"综合融合论"

国内学者王菲则是这样解释的:媒介融合的本质是生产形态的融合,主要包括内容融合、网络融合和终端融合。在此基础上产生了技术融合、产业融合、产业链融合、生产形态融合和消费形态融合等融合方式。③

四、新旧媒体融合的产物

新旧媒体融合的最终产物是新媒体技术与旧媒体的内容、形式或技术相结合而形成新的混合型的媒体形式。就目前以数字化为特征的新媒体来说,与旧媒体融合的主要有网络媒体、手机媒体两大类型,其中,网络媒体与传统媒体融合而催生了网络报纸、网络电视、网络广播、电子杂志、电子图书等新媒体,而手机媒体与传统媒体融合则产生了手机报、手机杂志、手机图书、手机广播、手机电视、手机电影等新媒体。此外,数字技术与广播、电视的融合产生了数字广播、数字电视,移动通信技术与电视的融合又产生了移动电视。

---

① 陈浩文. 媒介融合的分类——以美国媒体为例. http://www.cjas.com.cn/n2249c27.aspx.

② 陈浩文. 媒介融合的分类——以美国媒体为例. http://www.cjas.com.cn/n2249c27.aspx.

③ 王菲. 媒介大融合:数字新媒体时代下的媒介融合论. 广州:南方日报出版社,2007:22.

思考练习

1. 谈谈你对"新媒体"的理解。
2. 目前数字新媒体的核心技术有哪些?
3. 与传统媒体相比较,以数字技术为核心的新媒体有哪些明显的优势特点?
4. 你是如何理解新旧媒体的大融合的?试举一实例分析。

第二章 新媒体与社会发展

网友发帖曝光南京"天价烟局长"

2008年12月10日,在南京市江宁区房产局四楼会议室,时任江宁区房产局局长的周久耕接受南京九家媒体的联合采访时抛出"对于开发商低于成本价销售楼盘的问题,下一步将和物价部门一起进行查处"的言论。次日,一名网友发出"八问江宁房产局周局长"的帖子,对其言论进行质疑。随后,一篇"遍撒英雄帖,追查南京市江宁区房产局局长周久耕"的帖子出现,网友对周久耕的"人肉搜索"由此展开。

2008年12月14日,一名网友发表的帖子里有这样一段文字:"在网上无意搜到周局长开会的照片,仔细一看,果然看到了这位公仆的本色,一条烟就可以抵下岗工人3个月的低保了。"在配发的照片中还注明:"这是南京卷烟厂出产的顶级'九五至尊'烟,一条就要1 500元!"第二天,又一名网友在"周久耕局长抽名烟、戴名表"的帖子里指认周久耕所戴手表是"江诗丹顿",价值约10万元。此后,网上又有人称周久耕开凯迪拉克豪华车上班。

2008年12月17日,有网友发帖抖出周久耕的弟弟是房地产开发商。12月23日,周久耕又被曝儿子是建材商,以及周久耕的妻子曾公开谈论丈夫的高档生活品位等消息。周久耕一家都被推到风口浪尖上。

2008年12月29日,周久耕被免职。2009年2月13日,江宁区纪委对周久耕立案调查。3月23日,溧水县(现为溧水区)人民检察院对周久耕立案侦查。8月5日,南京市检察院以受贿罪对周久耕提起公诉。2009年9月4日,周久耕受贿案在南京市中级人民法院开庭。2009年10月10日,周久耕被南京市中级人民法院一审以受贿罪判处有期徒刑十一年。

> **学习要点：**
> 1. 新媒体对社会经济的积极作用与消极影响
> 2. 新媒体对社会政治的积极作用与消极影响
> 3. 新媒体对社会文化的积极作用与消极影响

纵观人类社会发展的整个历程，我们发现：任何新出现的媒体只要被社会广泛地使用，就必然会对人类社会的生产、生活以及社会关系产生深刻的影响。如图书、报纸、杂志等印刷媒体以及广播、电视、电影等电子媒体自从诞生以来，时时刻刻都在改变和影响着人类社会的生产、生活与社会交往。所以，当前以数字技术为核心的新媒体的出现及其广泛使用也必然会改变人们的生产方式、生活方式和社会交往方式。美国社会学家曼纽尔·卡斯特曾经说过，以因特网为基础的网络的影响不仅仅限于用户的数量，它还包括使用的质量。世界上核心的经济、社会、政治和文化活动正在被因特网和其他的计算机网络重组。[①] 那么，以网络媒体和手机媒体为代表的新媒体又是怎样影响人类社会经济的？怎样影响人类社会政治的？怎样影响人类社会文化的？本章将试图回答以上疑问。

第一节 新媒体与社会经济

以网络媒体和手机媒体为代表的新媒体不仅促进了传统经济的转型与发展、变革与升级，而且催生了新的经济形态，产生了新的经济增长点，引发了新的经济革命，但与此同时也给经济发展带来了新的隐患和危机。

一、新媒体对社会经济的积极作用

美国社会学家曼纽尔·卡斯特关于新媒体对社会经济的贡献曾经做出过

[①] （美）曼纽尔·卡斯特. 网络星河：对互联网、商业和社会的反思. 郑波，武炜译. 北京：社会科学文献出版社，2007：111.

这样的解释:新媒体对新商业模式的特殊贡献在于使得网络化的商业世界变得具有可测量性(scalability)、互动性(interactivity)、弹性管理(management of flexibility)、品牌化(branding)和客制化(customization)。① 具体而言,本书认为,新媒体对社会经济的积极作用主要体现在以下几个方面:

(一)新媒体降低了商业的交易成本

根据美国诺贝尔奖获得者罗纳德·哈里·科斯(Ronald H. Coase)所提出的"科斯定律"的解释,在交易费用为零和对产权充分界定并加以实施的条件下,外部性因素不会引起资源的不当配置。因为在此场合,当事人(外部性因素的生产者和消费者)将受一种市场力的驱使去就互惠互利的交易进行谈判,也就是说,是外部性因素内部化。② 换句话说,就是交易费用是企业生产和交易时必须考虑和计算的重要因素,任何企业都力图采用最优的交易方式来完成交易,以降低交易成本。而以网络新媒体为基础的电子商务则正好是网络时代商业交易成本最低的交易方式。

自从国际互联网诞生以来,以网络为基础的电子商务便应运而生,直到如今的全面普及。由于"电子商务的本质是以因特网为基础,生产者、消费者和服务提供者之间建立交互式、以网络为连接的关系",③生产者、消费者以及经销商都在电子商务网上注册,并通过网络在线完成商品或服务的交易订单,然后通过网络银行或支付宝(专门提供网络支付服务以确保信用的网络系统)支付账单,完成整个交易流程。而且一般情况下,电子商务网站、网络银行和支付宝都不收或收取很少的交易费用。与传统的商务活动相比,既不要支付商务谈判的各种开支与费用,也无需有实体的店面,甚至有的还无须交纳各种税费,整个交易成本大大降低。如美国的亚马逊网(www.amazon.com)就是因为交易成本极低,在与传统书店的竞争中取得巨大成功,还有国内的当当网(www.dangdang.com)、卓越亚马逊(www.amazon.cn)、京东商城(www.jd.com)这三大运营良好的图书销售网也明显胜过传统书店的销售。

---

① (美)曼纽尔·卡斯特.网络星河:对互联网、商业和社会的反思.郑波,武炜译.北京:社会科学文献出版社,2007:84.

② Coase. The institutional structure of production. The American Economic Review, volume 82, issue 4, September, 1992:713-719.

③ (美)曼纽尔·卡斯特.网络星河:对互联网、商业和社会的反思.郑波,武炜译.北京:社会科学文献出版社,2007:84.

（二）新媒体突破了市场的时空限制

以网络新媒体为基础的电子商务，无论是网络团购，还是网络零售，都是在线接收网络订单，完成交易，这样不仅交易费用低，而且方便快捷，更重要的是因为国际互联网连接了全球的在线计算机，可以在全球范围内进行数据处理，全球在线生产商、经销商和客户可以直接联络，在线完成交易，使得所有商业交易行为不再像传统的市场交易那样受到时间和空间的限制。网络商业交易不仅可以随时随地搜索对比同类商品的性能与价格，而且可以随时下订单，提供24小时全天候服务，在此基础上拓宽了市场的区域范围，使之不再局限于本地市场或区域性市场，甚至可以拓展为全球性市场。

（三）新媒体调整了社会的经济结构

以数字化和计算机网络为核心技术的新媒体主要通过局域网、城域网或广域网为生产企业、销售企业和服务企业提供网络信息服务，这不仅提高了各行各业的信息化水平，大大提高了工作效率和经济效益，促进了社会经济的转型升级，也打破了传统各行业和各部门之间的阻隔与壁垒，加快了全国统一市场的形成，促进了与国际市场的接轨，推进了全国经济体制的改革与转型，最终实现全国经济结构形态的全面调整。同时，以网络和手机为代表的新媒体、衍生新媒体以及与此相应形成的产业链，如与计算机硬件和软件、手机硬件与软件有关的生产、销售与服务业不断扩大，并且吸纳大量劳动力，形成了一种新的产业，那就是信息产业，并且随着社会对信息服务需求的快速增长，信息产业将在所有经济形态中占有更大的比重。还有电子商务促成物流业大规模迅速地发展，同时也淘汰了一些传统的经济形态，如传统纸质信件邮递服务业的大大减少，BP机传呼业的消失，印刷金属铸字、手工排版业的消失等，这些都使得社会的经济形态发生了改变，社会经济结构也得以自动调整。

（四）新媒体拓宽了市场的营销渠道

以网络和手机为代表的新媒体也成为市场营销的新渠道。其中最主要和最普遍的新媒体营销是以网络新媒体为基础的电子商务。电子商务，无论是网络团购，还是网络零售，作为一种全新的商业交易方式，都是在线完成交易，这不仅降低了商业交易的成本，同时也为传统市场经济开辟了新的销售渠道，如国内目前最大的专做电子商务的淘宝网（www.taobao.com）为国内传统企业与商家提供了新的销售渠道。除此之外,大量综合性门户网、新闻网、专业网等也是一个新的营销渠道,这些网站不仅可以及时大量地报道与传播市场行情与资讯,而且还发布了各种形式的生产、销售与服务广告。还有生产、销售与服务企业的官网也成为又一条新的营销渠道,企业官网不仅可以在线接受客户订单和客户的投诉与评价,还可以报道企业自身的新闻信息,实现企业内部的联络与办公,推介企业的产品与服务,推广企业的品牌,开展网络营销。而手机新媒体也已经成为新的市场营销的渠道,手机营销主要是生产企业,尤其是销售企业,通过群发手机广告或通过手机打电话推销商品或服务。

(五)新媒体催生了新的经济形态

中国互联网络信息中心(CNNIC)2013年7月17日发布的《第32次中国互联网络发展状况统计报告》显示,截至2013年6月底,我国网民总数达到5.91亿,互联网普及率为44.1%,较2012年底,提高2.0个百分点。其中,手机网民规模达到4.64亿人,手机上网的人群占网民的78.5%,较2012年底,增加4 379万人。我国网民总量已居世界第一。同样我国也是世界手机用户总量第一的国家,根据工业与信息化部运行监测协调局2013年2月25日发布的统计报告显示,截至2013年1月末,全国电话用户总数累计达到14.003 2亿户,其中,移动电话用户总数达到11.2亿户。[①] 如此庞大的市场必然产生与此对应的相关生产、销售与服务。而且随着以网络和手机为代表的新媒体、衍生新媒体的不断发展,逐渐形成了与此相对应的产业链。在整个产业链中,既有硬件的生产、销售与服务,又有软件的生产、销售与服务,还有内容的生产、销售与服务,甚至还有相关的延伸产品,而其中每一个环节都吸纳了大量的劳动力,形成了一种新的产业,那就是网络信息与娱乐产业、手机信息与娱乐产业,并且随着社会对信息服务与娱乐需求的快速增长,与网络、手机为代表的新媒体有关的产业将在所有经济形态中占有更大的比重。

二、新媒体对社会经济的消极影响

新媒体是一把双刃剑,在推动经济转型、升级与变革的同时,也给社会经

---

① http://china.cnr.cn/ygxw/201301/t20130123_511840412.shtml.

济的运行与发展带来了不少消极影响。主要表现在以下几个方面:

(一)新媒体为经济犯罪提供了新方式

当前以数字技术为核心的新媒体主要是通过国际性计算机网络传输数字化信息,而且任何人只要拥有联网电脑或手机就可以在网上完成商业交易,所以有些不法分子也充分利用网络和手机秘密从事非法经营或经济诈骗。当前常见的网络经济犯罪类型有信用卡诈骗、非法吸收公众存款、网上非法经营与侵犯知识产权犯罪等,手机经济犯罪主要有手机信用卡诈骗、非法经营和非法广告等类型。此外,还有网络赌博、网络贩毒、网络色情等更严重的犯罪行为。这些经济犯罪往往技术先进、隐蔽性高,而且侦破困难、危害性大、涉及面广,所以我们更要了解新媒体的基本常识,防止上当受骗,同时要依靠法律来打击利用新媒体从事违法犯罪的行为。

(二)新媒体助推了新经济的危机

新媒体产生了新经济,而以计算机网络和数字化技术为基础的电子经济主要依靠网络影响、通道依赖与不断增长的回报来实现创新。① 但是这种新经济又受高度敏感的股票市场驱动,股市资助着高风险的创新,使其以较高生产率增长,所以这是一种赌注很大的经济。这种大赌注的经济往往是新增长和巨额财富增长,是同潜在的巨大逆转和财富破坏并存的。一旦市场价值机制螺旋式下挫,暴跌不可能因为简单的价格机制而止步,因为需要期待的逆转,否则股价变得很便宜的时候,几乎就没有钱去买。② 所以,米歇尔·曼德尔(Michael Mandel)对此曾这样解释:在其历史开端,新经济似乎就显示出了一种科技先导式的高增长、准满员就业、低通胀的长期特点,随后是急速下滑并在一定条件下引发萧条甚至普遍的经济危机。③

---

① (美)曼纽尔·卡斯特.网络星河:对互联网、商业和社会的反思.郑波,武炜译.北京:社会科学文献出版社,2007:111.

② (美)曼纽尔·卡斯特.网络星河:对互联网、商业和社会的反思.郑波,武炜译.北京:社会科学文献出版社,2007:122.

③ Mandel Michael. The Coming Internet Depression. New York: Basic Books, 2000.

第二节 新媒体与社会政治

以数字化技术和计算机网络技术为基础的新媒体不仅让政府机关实现了低成本的电子政务,开辟了新的参政议政的渠道,而且推进了社会民主的进程,但与此同时也给国家与民族主权带来了新的挑战与危机。

一、新媒体对社会政治的积极作用

英国学者安德鲁·查德威克(Andrew Chadwick)把网络新媒体对政治的积极作用概括为电子民主、电子动员、电子竞选与电子政务四个方面。[①] 具体而言,以数字化技术和网络技术为基础的新媒体不仅降低了行政成本,提高了工作效率,突破了时空制约,促成了新行政机构的形成,更为重要的是从技术上推进了社会民主的进程。

(一)新媒体降低了政府的行政成本

随着国际互联网的诞生,以网络为基础的电子政务也逐渐形成并全面普及。由于"电子政务是基于互联网络、符合互联网经济的特征,且面向社会公众的政府办公自动化系统",[②]政府机构可以通过计算机检索机制快速查询、调用存储于网络服务器中各种数字化的数据、档案、文件等资料,实现办公的电子化、自动化、网络化、无纸化,同时还可以通过政府网络实现政府各部门之间信息的共建共享,达到政府信息的及时发布,或召开各级政府之间的远程视频会议,甚至让公民上网查询政府信息,或进行网络民意调查,等等。这种快捷、廉价的电子政务不仅提高了政府公共服务的质量、标准和效率,更重要的是降低了政府的行政成本,尤其对于长期以来机构臃肿,人浮于事,高成本、低效率的传统行政机关来说,是一场节约革命。

---

① (英)安德鲁·查德威克.互联网政治学:国家、公民与新传播技术.任孟山译.北京:华夏出版社,2010:109-239.

② 季金奎.中国电子政务领导干部知识读本.北京:中共中央党校出版社,2002:10.

（二）新媒体突破了行政的时空限制

以数字技术、计算机网络技术为核心的电子政务,不仅可以通过网络技术将管理和服务进行集成,而且可以通过互联网实现政府组织结构和工作流程的重组与优化,让政府部门之间、政府与商业机构之间、政府与雇员之间或者政府与公民之间可以随时随地进行远距离的办公与联络,并实现信息资源的共建共享。这不仅大大突破了时间和空间及部门之间的分隔限制,而且最终从根本上改变了过去信息不通、各自为政的"小区域大政府"的局面,从而实现在全区、全省或全国甚至全世界范围内提供 24 小时全天候公共服务。

（三）新媒体开辟了参政议政的新渠道

以国际互联网和手机为代表的新媒体对社会公众参政议政的新渠道的开辟,主要体现为网络问政、网络议政、网络参政、手机问政、手机议政与手机参政等具体形式。其中,以网络为基础的电子政务,不仅让社会公众可以通过计算机网络在相关政府部门网站获知政府的行政决策、法律公告与各种政务信息,还可以在网络论坛、政府相关网站或政务微博、政务微信等具体网络渠道就公众关心的热点、难点、重点、疑点以及关乎公众利益的问题展开听证、讨论或网络留言,表达各自的意见和建议,甚至还可以通过网络投诉信箱、在线留言或论坛发帖等网络渠道来投诉与举报社会不法行为。在此基础上,随着数字保密技术的完善,公民还可以通过国际互联网了解被选举人的资料,在线与候选人或各级人大代表沟通,然后通过电子政务系统登记选举,进行电子投票,做到公开、公正、公平、自由、高效的真正民主的选举。这些都从根本上改变了过去只限于通过会议、信访、上访等有限的传统方式来参政议政的局面。除此以外,随着手机的普遍使用,社会公众还可以借助手机投票、手机调查等新的更简易、便捷的方式来参政议政。

（四）新媒体推进了民主的进程

自从以网络和手机为代表的新媒体面世以来,就有学者关注其与社会民主的关系,并且都普遍认为新媒体推进了社会民主的进程,甚至认为新的数字技术是民主的技术。如英国学者约翰·基恩(John Keane)曾这样解释:新的数字技术是具有革命性的核心技术,对整个公民社会和国家产生了影响,削减了成本,拓宽了可利用的范围,使公民用以前不可想象的方法进行沟通,所以新的数字技术是一种潜在的"民主技术"。① 因为"因特网为表达公民权利和传递人类价值观提供了巨大的潜能。当然,它不能替代社会变更和政治改革,但是它在一定程度上平衡了象征性的操控,拓宽了通讯来源,为民主化做出了贡献。因特网把人们带入了一个表达所思所想的公共场所"。②

那么,新媒体又是怎样推进社会民主进程的呢?一般认为,新媒体技术大大摆脱了传统的面对面的对话方式,从而产生了以高度发达的新媒体技术为基础的远程民主(Tele-democracy)。远程民主理论认为,建立在现代高度发达的通信技术之上的大众传媒、舆论调查、民意代表、利益团体等制度构成了代议民主的基础。只要充分利用并进一步改进这些间接民主的制度和手段,就能有效实现"民享、民有、民治"的核心理念。③ 具体而言,政府与公民之间可以通过四通八达的高速计算机网络通信系统不受时间与地域的限制展开在线直接对话,讨论社会公共事务,参与社会决策,享有政治民主。其中,常见的形式有网络视频会议、网络听证、网络投票、网络议政、网络投诉与举报等。

(五)新媒体促生了新的行政机构

随着国际互联网和手机等新媒体的普遍使用,通过国际互联网和手机等新媒体传播新闻信息而形成的强大舆论也对社会产生了重大影响,由此也引起了世界各国政府对新媒体的关注与重视。为此,世界各国的各级政府都增设政府办公网络维护与管理的专有部门,如网络信息中心或信息化办公室等,以保障政府办公网络的畅通与安全,尤其在国防、安全、公安等重要权力部门还增设专门处理网络间谍与犯罪的工作部门。此外,世界大多数国家的各级政府也纷纷设立了对网络等新媒体进行行政监管的专门机构,如国家互联网信息办公室(中国)等。因为各国政府已经充分认识到,在网络时代"权力基本上是围绕着文化代码和信息内容的生产和传播进行的",所以"对通信网络的控制已经成了利益和价值观转变为指导人的行为规范的杠杆"。④

---

① (英)约翰·基恩.媒体与民主.卻继红,刘士军译.北京:社会科学文献出版社,2003:142.
② (美)曼纽尔·卡斯特.网络星河:对互联网、商业和社会的反思.郑波,武炜译.北京:社会科学文献出版社,2007:178.
③ 俞可平.民主与陀螺.北京:北京大学出版社,2006:35.
④ (美)曼纽尔·卡斯特.网络星河:对互联网、商业和社会的反思.郑波,武炜译.北京:社会科学文献出版社,2007:177-178.

二、新媒体对社会政治的消极影响

以网络和手机为代表的新媒体在推动政治民主与政治改革的同时,也为社会犯罪提供了新的方式,给国家与民族主权带来了新的危机。

(一)新媒体为政治犯罪提供了新手段

以数字技术和计算机网络技术为核心的新媒体因为其匿名性、隐蔽性,加上网络的低门槛与跨区域性,也往往成为社会犯罪分子活动的新途径、新方法。以网络和手机为代表的新媒体自从普遍使用以来,怀有政治目的的国家或政治组织就以此为通道,秘密从事泄露国家机密或情报获取的间谍活动,甚至秘密从事颠覆国家与民族主权的活动以及恐怖主义活动。如维基解密(WikiLeaks)引发的多起"泄密门"事件就是典型的网络泄密。

其中,最常见的网络政治犯罪是黑客行为。即通过利用互联网自身的技术特性而采取直接行动来达到一系列政治目的。以政治目的为主的黑客行为或黑客行为主义,利用黑客社会和黑客文化中的资源来进行破坏活动。如有破坏、分散式阻断服务攻击、"Ping"风暴、电子邮件炸弹、蓄意密码攻击、更改路径等方式。[①] 甚至还有网络病毒、木马程序、蠕虫病毒等更高科技的攻击方式。他们通过这些方式对政府军事、国防、安全、公安、外交等要害部门的内部网络进行攻击破坏,甚至盗窃或者毁坏相关数据、文件与档案。

(二)新媒体助推新政治的危机

随着网络和手机等新媒体的出现,"电子民主加强了,但在某些情况下动摇了现存的政治秩序"。[②] 因为大部分新媒体的用户都认为"……网络世界中的相对匿名性,使个人对自己行为的责任心减少;由于不太担心被惩罚,他们感到自己敢于抗议那些有权者",[③] 所以那些有政治企图的组织与群体就利用

[①] (英)安德鲁·查德威克.互联网政治学:国家、公民与新传播技术.任孟山译.北京:华夏出版社,2010:172-173.

[②] (英)安德鲁·查德威克.互联网政治学:国家、公民与新传播技术.任孟山译.北京:华夏出版社,2010:149.

[③] (英)安德鲁·查德威克.互联网政治学:国家、公民与新传播技术.任孟山译.北京:华夏出版社,2010:185.

网络和手机等新媒体为联络渠道或平台,直接从事民族分裂、叛国泄密,甚至颠覆政权的政治活动。这在无形之中给现有政治带来诸多潜在的危机。

尤其随着数字信息技术进一步的发展与更新,发达国家与落后国家之间的"信息鸿沟"逐渐变成"数字鸿沟"。但另一方面虽然互联网是被美国作为冷战的战略工具而发明的,但它现在已经超越了任何国家的控制。它持续不断地被迅速使用,而不顾及国家的疆界和权限。互联网正成为一种超国家文化,它用本土特色将全球联系起来,这就是"全球化"现象。这似乎阻碍了国家的政治议程,削弱了国家的政治领导。[①] 尤其在信息决定胜败的信息化社会,世界落后国家与地区更是无法摆脱发达国家和地区的信息出口与信息控制,甚至经济的操纵、文化的控制,或是政治意识形态的影响。

第三节　新媒体与社会文化

以数字技术和计算机网络技术为基础的新媒体不仅对社会经济、政治产生了深刻的影响,而且对社会文化也产生了直接而明显的影响。从宏观上看,以网络和手机为代表的新媒体不仅推进了文化的数字化保存与传播,改变了文化产业的商业模式,而且也产生了独特的新文化形式——因特网文化和手机文化、网络草根文化与网络消费文化等。与此同时,数字化新媒体也给文化的发展带来了盗版猖獗等新的问题与危机。

一、新媒体对社会文化的积极作用

数字化新媒体技术使文化实现了数字化转型,这不仅改变了文化的存在形式,便利了文化的保存,拓宽了文化的传播空间,改变了文化产业的经营模式,而且还产生了新的新媒体文化形态。

(一)新媒体改变了文化的存在形式

以数字技术和计算机网络技术为核心的新媒体技术通过文化形式的数字化转换和网络化传播使传统文化实现了数字化生存,从而改变了文化对纸张、

[①] (美)马克·波斯特.互联网怎么了?.易容译.开封:河南大学出版社,2010:110.

油墨、胶片与磁带等传统介质和载体的根本性依赖。同时,文化的数字化、网络化也表现出新的特点。美国学者马克·波斯特把这种新的特点概括为:互联网极大地提高了制造、传播大量文化产品的效率,推进了现代主体和客体的关系。互联网通过将无线电、电影和电视合并,以及用助推(push)技术进行传播来推进最现代的主客体(关系)。但是互联网突破了印刷模式和广播模式的限制,主要体现在:(1)使多对多交流成为可能;(2)使文化客体的即时性接收、转换和再传播成为可能;(3)使交流行为从国家的岗位和现代性的主权空间关系中脱离出来;(4)提供全球性即时联系;(5)将现代/后现代客体插入联网的信息机器设备。结果就是一个更加完备的后现代主体,或者一个不再是主体的个体,因为它不再像从外部而来似的与世界对向而立,而是作为电路中的一个点在机器中运转。①

(二)新媒体便利了文化的保存

由于文化保存介质与技术的局限,如何通过技术手段或寻找新的物质载体来延长人类数千年文明保存的时间而又同时缩小保存的空间,这一直成为世界各国普遍面临的难题。如今数字化技术把所有文化内容转换成"0"和"1"组成的二进制字节——比特,通过光盘或硬盘等计算机硬件设备实现数字化存储,通过计算机录入、电子扫描、电子数据整理或数据库格式转化等方式进行存储和备份,不仅克服了长期以来文化保存对纸质媒体、胶片与磁带等传统物质介质的过度依赖,而且大大地延长了文化的保存时间,也大大地提高了文化保存的质量,再加上数字压缩技术的普遍使用,也使文化保存的空间大为缩小与节约,实现了图书馆、档案馆、博物馆等文化收藏的数字化、光盘化、硬盘化与袖珍化。如果再把各存储文化的计算机设备连接互联网,还实现了文化保存的网络化、一体化和共享化。

(三)新媒体拓宽了文化的传播空间

与纸张相比,由于广播、电视、电影是以电子形式存在的(电影也算是半电子的),它们遵守的是不同的时空制度,所以在某种程度上,无线电、电影和电视比起书籍来,将信息从内向外传播时,速度更快,范围更广。② 但是以数字技术和网络技术为核心的新媒体由于实现了数字化内容的网络传输,所以马

---

① (美)马克·波斯特.互联网怎么了?.易容译.开封:河南大学出版社,2010:17.
② (美)马克·波斯特.互联网怎么了?.易容译.开封:河南大学出版社,2010:15.

克·波斯特是这样描述的:在数字化世界里,文本是可动、可变的。我可以在一瞬间把数字文本送到世界任何一个角落。空间对互联网上的字节毫不构成阻碍。只要十亿分之几秒,字节就足以环绕全球。从读者来看,只要提供合适的技术条件,一份电子文本瞬间就会遍布各地。时间对字节的约束就是时间对电子的约束。时间对构成书页的分子有限,对电子也有限。但这两种有限对阅读而言,带来各自不同的效果。电子文本可以在一瞬间遍布任何地方,这就扩展了模拟作者的权威。反之,如果数字化文本能做到的,只是比纸质文本传播更高效、更广泛而已,那么模拟作者队伍可能会被扩大。① 同时也实现了"贫穷者和乡下人通过网络远程学习方式,接受更高层次的教育;大学教授可以在互联网的页面上发布自己的研究成果、获取信息以丰富思想;通过电子邮件,学生与教授之间可以获得广泛的交流空间"。②

(四)新媒体革新了文化的经营模式

在以数字技术与网络技术为核心的新媒体技术使文化产品实现数字化转换以后,不仅出现了无数新的数字化文化产品与网络文化企业,而且严重冲击了传统文化产品的营销与传统文化企业的进一步生存与发展。美国学者安德鲁·基恩曾这样解释:新的赢家——谷歌、YouTube 网、Myspace 网、克雷格列表网(Craigslist)以及其他急于分割"Web2.0 大饼"的众多公司——不可能担负起被它们替代的公司的作用,这些作用体现在生产商品、增加就业、创造收入和利润上。那些吸引我们眼球的博客和维基百科正在摧毁给它们提供书籍、音乐和信息的出版业、影音娱乐业和新闻业。③

在数字化文化产品和网络文化企业的激烈竞争中,传统文化企业与文化产品在努力探索新的营销方式与盈利模式。

1. 传统文化产品实行电子营销

由于传统实体店无论是连锁、零售还是批发,都要花费巨额的物流成本、交易费用,在网民纷纷转向相对低廉的网络购物后,各大出版商、出版发行和销售商及其他文化产品的销售商纷纷开拓网络销售或手机销售,从而导致了传统文化产品的实体营销企业迅速倒闭。比如音乐产品的销售,美国学者安

---

① (美)马克·波斯特.互联网怎么了?.易容译.开封:河南大学出版社,2010:97-98.
② (美)马克·波斯特.互联网怎么了?.易容译.开封:河南大学出版社,2010:63.
③ (美)安德鲁·基恩.网民的狂欢:关于互联网弊端的反思.丁德良译.海口:南海出版公司,2010:26.

德鲁·基恩认为,最大的悲哀是:随着这些实体音乐商店的消亡,可供我们选择的音乐和唱片将越来越少,亚马逊网、iTunes 网和 Myspace 网将垄断数字经济时代的音乐零售业。①

2. 传统文化企业将采用以"古老的剃刀刀片"商业模式为代表的新的盈利模式

因为因特网是特意设计的免费通信技术,所以在把传统的文化产品数字化转换与网络化传播以后,所有网络上的文化产品都几乎是免费信息,这就直接导致了传统文化内容的创作与产品的生产失去了持续或继续生产的资金支持。于是"网络上的侵权图书、博客上的免费新闻、播客上的免费广播和克雷格列表网上的免费数字信息,使我们的传统媒体行业以及各类信息提供商——广播、电视、报纸、电影产业受到沉重打击,这些行业正在走向衰落"。② 因此,传统文化企业为了继续生存与发展而试图寻找新的商业模式。虽然目前世界各国文化企业都还处于探索与尝试新的商业模式的阶段,但在"线上免费线下收费""主导产品低价或免费而延伸产品收费"等所有的各种商业模式中,"古老的剃刀刀片"商业模式较有代表性。《连线》杂志的"特立独行者"凯文·凯利预言,将来作者的收入不是从售书中得来的,而是来自"原创者的权利、个性化、附加信息、广告价值、赞助、订阅收入——简而言之,就是那些不能复制的权利或价值"。这就是古老的剃刀刀片(The Old Razor Blade Business Modle)商业模式(也即"饵与钩"模式或"搭售"模式,出现于 20 世纪早期,表现为基本产品的售价极低,但配套的必需品价格十分昂贵,如剃须刀和刀片,编者注)。即图书是白送的,作者只能从推销活动、签名活动或公众演讲中得到收益。③

(五)新媒体产生了新媒体文化

顾名思义,新媒体文化指的是与以互联网、手机等为代表的新媒体活动有关的主体与客体的文化活动、文化内容、文化形式。从文化的载体来看,主要有因特网文化与手机文化。但从新媒体对社会的深刻影响来看,伴随着网络的发

---

① (美)安德鲁·基恩. 网民的狂欢:关于互联网弊端的反思. 丁德良译. 海口:南海出版公司,2010:102.

② (美)安德鲁·基恩. 网民的狂欢:关于互联网弊端的反思. 丁德良译. 海口:南海出版公司,2010:116.

③ (美)安德鲁·基恩. 网民的狂欢:关于互联网弊端的反思. 丁德良译. 海口:南海出版公司,2010:115.

展又产生了与网络有关的网络草根文化与网络消费文化等新的社会流行文化。

1. 网络文化与手机文化

美国社会学家曼纽尔·卡斯特曾这样解释:因特网文化是由人类技术进步过程中的技术统治信仰组成的,由崛起于自由、公开的技术创新性黑客社会贯彻执行,深植于以重塑社会为目标的虚拟网络之中,并由金钱驱使的企业家在新经济的运行之中使之物质化,①作为因特网创造者的文化。因特网文化可以理解为一套指导网络行为的价值观和信仰的文化,一般具有四种类型:技术精英文化、黑客文化、虚拟通讯文化以及企业家文化。② 但从文化的概念来看,广义的网络文化是指人类在社会历史发展过程中借助于计算机网络所创造的物质财富和精神财富的总和,包括政治、经济、军事、学术、文学、艺术、社会、娱乐等广泛的社会文化活动;狭义的网络文化是指意识形态借助于计算机网络所创造的精神财富,包括宗教、信仰、风俗习惯、道德情操、学术思想、文学艺术、科学技术、各种制度等。具体而言,随着 Web2.0 技术的广泛运用,网络文化也不断涌现出新的多样化的文化形式,如网络"客"文化,其中常见的有博客、播客、维客、拍客、晒客、威客、闪客、沃客等。

手机文化,也就是以手机为平台而形成特有的新媒体文化。尤其随着手机从单纯的移动电话发展成为与因特网相结合的多媒体兼容的综合性新媒体,特别是以苹果手机为代表的新一代手机更是成为融媒体的典范,手机的内容也从纯文字信息发展到文字、图片、铃声、彩信、视频、音频等组成的多媒体信息,手机提供的服务也从定制服务信息、手机报发展成为 3G、4G 手机电视点播与上网冲浪等。

2. 网络社会流行文化

当前以网络为代表的新媒体在社会全面普及以后,社会上普遍流行网络草根文化与网络消费文化两种特色鲜明的文化形态。

"草根"直译自英文的 grass roots。有人认为它有两层含义:一是指同政府或决策者相对的势力;另一种含义是指同主流、精英文化或精英阶层相对应的弱势阶层。草根一说,始于 19 世纪的美国,彼时的美国正浸于淘金狂潮,当

---

① (美)曼纽尔·卡斯特.网络星河:对互联网、商业和社会的反思.郑波,武炜译.北京:社会科学文献出版社,2007:67-68.
② (美)曼纽尔·卡斯特.网络星河:对互联网、商业和社会的反思.郑波,武炜译.北京:社会科学文献出版社,2007:41-42.

时盛传,山脉土壤表层草根生长茂盛的地方,下面就蕴藏着黄金。后来"草根"一说被引入社会学领域,"草根"就被赋予了"基层民众"的内涵。① 草根文化是相对于御用文化、殿堂文化而言的,萌芽并生长于民间,没有经过主流文化意识的疏导和规范,没有经过社会精英的加工改造,充满着乡土气息,蕴含着丰富的生活内涵,绝对是原生态文化。② 草根文化应该说自从有阶级区分、有等级划分以来就存在,但是直到互联网 Web2.0 技术出现以后,以网络"客"媒体系列为代表的网络自媒体大大推进了草根文化这种大众的、平民的文化形态。其根本特点就是以搞笑、恶搞等"无厘头"的方式,以嘲笑、讽刺、亵渎等口吻,从根本上彻底颠覆社会主流文化、精英文化的审美标准、思想观念和道德价值观。正如美国学者安德鲁·基恩所描述的:网民们占领了各个领域,让那些专家和文化把关人——编辑、记者、新闻主播、音乐公司和好莱坞电影工作室都见鬼去吧;业余者和不计其数的网民已经主导了当今世界,他们正梦想通过操纵电脑来统领未来,尽管世界并不像他们所理解的那样。③

网络消费文化是以互联网为载体,以符号消费为主要方式,可以满足受众在信息搜寻、休闲娱乐、商务活动和互动交流等多方面消费需求的文化形态。④ 具体地说,网络消费文化主要是网络新媒体通过源源不断产生各种新的符号,推出新的社会流行文化,引诱网民潜意识里接受各种消费方式、消费习惯,刺激网民的物质欲望,让网民体验新的消费快感。到目前为止,社会上常见的网络消费文化主要包括网吧、网络游戏、网上购物、网络动漫、网络视频聊天、在线点播、网络教育、网络赌博等具体文化形态。其主要特征是独立性、消遣性、共享性和断裂性。⑤

二、新媒体对社会文化的消极影响

以网络和手机为代表的数字化新媒体在积极推进社会文化转型发展的同时,也给社会文化发展带来了一系列新的问题与矛盾。具体地说,新媒体为违

---

① http://baike.baidu.com/view/40781.html?tp=0_11.
② 刘洋.浅议草根文化.辽宁师专学报(社会科学版),2008(3):48-49.
③ (美)安德鲁·基恩.网民的狂欢:关于互联网弊端的反思.丁德良译.海口:南海出版公司,2010:8.
④ 蒋建国.论网络消费文化的特征.贵州社会科学,2010(12):49-52.
⑤ 蒋建国.论网络消费文化的特征.贵州社会科学,2010(12):49-52.

法的文化行为提供了新的渠道,同时也引发了社会文化新的危机。

(一)新媒体为文化犯罪提供了新渠道

就目前来说,以网络和手机等新媒体为通道实施文化犯罪的行为主要有网络黄赌毒与网络侵权的大肆泛滥。由于互联网的匿名性、国际性、低门槛、方便快捷等优势,很多不法分子或光明正大地或偷偷地使用国际互联网渠道从事传播色情内容、贩卖毒品、开展赌博、联络卖淫嫖娼等违法行为。据美国学者安德鲁·基恩所描述,专门提供赌球、扑克和轮盘等的赌博网站如 BetonSports、888. com、Sportingbet、PatyGaming 等,美国有 60 亿资产都卷入了这场赌博。BetonSports 是一家在伦敦证券交易所上市的网络赌博公司,2005 年,该公司的收入是 17.7 亿美元,利润是 2010 万美元。其首席执行官是戴维·卡拉瑟斯。①

此外,网络信息的免费获取以及网络文本的随意链接和任意复制粘贴导致文化知识产权受到大肆侵犯和盗用,并且版权的混乱与滥用已经成为普遍现象,甚至被网民视为正常行为。正如《连线》杂志的"特立独行者"凯文·凯利所宣称的,数字化技术和无限复制的文本将不可避免地使持续了几百年的著作权保护成为过去时,我们将无法继续保护知识产权不受侵犯,所有文本都将免费获得。② 具体而言,安德鲁·基恩作了进一步解释,在 Web2.0 时代,复制和粘贴变得异常容易,这给年轻一代中喜欢盗取他人智力成果的人提供了便利。利用复制和粘贴技术去拼凑一篇文采华丽、观点新颖的"独创"文章变得易如反掌。③ 尤其是 BiTtorrent、eDonkey、DirectConnect、Gnutella、LimeWire、SoulSeek 等下载软件使网上的数字侵权行为和非法文件共享成为唱片行业中最主要的经济现象。④

(二)新媒体引发了新的文化危机

随着新媒体对社会文化影响的日益深入,新的文化危机也不断涌现,其中

---

① (美)安德鲁·基恩. 网民的狂欢:关于互联网弊端的反思. 丁德良译. 海口:南海出版公司,2010:193.

② (美)安德鲁·基恩. 网民的狂欢:关于互联网弊端的反思. 丁德良译. 海口:南海出版公司,2010:114.

③ (美)安德鲁·基恩. 网民的狂欢:关于互联网弊端的反思. 丁德良译. 海口:南海出版公司,2010:22.

④ (美)安德鲁·基恩. 网民的狂欢:关于互联网弊端的反思. 丁德良译. 海口:南海出版公司,2010:105.

最明显的网络侵权的泛滥极大地打击了新的文化原创的动力,权威与主流的全面否定使得新的文化显得极度混乱,网络的跨国界使得新的文化主权受到严峻挑战。

1. 网络侵权的泛滥极大地打击了新的文化原创的动力

本雅明的著名论文《机械复制时代的艺术作品》中以"技术—文化"的范式分析了作者与机器的关系,他是这样解释的:在西方文化中,作者常常部分由于作品在技术上的不易生产而受人期待,并乐此不疲。无论是手稿、绘画还是雕塑,当作品不是那么容易生产时,都会有一种韵味(aura)围绕着它。参观博物馆的陈设,或者仅仅是图书馆展示的手稿,读者或参观者就会甘居其次。人们参观作品,面对恒久不见的作品,以一种沉思表达敬意。但是,恰当地说,在机械复制中(特别是在电影这种形式中),已经不存在原汁原味。① 也就是说,大批量地复制生产创作者的作品会稀释原作独有的原本价值,甚至挫伤作者的原创动力,何况网络通过原创作品的零成本共享以及任意的复制粘贴导致知识产权遭受普遍而严重的侵犯,更是极度严重地打击作者的原创动力。正如美国学者安德鲁·基恩所说:"剽窃行为会对知识产生毁灭性的影响,吉布森式的大规模的剽窃文化不仅损害了作者的尊严,而且破坏了保护个人创造的传统与动力。"②

2. 权威与主流的全面否定使得新的文化显得极度混乱

美国学者安德鲁·基恩曾这样解释:Web2.0 革命催生的用户生成内容威胁到了文化把关人。专业评论员、记者、编辑、音乐家、电影制作人、信息方面的专家等将被业余的博主、蹩脚的评论员、非专业的电影制作人和艺术家所取代。③ 这就使我们的文化标准和道德价值观也受到冲击。最严重的是,那些曾经推动过伟大新闻、音乐、文学、电影和电视节目产生的传统制度也遭到了破坏。④

如今,民主化的媒体不再需要世界领袖来阐明它们的意义了。在"变平"

---

① Benjamin Walter. The Work of Art in the Age of Mechanical Reproduction. In Illuminations,trans. Harry Zohn,217 - 251. New York:Schocken.

② (美)安德鲁·基恩. 网民的狂欢:关于互联网弊端的反思. 丁德良译. 海口:南海出版公司,2010:23.

③ (美)安德鲁·基恩. 网民的狂欢:关于互联网弊端的反思. 丁德良译. 海口:南海出版公司,2010:15.

④ (美)安德鲁·基恩. 网民的狂欢:关于互联网弊端的反思. 丁德良译. 海口:南海出版公司,2010:7.

了的世界里,人们可以任意编辑和发布信息,独立的视频制作者、论坛主、博主等可以随意地发布独创的业余作品,没有人愿意雇人来评估这些作品的真实性和技术含量。网站上充斥着各行各业、毫无价值的信息,这些信息有可能来源于正规的公关公司,或是沃尔玛和麦当劳这样的跨国公司,也有可能来源于匿名博主以及利用先进技术隐藏身份的色情文化传播者。①

而事实上,Web2.0革命真正带给我们的是:生活中肤浅的观察而非深刻分析,无聊至极的观点而非深思熟虑的判断。② Web2.0革命真正带给我们的是一些毫无价值观的文化、不可信赖的新闻和充斥着无用信息的混乱世界。③

3. 网络的跨国界使得新的文化主权受到严峻挑战

国际互联网跨时空的传播在促进世界文化全球化、国际化的同时,数字化信息——文本、声音乃至运动的图像则能不经过控制机构而自行到达目的地。由此,数字化文化脱离了国家权力,在无监控的传播场中以光速(有足够带宽的情况下)在全球流动,模拟到数字化的文化物质形式的根本改变使信息得以绕过现有的国家力量关系,④从而严重威胁与挑战了各国文化主权,尤其是信息技术落后国家的文化主权。甚至,使原本拥有文化主权的国家逐渐产生了对信息技术发达国家的文化依附。

思考练习

1. 列举你身边的实例,分析网络、手机等新媒体对社会经济带来的正面影响与负面作用。

2. 列举你身边的实例,分析网络、手机等新媒体对社会政治带来的正面影响与负面作用。

3. 列举你身边的实例,分析网络、手机等新媒体对社会文化带来的正面影响与负面作用。

---

① (美)安德鲁·基恩. 网民的狂欢:关于互联网弊端的反思. 丁德良译. 海口:南海出版公司,2010:18.

② (美)安德鲁·基恩. 网民的狂欢:关于互联网弊端的反思. 丁德良译. 海口:南海出版公司,2010:15.

③ (美)安德鲁·基恩. 网民的狂欢:关于互联网弊端的反思. 丁德良译. 海口:南海出版公司,2010:15.

④ (美)马克·波斯特. 互联网怎么了?. 易容译. 开封:河南大学出版社,2010:109.

第三章　新媒体经济

淘宝网，淘我喜欢！

淘宝网成立于 2003 年 5 月 10 日，由阿里巴巴集团投资创办。淘宝网通过结合社区、江湖、帮派来增加网购人群的黏性，并且采用最新的团购模式，让网购人群乐于使用淘宝网。目前业务跨越 C2C（Consumer-to-Consumer，消费者对消费者）、B2C（Business-to-Consumer，商家对消费者）两大部分。经过 6 年的发展，截至 2009 年底，淘宝网拥有注册会员 1.7 亿，覆盖了中国绝大部分的网购人群，注册用户还在不断增长！据统计，淘宝网 2008 年的交易额为 999.6 亿元人民币，占中国网购市场 80% 的份额。2009 年的交易额为 2 083 亿元人民币，2010 年为 4 000 亿元人民币，2011 年则高达 10 000 亿元人民币，是目前亚洲最大的网络零售商圈。

截至 2009 年底，已经有超过 80 万人通过在淘宝网开店实现了就业（国内第三方机构 IDC 统计），带动了物流、支付、营销等产业链上间接就业机会达到 228 万个（国际第三方机构 IDC 统计）。目前每天全国三分之一的宅送快递业务都因淘宝网交易而产生。

> **学习要点：**
> 1. 新媒体产业的资源构成
> 2. 新媒体产业的特征
> 3. 新媒体企业的融资方式
> 4. 新媒体企业的盈利方式
> 5. 微内容的概念

基于数字技术、计算机网络技术、微电子技术、移动通信技术等新兴技术而产生的新媒体出现以后，不仅为社会经济、政治、文化等各方面的发展提供了新的平台与技术,而且从根本上改变了社会经济、政治、文化等各领域的运行方式,通过电子商务、电子政务与数字文化等实现了社会经济、政治、文化等方面的数字化、网络化转型。与此同时,新媒体技术的充分发展不仅使新媒体产业自身得到迅速发展与变革,也涉及通信产业链、数字家庭产业链、传统大众传媒产业链等的发展与变革,并促成了各产业之间的融合。具体地说,新媒体产业的迅速发展不仅促成了以互联网、无线网络、数字广播网络、卫星网络等为基础的众多产业的变革、转型与融合,而且形成了一个由硬件设备生产业、软件服务业、渠道运营业、内容生产业以及相关的营销、维护服务业等产业构成的新媒体产业群,甚至可以说是作为新的经济形态的新媒体经济。

第一节 新媒体产业

随着数字化新媒体逐渐成为社会的主流媒体,围绕着以网络、手机为代表的新媒体这一核心的生产、销售、运营、服务等业务迅速发展,并且已经成为一种规模巨大、涉及面广的新媒体产业。所以有关新媒体产业的资源构成、产业群、产业特征、产业政策与发展前景等都是新媒体经济的基本问题。

一、新媒体产业的含义

根据产业经济学的解释,产业是指具有某种同类属性的企业经济活动的集合。[①] 那么,新媒体产业就是指那些从事与新媒体有关的软件、硬件、内容等生产、销售与服务,以及新媒体渠道的建设、运营与服务的企业,以及那些通过新媒体的新闻信息服务社会,创造利润和就业机会的活动。通常包括新媒体数字硬件设备的生产、销售与服务,如计算机、手机、光纤、网线、路由器等硬件的生产、销售及其售后维修服务的经济活动;新媒体数字软件的生产、销售与服务,新媒体渠道的建设、运营与服务,如有线网络、卫星网络、宽带、无线网的建设运营与维护的经济活动;新媒体内容的生产、销售与服务,如网络文字内容、视频内容、音频内容等的生产、销售,网页的设计、制作与维护的经济活动;等等。

---

① 巨荣良,王丙毅. 现代产业经济学. 济南:山东人民出版社,2009:4.

二、新媒体产业资源的构成

资源是经济的核心要素,所以新媒体产业的构成也必须以新媒体的产业资源为基础,并在此基础上形成相应的新媒体产业经济。在综合性、融合化的数字新媒体产业中,虽然克里斯·安德森(Chris Anderson)著名的"长尾理论"是这样描述的:网络经济(也可以说是以数字化网络媒体为核心的经济,笔者注),是"被忽视的丰饶经济",因为"我们有充足的货架空间,充足的流通渠道,充足的选择",①他甚至极力否定传统经济学"社会资源稀缺下的选择"的使命,但是这仅仅是表象或是掩饰之词,因为"尽管所有媒体上的选择空间或许是无穷无尽的,但是人的注意力及时间仍然是有限的,我们的可支配收入也是有限的",②所以新媒体产业最终还是由稀缺的资源构成的。

关于新媒体资源的构成,殷俊等是这样解释的:新媒体的产业资源主要由信息资源、渠道资源、注意力资源与影响力资源构成。③ 但本书的观点是,从根本上说,新媒体的产业资源的构成与传统媒体的产业资源的构成是一致的,只不过是各种资源的表现形式与量的大小不同,从而导致新媒体产业资源的分配与选择规律的变化而已,但并没有生成新的资源。所以,如果说,在传统报纸、杂志、广播、电视等以时空媒介为根本特点的大众传媒产业中,其产业资源主要是信息资源、渠道资源、广告资源、受众资源与品牌资源,那么,在数字新媒体的产业中,其产业资源也同样由这些构成。

(一)信息资源

加拿大学者马歇尔·麦克卢汉(Herbert Marshall Mcluhan)的"媒介即信息"④一语直接解释了媒介与信息的关系,甚至认为媒介本身比信息更重要,因为不同的媒介所承载的信息的构成、信息的特点与信息的量都不尽相同。尤其在数字技术、计算机网络技术与移动通信技术的推动下,以网络和手机为

---

① (美)克里斯·安德森.长尾理论.乔江涛,石晓燕译.北京:中信出版社,2006:128.
② (美)克里斯·安德森.长尾理论.乔江涛,石晓燕译.北京:中信出版社,2006:131.
③ 殷俊.新媒体产业导论——基于数字时代的媒体产业.成都:四川大学出版社,2009:38-42.
④ (加)埃里克·麦克卢汉,弗兰克·秦格龙.麦克卢汉精粹.何道宽译.南京:南京大学出版社,2000:171.

代表的新媒体通过产业化的方式源源不断地生产与传播包括文字、图形、图片、视频、音频以及由它们融合而成的多媒体形态的信息，再加上原有报纸、杂志、广播、电视等传统大众传媒依旧大规模生产与传播的信息，使得人类社会的信息传播步入了富媒体（Rich Media）时代，甚至可以说是信息资源极其丰富，以至于出现了信息过剩的时代。尤其是每天互联网都要生产与发布数以亿计的网页信息，再加上其他新媒体所生产与发布的大量信息，人类已经生活在一个无边无际的信息海洋之中。

（二）渠道资源

在传播学里，渠道资源，也即信道，指的就是传输新闻信息资源的各种网络与通道，包括平面纸质媒体的版面、广播的频率、电视的频道、计算机网络、手机移动网络、卫星网络等。在媒介产业中的渠道资源历来是稀缺的、有限的，即使在各国国际互联网普遍连接的今天，以数字技术为特征的新媒体不断涌现，也没有根本改变信息渠道资源的有限与稀缺的局面。在传统大众传媒中，平面媒体的版面是有限的，基于卫星频道、微波频道或有线频道的广播的频率与电视的频率更是唯一的稀缺的公共资源，即使在数字化转型升级之后，数字广播的频率与数字电视的频率依旧是唯一的稀缺的公共资源。虽然不少人认为国际互联网是个无穷无尽的信息渠道，可以容纳与传输海量的信息，但是就目前万维网的IP技术来看，全球的网络IP地址是有限的，在分配完毕以后，如果没有新的技术标准来替代的话，必然引起IP地址的大规模交易。除此之外，网络域名的有限性已经引发了大规模的被称为"玉米"市场的域名交易。而作为手机媒体信息渠道的移动通信网络的波段资源虽然丰富但也是有限的，不可能取之不尽用之不竭。

（三）广告资源

广告资源是现代媒体持续生存与发展的根本经济来源。虽然新媒体尽力坚持通过出售信息资源来获取收益，但从根本上说，广告依旧是新媒体的主要经济来源，甚至可以说是新媒体得以持续发展的前提条件。因为作为经济晴雨表的广告受经济发展的景气与否影响很大，而经济的总量在一定时间范围内总是有限的，那么企业广告的投放也是有限的，所以即使网络、手机等数字媒体的广告发布空间是无限的，但广告资源的总量还是有限的，各媒体之间为了获得生存与发展就必须争夺广告资源，何况广告发布的信息渠道本身虽然发达但总体上还是有限的，不可能应有尽有。尤其在新旧媒体大繁荣、大发展的竞争格局中,虽然新媒体的广告份额持续快速地增长,但是传统媒体作为广告主体的局面不可能立刻改变,何况传统大众传媒自身也在利用新媒体技术来实现变革与转型,所以无论新媒体怎么发展,广告资源的稀缺与有限性依旧无法改变。

(四)受众资源

就像商品是因为消费者而存在一样,大众传媒是因为受众而存在的,因为受众对新闻信息、广告信息的需求而存在的,所以,商业领域的"顾客就是上帝"的原则在大众传媒产业中也是适用的。然而受众的总量在特定时间总是有限的,尤其是受众的时间及其可支配的收入(或购买力)是有限的。因此,各大众传媒公司就必须千方百计地吸引受众,吸引受众的注意力和刺激受众的购买力。美国学者托马斯·达文波特是这样解释的:注意力是对于某条特定信息的精神集中。当各种信息进入我们的意识范围,我们关注其中特定的一条,然后决定是否采取行动。[①] 所以浙江工业大学的张雷教授对注意力经济作了这样的解释:注意力经济可以说就是通过明星体制等手段来吸引消费者与投资者的注意力获得利润的经济行为。[②]

尤其在以数字技术为核心的新媒体不断涌现,新旧媒体共同发展、共同竞争的媒体信息市场中,高德哈伯(Michael H. Goldhaber)的观点是,信息并不稀缺,特别是在网络领域。网络信息不仅丰富,而且已经过剩。我们被信息所淹没,这种状况在这一代人身上还要加剧。但是伴随着信息的流动,有一种有价值的稀缺资源也在网络空间流动,这种稀缺资源就是注意力,注意力经济才是网络经济的本质。[③] 也就是说,新媒体产业中受众的注意力才是真正的稀缺资源。

(五)品牌资源

美国人 Alexander L. Biel 是这样解释品牌的:品牌资产是一种超越生产、商品及所有有形资产以外的价值……品牌带来的好处是可以预期未来的进账

---

① (美)托马斯·达文波特,约翰·贝克.注意力经济(第2版).谢波峰,王传宏,陈彬,康家伟译.北京:中信出版社,2004:23.
② 张雷.注意力经济学.杭州:浙江大学出版社,2002:7.
③ 张雷.注意力经济学.杭州:浙江大学出版社,2002:56-57.

远超过推出具有竞争力的其他品牌所需的扩充成本。① 余明阳、杨芳平对此作了进一步解释:品牌是能给拥有者带来溢价、产生增值的一种无形资产,它的载体是用以和其他竞争者的产品或劳务相区分的名称、术语、象征、记号或设计及其组合,增值的源泉来自在消费者心智中形成的关于其载体的印象。② 所以,包括大众传媒企业在内的所有市场的竞争最终还是品牌的竞争。因此,对于新媒体产业来说,品牌依旧是稀缺的、有限的资源。但是新媒体产业品牌的塑造与形成主要是在向社会公众提供信息服务的过程中,不断提升新媒体对社会政治、经济、文化以及公众的影响力,从而获得社会公众的肯定、信任和支持。在众多的新旧媒体的激烈竞争中,影响力越大的新媒体所获得公众的信任与支持就越多,那么其品牌价值就越大;反过来,品牌度越高进一步促使其影响力越大,所获得公众的信任和支持也越多,并最终成为市场竞争中独有的领跑者和主导者。

三、新媒体的产业群

随着数字化新媒体技术的不断更新,各种新媒体不断涌现,最终形成了一个庞大的新媒体产业群或新媒体产业链。目前,国内主要以生产环节(产业链)和新媒体类型两种方法与标准来划分新媒体产业群。

(一)以新媒体生产环节(产业链)为标准划分新媒体产业群

迈克尔·波特(Michael E. Porter)在其《国家竞争优势》《群聚区和新竞争经济学》等论著中,提出了"产业群聚"和"群聚区"的概念。他的观点是:各国竞争优势形态,都是以产业群聚的面貌出现,当产业群聚形成时,一个国家(或地区)在最终产品、生产设备、上游供应及售后服务等方面,都会具有国际竞争的实力,而且很多产业群聚或具有国际竞争力的产业通常具有地理集中性。③ 而国内经济学者龚勤林则是这样解释的:产业链是各个产业部门之间基于一定的技术经济关联,并依据特定的逻辑关系和时空布局关系客观形成的链条

---

① 余明阳,杨芳平.品牌学教程.上海:复旦大学出版社,2009:5.
② 余明阳,杨芳平.品牌学教程.上海:复旦大学出版社,2009:5.
③ Porter. M. E. Clusters and the New Economics of Competition. Harvard Business Review,1998:77-79.

式关联关系形态。① 所以产业链最终要形成由供应商、制造商、分销商、零售商、用户终端构成的一个纵向功能链结构模式。那么新媒体产业链呢？殷俊等的观点是：新媒体产业链是指新媒体所经营的互不相同又互相关联的生产经营活动所构成的纵向功能链结构模式，即在新媒体内容产品的生产和交换过程中，从媒介的投资、生产、发行、流通一直到用户接收和消费过程中上下游不同部门间的链式联系。② 殷俊等并进一步解释：新媒体产业链主要由内容运营链节、网络运营链节和终端用户链节组成，即新媒体产业群可以分为内容运营产业群、网络（或渠道）运营产业群与终端用户产业群三大类。其中内容运营链节包括内容提供商、广告公司、客户、调研公司与内容运营商；网络运营链节包括设备提供商、技术提供商与网络运营商；终端用户链节包括终端制造商、终端服务商与终端用户。③ 最终形成由内容、网络与终端构成的无数的上下游企业组成的新媒体产业群。

（二）以新媒体类型为标准划分新媒体产业群

中国传媒大学的宫承波教授与翁立伟根据新媒体的类型把新媒体划分为网络媒体产业群、手机媒体产业群、互动性电视媒体产业群与新型媒体产业群四大类型，并且每一类产业群又包含了多种产业。其中网络媒体产业群包括门户网站产业、搜索引擎产业、网络社区产业、即时通信产业、博客产业、播客（网络视频）产业、网络游戏产业、网络报纸产业、网络杂志产业、网络广播产业等；手机媒体产业群包括手机短信产业、手机彩信产业、手机彩铃产业、手机出版产业、手机广播产业、手机电视产业等；互动性电视媒体产业群包括数字电视产业、IPTV产业等；新型媒体产业群主要包括城市彩屏产业、移动电视产业、楼宇电视产业等。④

---

① 龚勤林.论产业链构建与城乡统筹发展.经济学家,2004(3):121-123.
② 殷俊.新媒体产业导论——基于数字时代的媒体产业.成都:四川大学出版社,2009:124.
③ 殷俊.新媒体产业导论——基于数字时代的媒体产业.成都:四川大学出版社,2009:126-131.
④ 宫承波,翁立伟.新媒体产业论.北京:中国广播电视出版社,2010.

四、新媒体产业的特征

与传统大众传媒产业相比,以数字技术为核心的新媒体产业往往呈现出知识密集、创新性强与高附加值等明显的独有特点。

(一)知识密集

大众传媒是人类科学技术革新的产物,新媒体则可以说是高新技术变革的结果。所以新媒体的发明与应用都是知识与技术的运用过程,都需要投入大量的复杂劳动,需要无数的科学家和技术专家的工作,甚至可以说新媒体产业是知识经济的典型形态。具体说来,新媒体作为依靠脑力劳动创造价值的知识密集型产业主要体现在新媒体核心技术与内容的生产两个方面。一方面,新媒体所应用的移动通信技术、软件播放技术、数字技术、计算机网络技术等核心技术都是处于前沿学科尖端的高新技术,这些高端技术都是无数知识的凝结;另一方面,新媒体内容的开发与生产也是大量精通新媒体技术和新闻信息传播规律的专业人才的智力劳动的结果,可以说也是知识的积累。

(二)创新性强

创新是一切技术变革的前提,更是催生新媒体的根本动力。可以说,新媒体之所以新就是贵在其创新性,也因此与传统媒体区别开来。新媒体的创新性主要体现为全新的技术支持与令人耳目一新的内容形态。首先,新媒体不仅拥有现代数字技术、计算机网络技术、移动通信技术等全新的而且不断升级更新的核心的新媒体技术,而且还在这种核心技术的基础上不断开发与应用新的具体的媒体技术,如由网络产生的一系列"客"媒体技术一直在不断改进升级中。其次,新媒体的内容生产也在突破传统大众传媒的媒体技术,利用数字技术生产数字化文字、图片、图形、音频与视频,并形成多媒体超文本,然后由计算机网络技术和移动通信技术来传输,形成全新的生产技术与生产流程。此外,新媒体的创新性还体现在新旧媒体的竞争融合中融合媒体形态和融合媒体内容的不断涌现。

(三)高附加值

鲍勃·梅特卡夫(Bob Metcalfe)提出的梅特卡夫定律(Metcalfe's Law),

即通信网络的价值是节点数或终端连线数的平方。[①] 还有戴维·里德（David Reed）提出的里德定律，即网络的价值是群体数的阶乘值。这里的阶乘指的就是群体数之值以及任何小于此群体数之值，一直到1，全部乘起来的数字。[②] 他们都认识到了以网络为基础的新媒体所创造的价值是无比巨大的。由于新媒体产业是技术、资金、智力密集型产业，新媒体产业所含有和创造的附加价值远远高于其物质价值。因为新媒体属于拥有知识产权保护与垄断的技术发明或文化创意设计，所以新媒体产业的价值除了来源于创造性劳动之外，往往还有大量附加价值来自知识产权的转让，或运用于商业化生产的利润或大量相关的延伸产品的利润，甚至这些附加价值还超越了新媒体知识产品本身的价值。再加上新媒体还是投资比较少而且收益潜力巨大的快速发展的新兴产业，所以其附加值更是难以估量。

五、我国新媒体产业的发展

根据中国互联网络信息中心和艾瑞咨询（中国）有限公司发布的有关新媒体网民总量变化、宽带网民总量变化、手机网民总量变化、IPv4总量变化、中国网络市场经济规模总量变化数据及各自增长率数据以及IPv6总量变化数据，可以看出中国以网络、手机为代表的新媒体产业规模巨大、潜力无限。

（一）从网民总量的变化及增长率来看，中国网络产业规模巨大，增长迅速

根据中国互联网络信息中心2014年之前发布的调查数据来看，截至2013年，中国网民总量已达61 758万，普及率已达到45.8%，而且增长率明显下滑和缓和并低于10%的速度（见图3-1）。其中，截至2011年，宽带网民总量已达39 177万（见图3-2）；截至2013年，手机网民总量已达到50 006万（见图3-3）。对于13亿国民来说，中国网络发展空间巨大，机会无限。

---

① （美）丹·吉摩尔. 草根媒体. 陈建勋译. 南京：南京大学出版社，2010：122.
② http://www.reed.com/Papers/GFN/reedlaw.html.

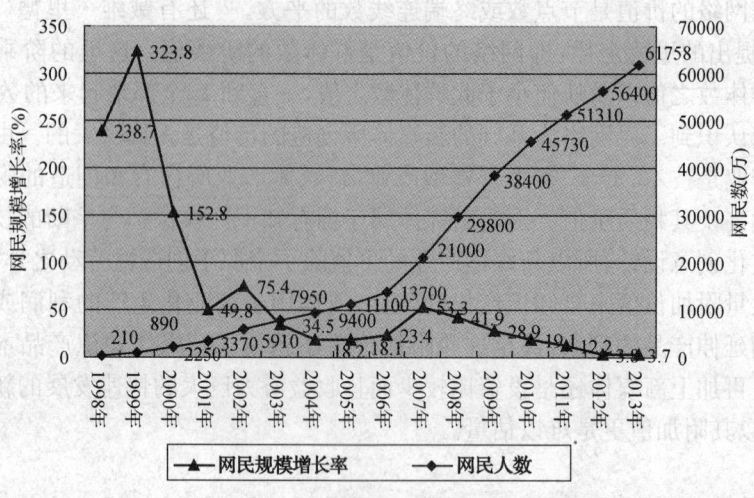

图3-1 中国网民总量的变化

注:数据来源于中国互联网络信息中心编《中国互联网络发展状况统计报告》(2004—2010,2004—2013),并适当组合而成。

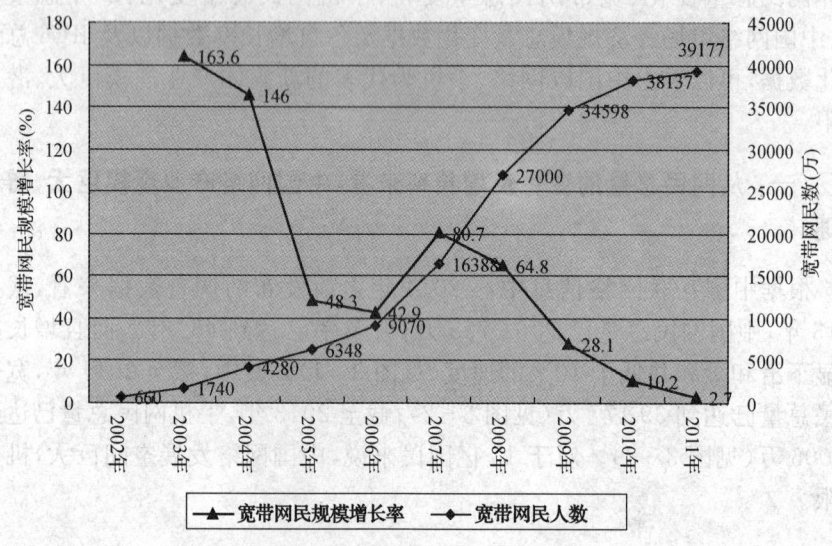

图3-2 中国宽带网民总量的变化

注:数据来源于中国互联网络信息中心编《中国互联网络发展状况统计报告》(2004—2010,2004—2011),并适当组合而成。

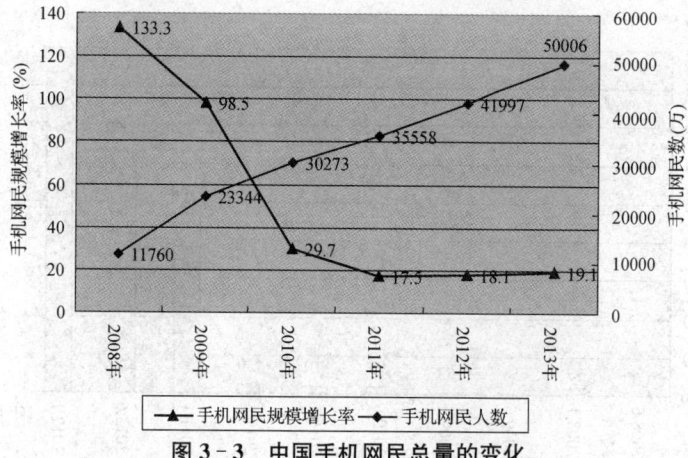

图 3-3 中国手机网民总量的变化

注：数据来源于中国互联网络信息中心编《中国互联网络发展状况统计报告》(2004—2013)。

（二）从网络资源及网络市场经济规模总量变化来看，中国网络资源市场分配极度活跃，并形成快速增长的网络市场规模经济

根据中国互联网络信息中心发布的数据，截至 2013 年，中国大陆 IPv4 地址数量已高达 33 031 万个（见图 3-4）；截至 2013 年 1 月，下一代网络 IPv6 地址数量也已经达到 16 670 块/32（见图 3-5）。而且根据艾瑞咨询（中国）有限公司发布的中国网络市场经济规模总量数据来看，截至 2013 年，中国网络市场经济规模总量已达 6 000 亿元人民币，而且仍然保持 50% 以上的速度高速增长（见图 3-6）。

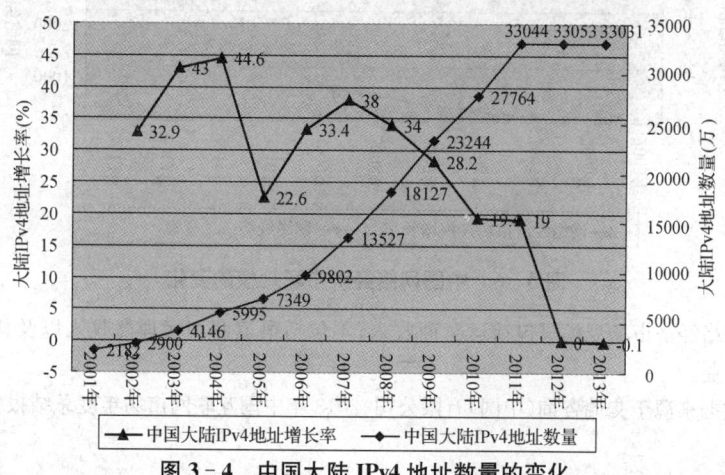

图 3-4 中国大陆 IPv4 地址数量的变化

注：数据来源于中国互联网络信息中心编《中国互联网络发展状况统计报告》(2004—2013)。

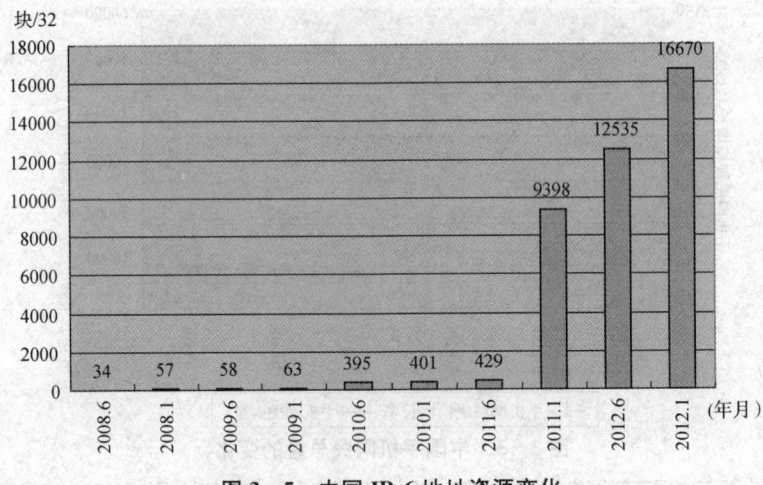

图 3-5 中国 IPv6 地址资源变化

注：数据来源于中国互联网络信息中心编《中国互联网络发展状况统计报告》(2004—2013)。

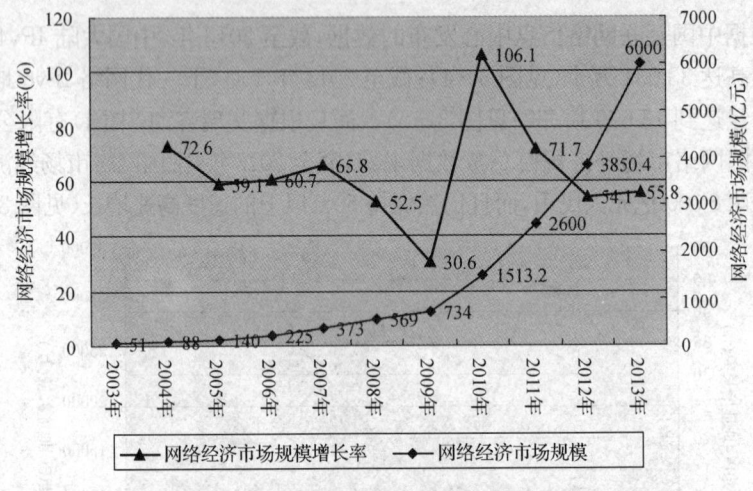

图 3-6 中国网络经济市场规模的变化

注：1. 网络经济市场规模只包括运营商收入，不包括渠道商和代理商收入以及移动增值行业。
2. 数据来源于艾瑞咨询(中国)有限公司《2013年中国互联网市场年度总结报告》。

（三）从手机用户总量及运营商的营业总额来看，中国手机新媒体产业也是规模巨大，而且发展潜力无限的

根据中国电信、中国移动、中国联通三大电信运营商2013年3月份发布的财务报表数据（见表3-1）显示，截至2013年2月份，中国手机用户已经达到11亿，2012年三大电信运营商营业总收入达10 924亿元人民币，而且随着3G的推广和电信增值服务业务的开拓，中国手机新媒体市场规模和增长速度都有很大的发展空间，同时其经济潜力更是难以估量。

表3-1　中国三大电信运营商2013年财务概要

运营商	中国电信	中国移动	中国联通
营业额（亿元）	3 215.84	6 302	3 037.3
手机用户（亿）	1.86	7.67	2.809 82
3G用户（万）	10 300	19 193	12 300
净利润（亿元）	175.45	1 217	102.9

注：数据来源于中国电信、中国移动、中国联通2013年财务报告。

六、我国新媒体产业的政策

我国政府一直非常重视新媒体产业的发展和利用，同时在国家总体基本政策的前提下，还把新媒体产业纳入了现代文化产业的发展体系与规划，并在政策措施上给予众多的扶持与优惠政策。

（一）新媒体产业的基本政策是"积极利用、科学发展、依法管理、确保安全"

国务院新闻办公室发表《中国互联网状况》白皮书，讲到"积极利用、科学发展、依法管理、确保安全是中国政府的基本互联网国策"。

1. 发展健康向上的网络文化

在《中共中央关于深化文化体制改革，推动社会主义文化大发展大繁荣若干重大问题的决定》（2011年10月18日中国共产党第十七届中央委员会第六次全体会议通过）"全面贯彻'二为'方向和'双百'方针，为人民提供更好更多的精神食粮"部分第五点提出"发展健康向上的网络文化"，再次强调了新媒

体产业的基本政策。"加强网上思想文化阵地建设,是社会主义文化建设的迫切任务。要认真贯彻积极利用、科学发展、依法管理、确保安全的方针,加强和改进网络文化建设和管理,加强网上舆论引导,唱响网上思想文化主旋律。实施网络内容建设工程,推动优秀传统文化瑰宝和当代文化精品网络传播,制作适合互联网和手机等新兴媒体传播的精品佳作,鼓励网民创作格调健康的网络文化作品。支持重点新闻网站加快发展,打造一批在国内外有较强影响力的综合性网站和特色网站,发挥主要商业网站建设性作用,培育一批网络内容生产和服务骨干企业。发展网络新技术新业态,占领网络信息传播制高点。"①

2. 积极发展新媒体技术

(1) 发展现代传播体系

在《中共中央关于深化文化体制改革,推动社会主义文化大发展大繁荣若干重大问题的决定》(2011年10月18日中国共产党第十七届中央委员会第六次全体会议通过)"大力发展公益性文化事业,保障人民基本文化权益"中的第二点提出"发展现代传播体系",主要是新媒体传播技术。"提高社会主义先进文化辐射力和影响力,必须加快构建技术先进、传输快捷、覆盖广泛的现代传播体系。要加强党报党刊、通讯社、电台电视台和重要出版社建设,进一步完善采编、发行、播发系统,加快数字化转型,扩大有效覆盖面。加强国际传播能力建设,打造国际一流媒体,提高新闻信息原创率、首发率、落地率。建立统一联动、安全可靠的国家应急广播体系。完善国家数字图书馆建设。整合有线电视网络,组建国家级广播电视网络公司。推进电信网、广电网、互联网三网融合,建设国家新媒体集成播控平台,创新业务形态,发挥各类信息网络设施的文化传播作用,实现互联互通、有序运行。"②

(2) 推进文化科技创新

在《中共中央关于深化文化体制改革,推动社会主义文化大发展大繁荣若干重大问题的决定》(2011年10月18日中国共产党第十七届中央委员会第六次全体会议通过)"加快发展文化产业,推动文化产业成为国民经济支柱性产业"中的第三点提出"推进文化科技创新"。"科技创新是文化发展的重要引

---

① 《中共中央关于深化文化体制改革,推动社会主义文化大发展大繁荣若干重大问题的决定》(2011年10月18日中国共产党第十七届中央委员会第六次全体会议通过)。

② 《中共中央关于深化文化体制改革,推动社会主义文化大发展大繁荣若干重大问题的决定》(2011年10月18日中国共产党第十七届中央委员会第六次全体会议通过)。

擎。要发挥文化和科技相互促进的作用,深入实施科技带动战略,增强自主创新能力。抓住一批全局性、战略性的重大科技课题,加强核心技术、关键技术、共性技术攻关,以先进技术支撑文化装备、软件、系统研制和自主发展,重视相关技术标准制定,加快科技创新成果转化,提高我国出版、印刷、传媒、影视、演艺、网络、动漫等领域技术装备水平,增强文化产业核心竞争力。"①

(二) 新媒体产业的发展纳入文化产业

1. 新媒体产业被列入国家文化产业重点发展的项目

在国务院《文化产业振兴规划》(2009年7月22日国务院常务会议审议通过)"重点任务"中的第七点特别提出"发展新兴文化业态",也即数字化新媒体产业。"采用数字、网络等高新技术,大力推动文化产业升级。支持发展移动多媒体广播电视、网络广播影视、数字多媒体广播、手机广播电视,开发移动文化信息服务、数字娱乐产品等增值业务,为各种便携显示终端提供内容服务。加快广播电视传播和电影放映数字化进程。积极推进下一代广播电视网建设,发挥第三代移动通信网络、宽带光纤接入网络等网络基础设施的作用,制定和完善网络标准,促进互联互通和资源共享,推进三网融合。积极发展纸质有声读物、电子书、手机报和网络出版物等新兴出版发行业态。发展高新技术印刷。运用高新技术改造传统娱乐设施和舞台技术,鼓励文化设备提供商研发新型电影院、数字电影娱乐设备、便携式音响系统、流动演出系统及多功能集成化音响产品。加强数字技术、数字内容、网络技术等核心技术的研发,加快关键技术设备改造更新。"②

2. 新媒体产业纳入现代文化产业体系

在《中共中央关于深化文化体制改革,推动社会主义文化大发展大繁荣若干重大问题的决定》(2011年10月18日中国共产党第十七届中央委员会第六次全体会议通过)"加快发展文化产业,推动文化产业成为国民经济支柱性产业"中的第一点提出"构建现代文化产业体系",把新媒体产业纳入现代文化产业体系。"加快发展文化产业,必须构建结构合理、门类齐全、科技含量高、富有创意、竞争力强的现代文化产业体系。要在重点领域实施一批重大项目,

---

① 《中共中央关于深化文化体制改革,推动社会主义文化大发展大繁荣若干重大问题的决定》(2011年10月18日中国共产党第十七届中央委员会第六次全体会议通过)。

② 国务院《文化产业振兴规划》(2009年7月22日国务院常务会议审议通过)。

推进文化产业结构调整,发展壮大出版发行、影视制作、印刷、广告、演艺、娱乐、会展等传统文化产业,加快发展文化创意、数字出版、移动多媒体、动漫游戏等新兴文化产业。"①

(三)新媒体产业享有的政策措施

1. 新媒体文化产业享有的政策措施

在国务院的《文化产业振兴规划》(2009年7月22日国务院常务会议审议通过)中规定,新媒体产业享有的政策措施主要有降低准入门槛、加大政府投入、落实税收政策、加大金融支持、设立中国文化产业投资基金。

在《中共中央关于深化文化体制改革,推动社会主义文化大发展大繁荣若干重大问题的决定》(2011年10月18日中国共产党第十七届中央委员会第六次全体会议通过)"加快发展文化产业,推动文化产业成为国民经济支柱性产业"中的第二点提出"形成公有制为主体、多种所有制共同发展的文化产业格局"。"……在国家许可范围内,引导社会资本以多种形式投资文化产业,参与国有经营性文化单位转企改制,参与重大文化产业项目实施和文化产业园区建设,在投资核准、信用贷款、土地使用、税收优惠、上市融资、发行债券、对外贸易和申请专项资金等方面给予支持,营造公平参与市场竞争、同等受到法律保护的体制和法制环境……"②

在《中共中央关于深化文化体制改革,推动社会主义文化大发展大繁荣若干重大问题的决定》(2011年10月18日中国共产党第十七届中央委员会第六次全体会议通过)"加快发展文化产业,推动文化产业成为国民经济支柱性产业"中的第三点提出"推进文化科技创新"。"……依托国家高新技术园区、国家可持续发展实验区等建立国家级文化和科技融合示范基地,把重大文化科技项目纳入国家相关科技发展规划和计划。健全以企业为主体、市场为导向、产学研相结合的文化技术创新体系,培育一批特色鲜明、创新能力强的文化科技企业,支持产学研战略联盟和公共服务平台建设。"③

---

① 《中共中央关于深化文化体制改革,推动社会主义文化大发展大繁荣若干重大问题的决定》(2011年10月18日中国共产党第十七届中央委员会第六次全体会议通过)。

② 《中共中央关于深化文化体制改革,推动社会主义文化大发展大繁荣若干重大问题的决定》(2011年10月18日中国共产党第十七届中央委员会第六次全体会议通过)。

③ 《中共中央关于深化文化体制改革,推动社会主义文化大发展大繁荣若干重大问题的决定》(2011年10月18日中国共产党第十七届中央委员会第六次全体会议通过)。

2. 对新媒体软件产业的扶持与发展

新媒体软件产业的发展在享受国务院《关于鼓励软件产业和集成电路产业发展的若干政策》(国发[2000]18号)和《振兴软件产业行动纲要》(国办发[2002]47号)之后再享受国务院《进一步鼓励软件产业和集成电路产业发展的若干政策》(国发[2011]4号)。全国范围内包括新媒体软件产业在内的所有软件产业企业都享有优惠的财税政策、市场政策、投融资政策、研究开发政策、进出口政策、人才政策、知识产权政策等。

第二节 新媒体企业运营

根据经济学的研究方法,一般经济现象的分析主要有宏观与微观两个层面。通过上述对新媒体产业的介绍,我们从宏观上对新媒体经济有所了解以后,还须具体分析新媒体企业的融资、盈利、成本、营销与扩张等微观层面的经济问题。

一、新媒体企业的融资方式

如果把融资活动是否通过金融机构作为分类标准的话,新媒体企业作为特殊企业中的一种,虽然其融资方式复杂多样,但大体可以分为直接融资与间接融资两大类型。此外,在新媒体企业融资的实际过程中,还出现了一种新兴的且非常盛行的被称为"风险投资"的融资方式。这种融资方式既可以通过金融机构,也可以不通过金融机构来完成,是一种混合型的融资方式。

（一）新媒体企业的直接融资

新媒体企业的直接融资就是指不通过金融机构,直接由新媒体企业与资金的供应者双方借助于融资手段实现资金转移的融资活动。新媒体企业的直接融资的主要形式有联营投资、发行股票、发行债券、吸收直接投资(如政府或其他基金、合伙出资等)、商业信用融资(一般包括应付账款、应付票据、预收账款等)、并购重组融资、留存收益融资等。我国的新媒体企业除了发行债券的融资方式很少甚至未见使用外,其他直接融资的方式都极为常用,尤其是通过上市发行股票,而且主要在美国资本市场上市融资成为我国网络媒体公司等新媒体企业最常用的融资方式。如中华网、新浪、网易、搜狐等大型商业性门户网络公司都在美国纳斯达克上市融资，还有人人网等在美国纽约证券交易所上市融资等（详见表3-2）。

表3-2 上市融资的新媒体企业

1999年7月14日，中华网在纳斯达克独立上市成功，股票代码为"CHINA"，首次公募9 600万美元。
2000年4月13日，新浪网在美国纳斯达克上市交易，股票代码为"SINA"。
2000年6月30日，网易在美国纳斯达克挂牌上市，股票代码为"NTES"。
2000年7月20日，搜狐公司在美国纳斯达克挂牌上市，股票代码为"SOHU"。
2003年12月9日，中国旅游入门网站携程旅游网（Ctrip.com）在美国纳斯达克初始股上市交易，股票代码为"CTRP"。
2004年6月16日，腾讯公司在香港联交所主板公开上市，股票代码为700。
2004年5月13日，盛大网络在美国纳斯达克股票交易市场正式挂牌交易，股票代码为"SNDA"。
2005年8月5日，百度在美国纳斯达克上市，股票代码为"BIDU"。
2007年11月6日，阿里巴巴在香港联合交易所上市，股票代码为1688.HK。2012年2月退市。2014年9月又在美国纽交所上市，股票代码为"BABA"。
2010年3月30日，奇虎360公司在美国纽交所上市，股票代码为"QIHU"。
2011年5月4日，人人公司在纽交所上市，股票代码为"RENN"，抢先美国Facebook，成为全球首家社交网站的上市公司。
2010年12月8日，优酷网在美国纽约证券交易所上市，股票代码为"YOKU"，成为中国第一家在海外规模上市的视频网站，也是全球首家独立上市的视频网站。
2011年5月12日，凤凰新媒体（Phoenix New Media Limited）正式在美国纽交所上市，股票代码为"FENG"。
2011年8月17日，土豆网正式在纳斯达克全球市场挂牌交易，股票代码为"TUDO"。
2012年4月27日，人民网正式在上海证券交易所上市，号称"中国官网第一股"。

（二）新媒体企业的间接融资

新媒体企业的间接融资是指新媒体企业借助于银行等金融机构进行的融资。在整个融资过程中涉及新媒体企业、资金供应者和金融机构三方面的利益,资金先从供应者手中转到金融机构,再由金融机构提供给新媒体企业。新媒体企业的间接融资的主要形式有银行借款、非银行金融机构(如租赁公司、保险公司、信托投资公司、证券公司、信用社及企业集团财务公司等)借款、融资租赁等。虽然间接融资是社会交易成本相对节约的融资方式,也是目前我国一般商业企业最为重要的融资方式,但在新媒体企业的融资过程中却因为新媒体企业处于初创期,往往盈利不足而没有足够的担保与信用,从而使金融机构不愿意向新媒体企业提供资金的借贷。

(三)新媒体企业所获得的风险投资

社会上对风险投资(简称 VC,Venture Capital)含义的理解有 10 多种,其中有代表性的如:全美风险投资协会(NVCA)对风险投资的定义是:由专业投资者投入到新兴的、迅速发展的、有巨大竞争潜力的企业中的一种股权性资本。而经济合作发展组织(OECD)对风险投资的定义是:属于下属情况的都是风险投资:第一,投资于以高科技和知识为基础,生产与经营技术密集型的创新产品或服务的投资;第二,专门购买在新思想和新技术方面独具特色的中小企业的股份,并促进这些中小企业的形成和创立的投资;第三,是一种向极具发展潜力的新建企业或中小企业提供股权资本的投资行为等。还有欧洲风险投资协会(EVCA)对风险投资的定义是:一种由专门的投资公司向具有巨大发展潜力的成长型、扩张型或重组型的未上市企业提供资金支持并辅之以管理参与的投资行为。[1] 但从本质上说,风险投资主要是由专业的风险投资家和投资公司专门为具有巨大发展潜力与营利前景的初创的高新技术中小企业通过提供资本、参与管理,做到利益共享、风险共担的一种权益投资方式。风险投资既可以是直接投资,也可以是提供贷款或贷款担保,或者是提供一部分贷款或担保资金同时投入一部分风险资本购买被投资企业的股权。而以网络媒体公司为代表的新媒体企业正好符合风险投资的条件与需求,所以我国大多数运营良好的新兴的各类网络媒体企业都很快获得相当规模的风险投资,甚至风险投资已经成为我国新媒体企业最常见、最普遍的一种融资方式。如新浪、盛大、阿里巴巴、天涯等网络媒体公司都获得过可观的风险投资(详见表 3-3)。

---

[1] 汪伯文,付强.风险投资的代理经济学分析.成都:西南交通大学出版社,2008:11.

表 3-3

获得风险投资的新媒体企业	风险投资公司
爱特信公司(1996年)	麻省理工学院教授尼葛洛庞帝、爱德华·罗伯特
搜狐公司(1998年)	英特尔公司、道琼斯、晨兴公司、IDG等
新浪网(1999年,2 500万美金)	高盛银行等
携程网	美国的 Carlyle Group 和 IDG、日本的 Soft Bank 等
腾讯	IDG 技术创业投资基金
阿里巴巴	软银中国创业投资有限公司(日本孙正义资本)
盛大	软银中国创业投资有限公司(日本孙正义资本)
甲骨文	红杉资本中国基金(美国著名的互联网投资机构)
思科	红杉资本中国基金(美国著名的互联网投资机构)
钻石网	今日资本
土豆网	今日资本
深圳亿佳网络	英国 3 000 万人民币风险投资
天涯社区	联想投资和清科等 500 万美元风险投资(2005年)
猫扑网	美国泛大西洋投资集团(GA)等国际知名投资机构 4 800 万美元的风险投资
博客中国	软银亚洲 500 万元风险投资

二、新媒体企业的盈利方式

盈利是任何产业得以持续发展的前提,新媒体产业要最终实现产业的持续发展,也只有在找到了合适的商业运营模式以后才能赢得社会投资者的投资,获得稳定的经济支持,否则无法大规模、大范围地发展。亚德里安·斯莱沃斯基等关于企业盈利模式的解释是:发现行业的利润区,关键在于发现行业盈利要素以及要素之间的"匹配度",匹配度高,体现为高利润区,其他或是平均利润区或者是低利润区和无利润区。并进一步解释:企业的盈利方式主要是根据客户选择、价值获取、战略控制与业务范围四个要素来设计的。① 所以以数字化为特征的新媒体在历经了近20年的发展中,终于在客户选择、价值获取、战略控制与业务范围四个要素中逐渐寻找到了以通过提供信息、广告等产品以及提供电子商务、渠道服务、增值服务等为主要方式的相对稳定的基本盈利方式。

(一)出售新媒体内容产品

出售内容产品,有偿提供信息内容一直以来都是传统媒体企业盈利的主要方式之一,也是业界关于新媒体企业盈利方式的研究一直思索和研究的重点。但是,新媒体自问世以来就具备低门槛、开放性等特征,且一直对受众免费提供内容产品,所以大多数新媒体企业都未能全面实现通过出售内容产品来盈利,甚至很多新媒体企业和理论界学者也纷纷放弃了这一盈利的方案。但是对于专业性较强的网站或者专注于视频服务等新媒体企业则完全可以通过在线资源,如在线音乐等的有偿下载、有偿在线观看、有偿在线阅读或在线联机游戏的有偿参与等方式来创收,尤其是实行VIP会员制已成为诸多新媒体企业实现盈利的惯用方法之一,如学术资源数据网络企业、网络联机游戏企业等,其中美国在线音乐内容出售模式有流量定购模式、音乐锁定模式、苹果公司推出的iPod+iTunes模式等。②

(二)出售新媒体广告资源

出售广告资源,有偿提供广告的空间与时间一直是传统商业化媒体企业收入的最主要来源。实践证明,出售广告资源也是新媒体企业的重要收入甚至是主要收入。无论是做内容的网络企业(如新闻网站等),还是买内容的网络企业(如综合性门户网站等),或者是搜集内容的网络企业(如奇虎网等),甚至是用户贡献内容的网络企业(如博客网站、社区论坛网等),或是内容搜索网络企业(如谷歌、百度等),都是通过内容吸引网民,提升点击率,从而获得商业企业的广告投放。而且新媒体广告的形式也多种多样,其中殷俊等的观点是:新媒体广告有影视广告、动画广告、旗帜广告、植入式广告、贴片广告、网上直

---

① (美)亚德里安·斯莱沃斯基,大卫·莫里森,劳伦斯·艾伯茨.发现利润区.凌晓东译.北京:中信出版社,2010.

② 吴小坤,吴信训.美国新媒介产业.北京:中国国际广播出版社,2009:50-51.

播广告、点播广告、按钮广告、等候页面广告、搜索引擎广告、手机广告等形式。①而新媒体学者石磊则认为,新媒体广告有品牌图形广告、付费搜索引擎广告、视频广告、富媒体广告、页面关键字广告、社区营销广告、游戏内置广告等。②其实随着新媒体内容的丰富与新形式的不断涌现,新媒体的广告形式也在不断地增加,新的广告资源在得到不断的开发与利用,以至于不仅分流报纸、杂志、广播、电视等传统媒体的广告资源,甚至有成为主要广告媒体之趋势。但是由于消费者厌恶传统商业广告,Web2.0民主媒体时代的营销人员面临着一大挑战,即必须以非广告的形式做广告——将商业广告以原始信息或新闻的形式发布出去。这一挑战(也是机会)的要义在于建立"真实性"——可信的内容、值得信赖的品牌、可以相信的商业信息。但是这种"真实性"完全是虚构的。③

(三) 提供电子商务

提供电子商务中介服务,就是通过为生产企业与消费者提供在线广告、信息、交易与支付的信息中介服务,然后收取一定的手续费,达到创造收入的目的。现在越来越多的新媒体企业具备了电子商务的功能,可以为企业与个人提供电子商务服务。根据服务对象的差异,电子商务可以分为 B2B(企业对企业,Business-to-Business)、B2C(企业对消费者,Business-to-Customer)、C2C(消费者对消费者,Customer-to-Customer)三大类,如阿里巴巴等就可以提供以上三种类型的电子商务中介服务。美国学者安德鲁·基恩对此的描述为:最大的悲哀是随着这些实体音乐商店的消亡,可供我们选择的音乐和唱片将越来越少,亚马逊网、iTunes 网和 Myspace 网将垄断数字经济时代的音乐零售业。④ 此外,还有线下营销也是新媒体提供电子商务服务的常见形式,这种电子商务是将网络作为沟通的接口,而主要是提供线下的大范围的实际交易服务,如豆瓣网、大众点评网、口碑网、团购网、携程网、艺龙网等。此外,微支付(Micropayment)也是新媒体特有的电子商务服务形式之一。微支付也就

---

① 殷俊. 新媒体产业导论——基于数字时代的媒体产业. 成都:四川大学出版社,2009:126-131.

② 石磊. 新媒体概论. 北京:中国传媒大学出版社,2009:166.

③ (美)安德鲁·基恩. 网民的狂欢:关于互联网弊端的反思. 丁德良译. 海口:南海出版公司,2010:85-86.

④ (美)安德鲁·基恩. 网民的狂欢:关于互联网弊端的反思. 丁德良译. 海口:南海出版公司,2010:102.

是在互联网上进行的小额度资金的支付,主要有"定制与预支付""计费系统与集成""储值方案"三种形式,普遍用于网络和手机的有偿下载、有偿阅读、有偿观看与有偿参与等小额资金支付的服务,如专门提供原创文学内容阅读与写作的起点中文网就是实行极少的付费阅读,每千字仅为2～3分钱。

(四)提供渠道服务

提供渠道服务,就是为新媒体企业,尤其是信息渠道运营商搭建好通往它的有效渠道后,通过这个特有的渠道向它销售商品或提供服务,从而获取收入,包括会员费、流量下载费、收视费、月租费、通信费等。其中SNS社区以及手机媒体、数字广播、数字电视与网络媒体等具有垄断性的新媒体信息传输网络渠道运营商等主要是通过渠道服务实现盈利的,如电子邮箱的VIP收费,游戏币、Q币、数字广播、数字电视、IPTV等收取收视费,手机运营商收取月租费和短信息服务费,甚至有些新媒体企业还收取一些特殊服务费等,尤其是网络游戏、手机游戏和手机短信息渠道服务的收入随着游戏市场、手机用户规模空前的扩大而快速增长并成为以亿计的巨额数字。

(五)提供增值服务

关于增值服务(Value-added Logistics Service)目前还没有统一的定义,但一般通俗的理解是,其核心内容是指根据客户需要,为客户提供超出常规服务范围的服务,或者采用超出常规的服务方法提供的服务。既可以以客户为核心,也可以以促销为核心,或以制造为核心,或以时间为核心来提供增值服务。所以新媒体所提供的增值服务也就可以说是新媒体企业以客户为核心或以促销为核心向消费者提供超出其常规的服务范围或服务方法的服务,以此开辟新的收入来源。因为受众习惯了对新媒体内容的免费消费,所以新媒体的收入更多甚至主要是来自增值服务的附加收入。正如《连线》杂志的"特立独行者"凯文·凯利所指出的,将来作者的收入不是从售书中得来的,而是来自"原创者的权利、个性化、附加信息、广告价值、赞助、订阅收入——简而言之,就是那些不能复制的权利或价值"[①]。具体而言,殷俊等的观点是:新媒体所提供的增值服务主要有销售相关道具、提供定向服务、提供个人网络出版、

[①] (美)安德鲁·基恩.网民的狂欢:关于互联网弊端的反思.丁德良译.海口:南海出版公司,2010:115.

代收代付与提供桌面饰品等。① 尤其作为网络和手机媒体的渠道运营商(如中国电信、中国移动、中国联通等)常常与众多的内容提供商合作为其用户提供增值服务,如彩铃、来电显示、呼叫转移、GPS 导航、代收代付等。其实随着网络与手机等数字媒体形式与内容的进一步开发与发展,各种新的增值服务也将不断出现。

三、新媒体企业的微内容生产

内容生产是媒体企业的核心要素,也是企业成本投入的最主要部分,所以内容生产成为企业运营管理的关键。根据现代内容生产的理论,生产的内容可以分为宏内容与微内容。其中,宏内容是指由专业人员在专业机构中制作的,并经由专门渠道发布的信息产品,由于成本较高、资源有限(如版面、时段等),其传播必然遵从以尽可能少的内容服务于尽可能多的消费者的传播模式。② 对于微内容,Cmswiki 给出的定义是:最小的独立的内容数据,如一个简单的链接,一篇网络日志,一张图片,一段音频,一段视频,一个关于作者的、标题的元数据,E-mail 的主题,RSS 的内容列表等。③ Joi Ito 给出的定义是:微内容是指在网络上至少拥有一个唯一编号或地址的元数据(Metadata)和数据的有限汇集。Web2.0 的信息传播是以微内容为基础,通过聚合、管理、分享、迁移这些微内容,以进一步组合成各种个性化的丰富应用。④ 前者主要是由报纸、杂志、广播、电视、通讯社等传统大众传媒企业及部分网络新媒体企业所生产,后者主要是由众多网络新媒体企业所生产的。

根据克里斯·安德森(Chris Anderson)著名的"长尾经济理论"的解释,长尾的三种力量在于生产工具的普及、通过普及传播工具降低消费的成本、通过连接供给与需求将新产品介绍给消费者。⑤ 长尾的商业法则主要是通过让存货集中或分散和让顾客参与生产来降低成本,通过多种传播途径、多种产品、多种价格来考虑与开拓小市场,通过分享信息、考虑"和"不考虑"或"、让市

---

① 殷俊.新媒体产业导论——基于数字时代的媒体产业.成都:四川大学出版社,2009:126-131.

② 石磊.新媒体概论.北京:中国传媒大学出版社,2009:161.

③ http://www.cmswiki.wikispaces.net/.

④ http://joiwiki.ito.com/joiwiki/.

⑤ (美)克里斯·安德森.长尾理论.乔江涛,石晓燕译.北京:中信出版社,2006:36-38.

场替你做事、理解免费的力量来摆脱控制。① 所以数字新媒体尤其是网络信息新媒体企业的生产要么在采购传统媒体企业内容(有的干脆非法复制、转载或链接传统媒体企业的内容)的基础上,极力吸引广大受众参与新媒体的微内容生产,要么全部为受众所提供的微内容,如社区论坛网站、博客网站、播客网站、拍客网站、维基百科、百度百科等几乎全部都为消费者参与生产的微内容。所以和报纸、杂志、广播、电视、通讯社等传统媒体的宏内容生产相比,新媒体的微内容生产成本就大大节省了。

四、新媒体企业的营销与推广

营销与推广作为企业的一种经济行为,主要是指工商企业组织以各种市场推销手段向顾客宣传产品,以激发他们的购买欲望和行为,扩大产品销售量,提升企业形象,树立产品品牌的一种经营活动。常见的营销与推广方式主要有广告营销与推广、人员营销、营业推广、公共关系等。但随着网络和手机等数字新媒体的出现,网络营销与推广、手机营销与推广等新的方式也随之盛行。对于通过市场交易来盈利的新媒体企业来说,虽然自身是营销与推广的新型渠道,但是新媒体自身也需要开展相应的营销与推广活动。新媒体企业可以通过报纸、电视、直接邮寄、杂志、电台、户外、移动、传单、电话簿(黄页)等传统媒介广告营销与推广,也可以通过人员推销,或通过附送赠品、优惠券、免费试用、联合促销等促销推广,还可以通过名人效应、新闻事件、公益活动、社会赞助等公共关系方式营销与推广。此外,更为重要的是新媒体企业要充分利用自身作为营销渠道的优势来营销与推广,如手机新媒体有手机广告营销与推广,也有手机信息营销与推广;网络新媒体则有搜索引擎、交换链接、网络广告、邮件列表、许可 E-mail 营销、消息发布、会员制营销、网上商店、在线调查、BBS 营销、博客营销、微博营销等众多新的营销与推广方式,其中搜索引擎又包括登录免费分类目录、登录付费分类目录、搜索引擎优化、关键词竞价排名等方式,网络广告也包括关键词广告、网页内容定位广告、Banner 广告、分类广告、赞助式广告、E-mail 广告等方式。

---

① (美)克里斯·安德森. 长尾理论. 乔江涛,石晓燕译. 北京:中信出版社,2006:207-214.

五、新媒体企业的扩张与并购

扩张与并购是市场竞争优胜劣汰的必然结果。随着新媒体产业的竞争日益激烈,新媒体企业为了进一步地生存、发展甚至壮大自身,以至于主导或控制某类市场,它自身的扩张以及对外的并购是在所难免的现象。尤其随着各类网络新媒体的不断涌现,盈利能力日渐明显,甚至有成为主流媒体的趋势,所以新媒体企业之间为了占领更大的市场份额,主导或操纵市场价格与产业利润,于是不断地利用各种手段吸引投资,扩大生产与规模,增设网点,甚至兼并、收购处于竞争劣势的同类或异类企业,实现集团化发展,发展规模经济。其中新媒体企业同类并购的,如搜狐兼并 Chinaren.com,Tom.com 并购 163.net,携程网收购现代运通和北京海岸航空服务公司,亚马逊网收购卓越网,阿里巴巴收购雅虎中国,优酷与土豆并购等;还有新媒体企业异类并购的,如美国在线与时代华纳的并购等。

思考练习

1. 安德森的《长尾理论》提出网络经济是"丰饶经济",马上就遭到了批判与攻击,因为包括网络在内的新媒体产业自始至终都是资源分配。试举例解释新媒体产业由哪些资源构成。
2. 举例分析新媒体企业的融资方式。
3. 举例分析新媒体企业是如何盈利的。
4. 什么是微内容?请你登录某一网站注册参与某一微内容的生产。

第四章　新媒体法规与伦理[①]

南京"中国博客第一案"

2005年9月的一天,南京大学新闻传播学院副教授陈堂发在"中国博客"网发现有一个名叫"长套袜"的博客网页上载有辱骂他的言词。博客主人"K007"写了一篇名为《烂人烂教材》的心情日记,声称明天要考陈堂发的"新闻伦理与法规",于是决定看书。并说一遍看下来,脑子里没有任何印象,陈堂发的书是最烂的教材。接着,"K007"还指名道姓地称他是"烂人""简直就是流氓"。经查,日志的上传时间为2005年6月24日,已经在网页上保留了2个多月。为了防止这篇日志进一步传播,陈堂发与"中国博客"网进行电话联系,告诉对方网上的这篇日志侵害了自己的名誉权,要求立刻删除。但网站答复说:"该帖不违反发帖规则,要求删帖必须提供身份证明。"

2005年12月,陈堂发将"中国博客"网的运营商"杭州博客资讯技术有限公司"告上法庭。原告诉称,被告所运营的网页上的帖子《烂人烂教材》对原告进行肆意的辱骂和攻击,构成对原告人格尊严与名誉权的严重侵害,要求被告停止侵害,赔偿精神抚慰金1万元人民币。南京市鼓楼区人民法院依法受理了此案,陈堂发成了中国状告博客网站侵权的第一人,该案因此被媒体称为"中国博客第一案"。

2006年6月14日,鼓楼区人民法院正式开庭审理此案。2006年8月2日,鼓楼区人民法院作出判决:被告杭州博客资讯技术有限公司,在"中国博客"网首页向原告刊登致歉声明并保留10日,赔偿原告经济损失1 000元。被告不服,上诉至南京市中级人民法院。2006年11月24日,南京市中级人民法院作出终审判决,维持原判。至此,这起历时长达一年、备受关注的"中国博客第一案",以原告陈堂发胜诉告终。

[①] 本章系由浙江工业大学教师陈丹英编写。

> **学习要点：**
> 1. 新媒体版权开放的原则
> 2. 有关新媒体的国际法及其原则
> 3. 欧美国家有关新媒体的主要法律及其原则
> 4. 中国有关新媒体的主要法律规范及其原则
> 5. 欧美国家有关新媒体伦理的原则及其典范
> 6. 中国有关新媒体伦理的原则及内容

以网络、手机为代表的数字新媒体自从出现以来，便不断地冲击与改变着我们的工作、生活、学习与社会关系，而且也对我们已有的国家法律与社会道德体系产生了严重的冲击与突破，甚至给社会、国家或个体造成了新的损失与灾难。所以世界各国都极力通过新的法规与伦理道德来规范新媒体的发展，以防范与惩罚通过新媒体而引发的新的伤风败俗、违法犯罪的行为。

第一节 新媒体法律规范

随着网络、手机等新媒体的涌现及其普遍使用，新媒体呈现出新的规则与特点，并冲击着旧有的相关法律规范，尤其是知识产权法律规范，所以国际社会与世界各国都纷纷通过修订已有法律或制定新法律与规范来强制规范新媒体的创办、经营与使用，并通过国家法规或部门规章来惩罚与新媒体有关的违法犯罪行为。

一、新媒体的版权特点：版权开放（Copyleft）

与传统报纸、杂志、书籍、广播、电视等大众传媒创造性作品的"版权所有，禁止翻印"相比，以网络、手机为代表的数字化新媒体创造性作品则是"版权开放"，也即全面向公众开放，只要拥有专门的许可证，任由用户自由复制、发布、修改和免费使用，实现知识的共享，并形成了"版权开放"新的规则。

(一) 版权开放的提出

根据自由软件运动发起者理查德·斯托曼(Richard Stallman)的解释,版权开放起源于《GNU 操作系统与自由软件运动》的一个小脚注。理查德·斯托曼在《GNU 操作系统与自由软件运动》一文中,用一个小脚注说明了 Copyleft 一词的由来:那是在 1984 年或 1985 年,Don Hopkins(一个非常富于想象力的家伙)给我寄了一封信,在信封上他写了一些逗乐的话,其中包括"Copyleft-all Rights reversed"(相对于"All Rights Reserved"与 Copyright © 20XX—20XX Publications, Inc. ,笔者注)。于是,我就用 Copyleft 一词命名当时我正考虑的软件发行概念。[①]

国内对"Copyleft"的翻译有四种代表性的观点,其一是洪峰和夏昊在合译的自由软件运动创始人 Richard Stallman 关于自由软件运动的著名回顾文章《GNU 操作系统与自由软件运动》中,把"Copyleft"翻译为"版权所无",并很快成为流行观点;其二是姜奇平在一篇《知识经济,主权在谁?》的文章中,把"Copyleft"翻译为"非版权";[②]其三是云南师范大学的贾星客在主持的课题"从信息哲学角度对自由软件运动的综合研究"中,把"Copyleft"翻译为"左版";[③]其四是徐剑在"数字媒体的版权开放研究"中,把"Copyleft"翻译为"版权开放"。[④]

(二) 版权开放的内涵

根据斯托曼的解释,版权开放利用了版权法,但反其道而行之,已达到与通常相反的目的:将一种软件私有化的手段转变成了保持软件自由的手段。[⑤]可见,版权开放是针对版权所有和垄断而采取的反垄断的措施,但是并不意味着就完全丧失了版权,因为版权既有所有权、复制权、发行权,还有向公众传播权、人身权与经济权等,作者所创造的作品免费向公众开放和使用,虽然放弃版权财产权有关的复制权和发行权,但是作品版权的人身权如身份权则坚持

---

① Stallman. The GNU Project. http://www.gnu.org/gnu/thegnuproject.html.
② 姜奇平. 知识经济,主权在谁?. http://tech.sina.com.cn/it/e/2001-12-23/97047.shtml.
③ 贾星客. 论左版. 云南师范大学学报(哲社版),2002(1):13-19.
④ 蒋宏,徐剑. 新媒体导论. 上海:上海交通大学出版社,2006:60-61.
⑤ Stallman. The GNU Project. http://www.gnu.org/gnu/thegnuproject.html.

已有。同时在"Copyleft"这种新型版权的保护下,财产权(复制、发行等)通过契约的方式(以 GPL 为代表的软件许可证)向受众公开,受众在受益的同时必须许诺:根据该作品演绎的其他作品也必须按照同样的版权开放模式公布。软件所有者在开放自己版权的同时,也强调据此来衍生作品的版权开放性,从而形成一个分布式的版权开放网络,由此达到知识共享的目的。①

二、与新媒体有关的国际条约

在《世界版权公约》《保护文学和艺术作品伯尔尼公约》《保护表演者、录音制品制作者和广播组织的国际公约》《保护录音制品制作者防止未经许可复制其录音制品公约》《关于播送由人造卫星传播载有节目的信号的公约》《避免对版权使用费双重征税的多边公约》《世界贸易组织协定中〈与贸易有关的知识产权协议〉》《避免对版权使用费双重征税多边公约的附加议定书》等版权保护的国际条约的基础上,根据网络等数字化新媒体"版权开放"的特点,国际社会专门制定的有关网络等新媒体版权的条约有《世界知识产权组织版权条约》(World Intellectual Property Organization Copyright Treaty,WCT)和《世界知识产权组织表演和录音制品条约》(WIPO Performances and Phonograms Treaty,WPPT)。

(一)《世界知识产权组织版权条约》

《世界知识产权组织版权条约》,简称《WIPO 版权条约》,是 1996 年 12 月 20 日由世界知识产权组织主持,120 多个国家代表在日内瓦参加关于版权和邻接权若干问题的外交会议上缔结并通过的,主要为了解决国际互联网络环境下应用数字技术而产生的版权保护新问题。世界主要国家先后加入《世界知识产权组织版权条约》。中国于 2007 年正式加入该条约。其主要内容有:

1. 条约与《保护文学和艺术作品伯尔尼公约》(简称《伯尔尼公约》)的关系

《世界知识产权组织版权条约》主要是世界各国为了解决国际互联网络环境下应用数字技术而产生的版权保护新问题,所以可以说该条约就是《伯尔尼公约》的延伸或补充协议。该条约第 1 条规定:"对于属《保护文学和艺术作品伯尔尼公约》所建联盟之成员国的缔约方而言,本条约系该公约第 20 条意义

---

① 蒋宏,徐剑.新媒体导论.上海:上海交通大学出版社,2006:60-61.

下的专门协定。"同时规定:"《伯尔尼公约》第 9 条①所规定的复制权及其所允许的例外,完全适用于数字环境,尤其是以数字形式使用作品的情况。不言而喻,在电子媒体中以数字形式存储受保护的作品,构成《伯尔尼公约》第 9 条意义下的复制。"

2. 版权保护范围的规定

版权保护范围在《伯尔尼公约》的基础上,延伸至表达,但是不包括思想、操作方法或数学概念本身。该条约第 2 条规定:"版权保护延及表达,而不延及思想、过程、操作方法或数学概念本身。"

3. 计算机保护的规定

首次把新出现的计算机程序与数据汇编(数据库)列入版权保护的范围。该条约第 4 条规定:"计算机程序作为《伯尔尼公约》第 2 条②意义下的文学作品受到保护。此种保护适用于各计算机程序,而无论其表达方式或表达形式如何。"第 5 条规定:"数据或其他资料的汇编,无论采用任何形式,只要由于其内容的选择或排列构成智力创作,其本身即受到保护。这种保护不延及数据或资料本身,亦不损害汇编中的数据或资料已存在的任何版权。"

4. 版权的保护

除了保护创造者的版权的所有权之外,也保护文学与艺术作品、计算机程序软件等创造性智力成果的发行权、出租权与向公众传播的权利。文学与艺术作品的作者所享有的发行权受到保护,该条约第 6 条规定:"文学和艺术作品的作者应享有授权通过销售或其他所有权转让形式向公众提供其作品原件或复制品的专有权。"作者所享有的智力成果的出租权也受到保护。该条约第 7 条规定:"计算机程序、电影作品和按缔约各方国内法的规定,以录音制品体

---

① 第 9 条:一、受本公约保护的文学艺术作品的作者,享有批准以任何方式和采取任何形式复制这些作品的专有权。二、本联盟成员国法律有权允许在某些特殊情况下复制上述作品,只要这种复制不致损害作品的正常使用,也不致无故危害作者的合法利益。三、所有录音或录像均应视为本公约所指的复制。

② 第 2 条第 1 款:"文学艺术作品"一词包括科学和文学艺术领域内的一切作品,不论其表现方式或形式如何,诸如书籍、小册子及其他著作;讲课、演讲、讲道及其他同类性质作品;戏剧或音乐戏剧作品;舞蹈艺术作品及哑剧作品;配词或未配词的乐曲;电影作品或以与电影摄影术类似的方法创作的作品;图画、油画、建筑、雕塑、雕刻及版画;摄影作品以及与摄影术类似的方法创作的作品;实用美术作品;插图、地图;与地理、地形、建筑或科学有关的设计图、草图及造型作品。

现作品的作者,应享有授权将其作品的原件或复制品向公众进行商业性出租的专有权。"作者还依法享有向公众传播的权利,该条约第 8 条规定:"在不损害《伯尔尼公约》第 11 条第(1)款第(Ⅱ)目①、第 11 条之二第(1)款第(Ⅰ)和(Ⅱ)目、第 11 条之三第(1)款第(Ⅱ)目、第 14 条第(1)款第(Ⅱ)目和第 14 条之二第(1)款②的规定的情况下,文学和艺术作品的作者应享有专有权,以授权将其作品以有线或无线方式向公众传播,包括将其作品向公众提供,使公众中的成员在其个人选定的地点和时间可获得这些作品。"

此外,对摄影作品的保护不得适用《伯尔尼公约》有关保护期限的规定,该条约第 9 条规定:"对于摄影作品,缔约各方不得适用《伯尔尼公约》第 7 条第(4)款③的规定。"

5. 版权保护的技术与管理保障

缔约各方应该通过法律为版权的保护提供技术措施与相关权利管理的信息。该条约第 11 条规定:"缔约各方应规定适当的法律保护和有效的法律补救办法,制止规避由作者为行使本条约或《伯尔尼公约》所规定的权利而使用的、对就其作品进行未经该有关作者许可或未由法律准许的行为加以约束的有效技术措施。"同时该条约第 12 条规定:"缔约各方应规定适当和有效的法律补救办法,制止任何人明知、或就民事补救而言有合理根据知道其行为会诱使、促成、便利或包庇对本条约或《伯尔尼公约》所涵盖的任何权利的侵犯而故意从事以下行为:(Ⅰ)未经许可去除或改变任何权利管理的电子信息;(Ⅱ)未经许可发行、为发行目的进口、广播、或向公众传播明知已被未经许可去除或改变权利管理电子信息的作品或作品的复制品。"

(二)《世界知识产权组织表演和录音制品条约》

《世界知识产权组织表演和录音制品条约》,是世界知识产权组织于 1996 年 12 月 20 日在日内瓦召开关于版权和邻接权若干问题的外交会议上通过

---

① 戏剧作品或音乐戏剧作品的作者,在对其原著权利的整个期间内,对其作品的翻译享有同样的专有权。

② 在不损害可能已经过改编或翻印的所有作品的版权的情况下,电影作品将作为原作品受到保护。电影作品版权所有者享有原作品作者的权利,包括前一条规定的权利。

③ 本联盟成员国有权以法律规定摄影作品及作为艺术品加以保护的实用美术作品的保护期限;但这一期限不应少于自该作品完成时算起二十五年。

的。2002年5月20日,该条约生效。该条约由序言和33条正文组成,其目的是为了在数字领域,特别是互联网领域更好地保护表演者和录音制品制作者的权利。世界主要国家先后加入《世界知识产权组织表演和录音制品条约》。中国于2007年正式加入该条约。该条约主要内容有:

1. 条约与《保护表演者、录音制品制作者和广播组织国际公约》(简称《罗马公约》)的关系

《世界知识产权组织表演和录音制品条约》的制定是世界各国为了在数字领域,特别是互联网领域更好地保护表演者和录音制品制作者的权利,所以可以说该条约是《保护表演者、录音制品制作者和广播组织国际公约》的延伸或补充协议。该条约第1条规定:"本条约的任何内容均不得减损缔约方相互之间依照于1961年10月26日在罗马签订的《保护表演者、录音制品制作者和广播组织国际公约》已承担的现有义务。"

2. 表演者权利的保护

该条约主要对表演者的精神权利、经济权利、复制权、发行权、向公众传播权提供全面的保护。该条约首次对表演者的"精神权利"给予承认。该条约认为,表演者的精神权利与表演者的经济权利是独立的,即使在表演者的经济权利转让之后,表演者仍应对其现场表演或以唱片录制的表演有权要求指出他本人是表演者,并有权反对任何对其表演进行的歪曲、篡改或其他修改。该条约第5条规定:"不依赖于表演者的经济权利,甚至在这些权利转让之后,表演者仍应对于其现场有声表演或以录音制品录制的表演有权要求承认其系表演的表演者,除非使用表演的方式决定可省略不提其系表演者;并有权反对任何对其表演进行将有损其名声的歪曲、篡改或其他修改。"表演者依法享有对其尚未录制的表演的经济权利,该条约第6条规定:"表演者应享有专有权,对于其表演授权:广播和向公众传播其尚未录制的表演,除非该表演本身已属广播表演;录制其尚未录制的表演。"同时该条约第15条规定:"对于将为商业目的发行的录音制品直接或间接地用于广播或用于对公众的任何传播,表演者和录音制品制作者应享有获得一次性合理报酬的权利。"表演者对作品的复制权也得以相应保护,该条约第7条规定:"表演者应享有授权以任何方式或形式对其以录音制品录制的表演直接或间接地进行复制的专有权。"表演者对作品的发行权也受到保护,该条约第8条规定:"表演者应享有授权通过销售或其他所有权转让形式向公众提供其以录音制品录制的表演的原件或复制品的专有权。"表演者对作品的出租权也依法享有,该条约第9条规定:"表演者应按缔约各方国内法中的规定享有授权将其以录音制品录制的表演的原件和复制

品向公众进行商业性出租的专有权,即使该原件或复制品已由表演者发行或根据表演者的授权发行。"表演者也依法享有向公众传播的权利,该条约第10条规定:"表演者应享有专有权,以授权通过有线或无线的方式向公众提供其以录音制品录制的表演,使该表演可为公众中的成员在其个人选定的地点和时间获得。"

3. 录音制品制作者权利的保护

该条约对录音制品制作者的复制权、发行权、出租权、向公众传播权以及经济权利提供保护。其中录音制品制作者对录音制品的复制权的保护,该条约第11条规定:"录音制品制作者应享有授权以任何方式或形式对其录音制品直接或间接地进行复制的专有权。"录音制品制作者对录音制品的发行权的保护,该条约第12条规定:"录音制品制作者应享有授权通过销售或其他所有权转让形式向公众提供其录音制品的原件或复制品的专有权。"录音制品制作者对录音制品的出租权的保护,该条约第13条规定:"录音制品制作者应享有授权对其录音制品的原件和复制品向公众进行商业性出租的专有权,即使该原件或复制品已由录音制品制作者发行或根据录音制品制作者的授权发行。"录音制品制作者依法享有对录音制品向公众传播的权利,该条约第14条规定:"录音制品制作者应享有专有权,以授权通过有线或无线的方式向公众提供其录音制品,使该录音制品可为公众中的成员在其个人选定的地点和时间获得。"录音制品制作者依法享有对录音制品的经济权利,该条约第15条规定:"对于将为商业目的发行的录音制品直接或间接地用于广播或用于对公众的任何传播,表演者和录音制品制作者应享有获得一次性合理报酬的权利。"

4. 表演者及录音制品制作者的保护期限

该条约对表演者及录音制品制作者的保护给予时间限制,保护期限为50年。其中对表演者的保护期限,该条约第17条第(1)款规定:"依本条约授予表演者的保护期,应自表演以录音制品录制之年年终算起,至少持续到50年期满为止。"对录音制品制作者的保护期限,该条约第17条第(2)款规定:"依本条约授予录音制品制作者的保护期,应自该录音制品发行之年年终算起,至少持续到50年期满为止;或如果录音制品自录制完成起50年内未被发行,则保护期应自录制完成之年年终起至少持续50年。"

5. 表演者和录音制品制作者保护的技术与管理保障

缔约国各方应为表演者和录音制品制作者的保护提供技术措施与管理信

息的保障。该条约第18条规定:"缔约各方应规定适当的法律保护和有效的法律补救办法,制止规避由表演者或录音制品制作者为行使本条约所规定的权利而使用的、对就其表演或录音制品进行未经该有关表演者或录音制品制作者许可、或未由法律准许的行为加以约束的有效技术措施。"同时该条约第19条规定:"缔约各方应规定适当和有效的法律补救办法,制止任何人明知、或就民事补救而言有合理根据知道其行为会诱使、促成、便利或包庇对本条约所涵盖的任何权利的侵犯而故意从事以下行为:未经许可去除或改变任何权利管理的电子信息;未经许可发行、为发行目的进口、广播、向公众传播或提供明知已被未经许可去除或改变权利管理电子信息的表演、录制的表演或录音制品的复制品。"

三、外国新媒体法律规范

美国、英国、法国、日本等主要发达国家关于新媒体的法律规范主要集中在新媒体版权、未成年人网络保护、电子商务、新媒体产业规制以及数字电视等方面。

(一)国外有关新媒体版权的法律规范

版权是新媒体产业的核心权利,所以,世界主要国家都在《世界知识产权组织版权条约》和《世界知识产权组织表演和录音制品条约》的基础上出台了有关网络领域数字化传播的版权保护的法律规范。其中最具有代表意义的是美国的《数码版权千禧法案》和欧盟的《信息社会版权指令》。

1. 美国的《数码版权千禧法案》(Digital Millennium Copyright Act,简称DMCA)

美国的《数码版权千禧法案》于1998年10月获得美国国会通过,并由克林顿总统批准实施。该法案包括世界智慧财产权组织条约执行法案(WIPO Treaties Implementation)、网络著作权侵害责任限制法案(Online Copyright Infringement Liability Limitation)、计算机维修竞争确保法案(Computer Maintenance Or Repair Copyright Exemption)、综合规定法案(Miscellaneous Provisions)、原始设计的保护法案(Protection of Certain Original Designs),共五个部分。根据台湾学者章忠信的翻译,[①]该法案重点内容是:

---

① 章忠信.美国一九九八年数字化千禧年著作权法案简介.万国法律,1999(107).

1.网络服务业者责任之限制。2.允许维修过程中对于计算机程序之暂时性重制。3.厘清美国著作权局对相关政策之职权。4.延伸数字化广播暂时性录制之例外。5.要求美国著作权局向国会提出有关通过数字化科技促进远距离教学之建议。6.延伸现有对于图书馆与档案机构之例外规定。7.延伸录音著作演出之法定授权至数字化传输。8.引进有关集体谈判协议下电影著作权利转让契约之相关推定。9.传播设计之著作保护。

根据吴小坤、吴训信的翻译,法案规定:对版权的拥有者和网络服务商均给予力所能及的保护,包括图书馆员、教育机构、网站主人、网络用户、网上广播者等在内的任何粘贴或下载受保护资料的个人或组织,都要付费。其中最重要的条款是:①

1.将大多数商业软件的盗版行为定性为犯罪行为;2.认定生产、销售或传递用于非法复制软件的解码装置为违法行为;3.允许将破坏版权保护的装置用于编码研究、增强产品抗盗版性能和测试计算机安全系统;4.总体上减轻互联网服务商在单纯传递信息过程中的侵犯版权责任;5.互联网服务商有义务删除网上被确认侵犯版权的材料;6.非营利性的高等教育机构,在通过互联网向教学人员和研究人员提供享有版权的材料时,可以免责或减轻责任;7.网络广播在播放音乐作品时必须向相关唱片公司缴纳许可费用;8.要求版权注册商在征询有关方面意见后,向国会递交建议,以探索如何维持在保护版权和满足用户需求平衡的基础上,推广远程电子教育。

此外,该法案基于侵权防范方面的考虑,"在线版权侵权责任限制法"对互联网服务提供者(Internet Service Provider,简称 ISP)提出了责任权限要求:"安全港"。主要有 ISP 仅作为暂时性数据网络传输(transitory digital network communication)、系统自动存取(system caching)、根据用户批示存取信息(information residing on system or networks at direction of users)、信

---

① Official Website of the UCLA Online Institute for Cyberspace Law and Policy. // 吴小坤,吴训信. 美国新媒介产业. 北京:中国国际广播出版社,2009:75-76.

息搜索工具(information location tools)。

2. 欧盟的《欧盟信息社会版权指令》(Copyright Directive, Information Society Directive or the InfoSoc Directive)

2001年5月22日欧洲议会和欧盟理事会针对网络等新媒体传播的实际通过了关于协调信息社会中版权和相关权利若干方面的第2001/29/EC号指令,也即《欧盟信息社会版权指令》,其主要内容有:

(1) 版权的范围

该指令第1条所规定的版权保护范围包括:计算机程序的法律保护;出租权、借阅权以及某些在知识产权领域与版权相关的权利;适用于卫星广播节目和有线转播广播节目的版权和相关权利;版权和某些相关权利的保护期限;数据库的法律保护。

(2) 版权的保护

该指令主要对作品的复制权、向公众传播权及发行权提供保护。其中版权所有者对其作品、表演、录音制品、电影原件或复制件、广播等享有授权或禁止直接地或间接地、临时地或永久地通过任何方法和以任何形式全部或部分复制的专有权。该指令第2条规定:"成员国应规定下列授权或禁止直接地或间接地、临时地或永久地通过任何方法和以任何形式全部或部分复制的专有权:作者,就其作品;表演者,就其表演的固定;录音制品制作者,就其录音制品;首次固定电影的制作者,就其电影的原件或复制件;广播组织,就其广播的固定,无论这些广播是以有线还是无线方式传输的,包括通过电缆或卫星传输。"同时,版权所有人享有向公众传播作品的权利以及向公众提供其他客体的权利。该指令第3条规定:"成员国应规定作者享有授权或禁止任何通过有线或无线的方式向公众传播其作品的专有权,包括将其作品向公众提供,使公众中的成员在其个人选择的地点和时间可获得这些作品。成员国应规定下列授权或禁止通过有线或无线的方式向公众提供,使公众中的成员在其个人选择的地点和时间可获得的专有权:表演者,就其表演的固定;录音制品制作者,就其录音制品;首次固定电影的制作者,就其电影的原件或复制件;广播组织,就其广播的固定,无论这些广播是以有线还是无线方式传输的,包括通过电缆或卫星传输。"此外,版权所有人还享有对其作品的发行权。该指令第4条规定:"成员国应规定作者对其作品原件或复制件享有授权或禁止通过任何销售或其他方式向公众发行的专有权。作品原件或复制件的发行权不会在欧共体内穷竭,除非经权利人授权或经其同意在共同体内首次销售或以其他方式转让该作品原件或复制件的所有权。"

(3) 版权保护的技术与管理保障

成员国应当为版权保护提供技术措施与权利管理信息。该指令第6条规定:"成员国应规定适当的法律保护,制止任何明知或有合理理由知道仍追求此目标的人所实施的规避有效技术措施的行为。成员国应规定适当的法律保护,制止制造、进口、发行、销售、出租装置、产品或组件,为销售或出租发布广告,或为商业目的拥有装置、产品或组件,或提供服务的下列行为:为规避任何有效技术措施的目的,进行促销、发布广告或市场营销,或除规避外,只具有有限的商业目的或用途,或设计、生产、改装或实施的主要目的是为促成或便利规避任何有效技术措施。"该指令第7条规定:"成员国应规定适当的法律保护,制止任何人未经授权故意从事任何以下行为,去除或改变任何电子权利管理信息;发行、为发行进口、广播、向公众传播或提供受本指令或《第96/9/EC号指令》第三章保护的,但未经授权被去除或改变电子权利管理信息的作品或其他客体,条件是此人明知,或有合理的理由知道其实施的行为是在诱使、促成、便利或包庇侵犯法律规定的任何版权或任何与版权相关的权利、或《第96/9/EC号指令》第三章规定的特殊权利的行为。"

(二) 国外有关未成年人网络保护的法律规范

美国、英国、法国、德国等西方国家都纷纷通过立法的方式来规范未成年人的网络使用,以保护未成年人的成长。

1. 美国未成年人网络使用的法律保护

美国有关未成年人网络使用保护的法案主要有《儿童在线保护法》《儿童网络隐私保护法》与《儿童互联网保护法》等。

美国《儿童在线保护法》于1998年获得国会通过,并由克林顿总统签署实施。法案规定:① 任何人通过万维网,在洲际或国际上为商业目的传递对青少年有害的内容,都应被罚款5万美元以下,或监禁6个月以下,或二罚并处。② 除了上项规定的处罚之外,故意违反本法规定的,将被判处违法行为期间每天5万美元以下罚款。③ 除了以上两项规定的处罚之外,违反第一项规定的,将另外被处以每天5万美元以下的民事罚款。[①] 商业性的色情网站不得允许17岁以下的未成年人浏览任何淫秽的图片、图像、图形文件、文章、录音、

[①] Wayne Overbeck. Major Principles of Media Law, Thomson Learning, 2004. // 吴小坤,吴训信. 美国新媒介产业. 北京:中国国际广播出版社,2009:73-74.

作品或其他"缺乏严肃文学、艺术、政治、科学价值"的内容。

美国国会在1998年还通过了《儿童网络隐私保护法》,该法案规定向孩子收集数据的调查公司必须先征得家长同意。该法案规定:任何提供网络服务和产品的组织与个人不得通过互联网电子联络(电子邮件、聊天等),搜集13岁以下儿童的姓名、家庭住址、电子邮件地址、电话号码、社会安全号码或儿童父母的个人信息等,违者将依据《联邦贸易委员会法案》(Federal Trade Commission Act)进行处罚。①

美国国会于2000年颁布了《儿童互联网保护法》,对学校、图书馆等青少年公共教育场所的互联网使用作出规范,要求这类场所使用信息过滤系统或软件,以防孩子接触网上的有害内容。联邦通讯委员会2001年根据国会的授权,为该法制定了实施细则,其中包括:学校和图书馆只有采用有效的安全措施后,才可以接受外界提供的上网优惠服务;所采用的安全措施应能够对网上的淫秽、儿童色情、对儿童身心有害的内容进行遮蔽或过滤;学校必须对青少年在网上的行为加以监控;学校和图书馆必须采取措施,防止未成年人进入不良网站,确保未成年人在使用电子邮件、聊天室等直接通信方式时的安全,禁止未成年人上网参与"黑客"或其他非法活动。

2. 欧盟主要国家未成年人网络使用的法律保护

欧盟委员会于1996年10月发表了《在视听和信息服务中保护未成年人和人的尊严绿皮书》和1996年11月发表了《关于因特网非法和有害内容的通讯》,要求成员国采取措施以反对通过互联网络向未成年人传播暴力、色情等不良信息。

英国政府于1996年9月23日颁布了第一个网络监管行业性法规《3R互联网络安全规则》,"3R"指的是分级认定、举报告发、承担责任。在英国,无论传播与否,拥有儿童色情图片就是犯罪。根据英国《儿童保护法案》,如果没有合法理由,故意下载儿童色情图片者最高可判处10年监禁。

法国《未成年人保护法》(1998年修正)规定,向未成年人展示淫秽物品者可判5年监禁和7.5万欧元罚款。如果上述行为发生在网上,面对的是身份不确定的未成年受众,量刑加重至7年监禁和10万欧元罚款。而以上述两种方式录制、传播未成年人色情图像者,分别可判3年监禁和4.5万欧元罚款、5年监禁和7.5万欧元罚款;如果长期以盈利为目的进行此类违法活动,量刑加

---

① 吴小坤,吴训信. 美国新媒介产业. 北京:中国国际广播出版社,2009:220.

重至10年监禁和75万欧元罚款。法国《新通信控制法》规定:家长有权替未成年子女挑选和过滤网上信息,网络服务商可向家长提供监控装置。

德国1997年6月13日的联邦议会通过了《信息和通讯服务规范法》,或称《多媒体法》,于1997年8月1日生效,该法对经营网络信息提出了明确的责任界限,还规定了社会对多媒体信息的许可程度,以免未成年人被信息误导和毒害。该法规定:服务提供者根据一般法律对自己提供的内容负责;若提供的是他人的内容,服务提供者只有在了解这些内容、在技术上有可能阻止其传播的情况下对内容负责。2001年7月,德国最高刑事法庭宣布,在互联网络上散播"儿童色情内容",将面临最高达15年监禁的处罚。[①] 德国政府通过《电信服务数据保护法》《德国刑法典》《传播危害青少年文字法》《著作权法》和《报价法》等修正案以适应网络犯罪。

3. 日本未成年人网络使用的法律保护

日本于2003年9月13日实施《交友类网站限制法》,该法规定:利用交友类网站进行以金钱为目的、与未成年人发生性行为的援助交际,是一种犯罪行为。利用交友类网站发布希望援助交际的消息,可判处100万日元以下罚款。交友类网站在做广告时要明示禁止儿童使用,网站有义务传达儿童不得使用的信息,并采取措施确认使用者不是儿童。家长作为监护人,必须懂得如何使用过滤软件过滤儿童不宜的内容,并和孩子保持良好的沟通。[②]

此外,韩国规定从2003年开始凡是对青少年发送成人广告性电子邮件者,将被判处最高2年徒刑或者1 000万韩元的罚款。[③]

(三)国外有关新媒体产业的市场准入规制

美国1996年修订的《电信法》规定了执照的有效期以及每个媒体机构的受众不能超过全美受众数量的30%。英国的《1996年广播电视法》限制该区域内媒体受众不能超过全英总人数的15%。意大利对进入新媒体行业的准入规则是获得授权需与其经营业绩挂钩,也就是说,当其某一时间段的经营业绩达不到预设的业绩时就会自动丧失新媒体的经营权。[④] 美国联邦通讯委员

[①] 陈英敏.未成年人"触网"的利弊及其对策.青少年犯罪问题,2002(5):15-18.

[②] 毕研韬.世界各国对网络色情的控制手段.信息网络安全,2007(8):70-73.

[③] 中国互联网协会国外网络立法扫描.www.xinhuanet.com,2004-05-10.

[④] 殷俊.新媒体产业导论——基于数字时代的媒体产业.成都:四川大学出版社,2009:215.

会(FCC)规定,外国人参股美国电视台、广播电台,其股份不能超过25%。由于该项规定没有针对新媒体做特殊要求,在实际操作中,投资互联网等新媒体亦以此为参照。印度政府明确规定,外国投资者进入印度购买新闻出版业的股份最高不超过26%。

新加坡政府于1996年7月颁布和2001年10月10日重新修订了《分类许可制》(Class License Scheme),规定以下四类网络媒体运营商必须在新加坡传媒发展局(MDA,Media Development Authority)登记之后才能运作:所有ISP,即新加坡网(SingNet)、太平洋网(Pacific Internet)、星枢网(Starhub Internet)三大接入服务提供商和学校、公共图书馆、网吧等互联网服务转售商;讨论政治或宗教问题的互联网内容提供商;新加坡注册的政党组织所建网站;经营网上报纸并收费的内容提供商。①

(四) 国外有关电子商务的法律规范

美国有关电子商务的法律和法案主要有:

《网络免税法案》(Internet Tax Freedom Act)(1998年10月20日),该法案规定将在三年内不对电子商务课税,以鼓励人们利用科技发展从事商务往来,促进在线交易的持续成长。

《网络公平法案》(Net Fair Act)(1995年)。

《电子隐私权法案》(Electronic Privacy Bill of Right Act)(1998年)。

《纳税人互联网帮助法案》(Tax Payers Internet Assistance Act)(1995年)。

《电子信箱保护法案》(Electronic Mailbox Protection Act)(1997年)。

《计算机反欺诈和滥用法》(修订)(Computer Fraud and Abuse Act)(1996年10月11日)。

《电子盗窃禁止法》(No Electronic Theft Act)(1997年12月16日)。

《电子信箱使用者保护法案》(Email User Protection Act)(1998年)。

《互联网上禁赌法案》(Internet Gambling Prohibition Act)(1998年)。

全国统一州法委员会(National Commission Uniform State Law)颁布《统一电子交易法》(Uniform Electronic Transaction Act)(2000年2月美国政府通过),该法案允许在网上实现各种商业交易,包括使用电子签名和电子公证。

---

① 吴满意. 网络媒体导论. 北京:国防工业出版社,2008:363-364.

《电子签名法》(Electronic Signature Law)(1999年10月13日司法委员会批准),该法确认电子签名的合同与书面签名具有相同的法律效力。

《反域名抢注消费者保护法》(The Anti-cyber Squatting Consumer Protection Act)(1999年10月13日司法委员会批准),该法规定:任何企业、个人组织,以从他人商标蕴含的商誉中牟利为目的,注册、交易或使用与他人商标相同、相似的域名,属于违法,相关商标持有人可对其起诉(附有9条"恶意"认定标准);此类恶意抢注行为一旦确认属实,法院可通过发放禁止令或没收、撤销等手法停止侵权行为,并酌情处以1 000~100 000美元的罚款。[①]

其他国家对电子商务的法律和法案主要有:

英国政府于2000年颁布的《电子通信法案》生效,该法案规定了加密服务提供商、便利化的电子商务和数字存储、对被保护的电子数据的调查等内容。

日本于2000年5月31日公布了《数字签名及认证法》,并于2001年4月1日正式实施。

日本于2001年12月25日又公布了《电子消费者契约法》。

法国邮电、电信及空间部长代表在1996年6月对一部有关通讯自由的法律进行补充并提出《菲勒修正案》。

新加坡政府于1998年6月公布了《电子交易法》以规范电子商务。1999年又制定了《新加坡电子交易(认证机构)规则》和《新加坡认证机构安全方针》。

(五) 国外有关数字电视的法律规范

美国数字电视调谐器(Digital Tuner)新规定,2005年11月3日,FCC修改了已有法规,将所有装天线调谐器的电视机必须能接收数字电视信号的日期改为2007年3月1日,并规定不论电视机大小均须符合此要求。

美国数字电视节目和系统信息协议(PSIP),FCC命令所有数字电视台在2005年2月1日前必须做到符合ATSC(美国数字电视国家标准,由Advanced Television Systems Committee,即美国高级电视业务顾问委员会制定)的"节目和系统信息协议标准(A/65B)"。

美国数字电视插播加密字幕情报(Closed Captioning)新规定,FCC规定2006年1月1日后所有数字电视频道的绝大多数部分新制节目(有少数除外)都必须具备在图像中插播加密字幕的能力,且技术上应符合推荐规范

[①] 吴小坤,吴训信.美国新媒介产业.北京:中国国际广播出版社,2009:76-77.

CEA708(2006年6月公布修订版)关于图像中插播字幕的要求。

美国数字电视播出标志(Broadcast Flag)的新规定,2004年FCC规定了控制因特网发布广播内容的系统,又称播出标志(Broadcast Flag)。所谓"播出标志",是隐藏在节目流中的数位(Digital Bits)以防止节目被再次分配,没有配备相关技术的终端无法识别这些数位,盗版也就无法实现。但是,2005年5月6日华盛顿特区巡回法庭宣判推翻FCC"播出标志"的规定,所以,2011年8月22日,FCC终止了"播出标志"的条款。

美国数字电视紧急警报系统(Emergency Alerting System,简称EAS)的规定,2005年11月FCC发布了关于紧急警报系统的第一报告和复审立法的建议。此举使EAS的适用范围扩大到数字广播、有线电视、数字音频广播(DAB)、卫星广播和直播卫星服务。[1]

(六)国外有关手机新媒体的实名制

在美国,用户跟电信服务公司签订合同时都会被分配一个社会安全号。此外,用户的座机和手机号码都可以在联邦贸易委员会的"拒绝推销电话登记处"注册。如果某用户的名字列在NON-CALLLIST(拒听名单)上,还有人打该用户的手机进行推销活动,联邦贸易委员会将会视其为违法行为,处以几百至1万美元的罚款。

德国手机号码也实行入网登记实名制。买手机时,用户必须出示身份证,其身份证号码、住址等信息将被输入电信运营商的数据库。同时,新客户将签订一份合同,合同中明令禁止发送垃圾短信。各运营商和短信广告必须签订杜绝滥发行为协议。[2]

韩国就是从源头上控制实行手机号码入网登记制度的。韩国采取一户一网、机号一体的手机号码入网登记制,韩国人买手机时必须出示身份证,然后由售货员将顾客的身份证号码、住址等信息输入电信运营商的中心数据库。早在2002年8月,韩国信息通信部针对手机广告短信泛滥出台一项严厉措施:广告商在发布手机短信广告时,必须注明"广告"字样和发送者的单位、电话及手机号码,同时对于滥发垃圾短信者,个人可处以最高8 500美元的

---

[1] 吴小坤,吴训信.美国新媒介产业.北京:中国国际广播出版社,2009:120-122.
[2] 陆地,高菲.新媒体的强制性传播研究.北京:人民出版社,2010:189.

罚款。①

(七) 国外有关新媒体的其他法律规范

德国于1997年颁布了《信息与通信服务法》,其目的就是解决经由互联网传输的违法内容,包括猥亵、色情、恶意言论、谣言、反犹太人等宣扬种族主义的言论,更严格规范了有关纳粹的言论思想与图片等相关信息。

美国则把《爱国者法》作为信息安全监管的主要依据,同时修订了《联邦刑法》《刑事诉讼法》《1978年外国情报法》《1934年通信法》等原地法律,授权国家安全和司法部门对涉及专门的化学武器或恐怖行为、计算机欺诈及滥用等行为进行电话、谈话和电子通信监听,并允许电子通信和远程计算机服务商在某些紧急情况下向政府部门提供用户的电子通信,以便政府掌控涉及国际安全的第一手互联网信息。

新加坡1997年7月根据广播大法颁布了《互联网行为准则》(Internet Code of Practice)与产业标准,由信息通信发展局(IDA)管理。其中《互联网行为准则》规定:"禁止那些与公共利益、公共道德、公共秩序、公共安全和国家团结相违背的内容。"②2006年6月新加坡宣布设立国家网络威胁监控中心,由新加坡的通信安全专家每天24小时进行监管,防止网络受到"黑客"和恐怖分子的威胁。③

韩国国会于2002年11月8日正式通过了《促进信息通信网利用以及信息保护等修正法案》,法案规定:垃圾邮件发送者应该公开在何处收集了电子邮件地址,利用电话等发送语音广告时必须在通话前告知是广告。

韩国信息通信部于2003年就向总统提出了逐步推广网络实名制的方案,首先在公共机构网站和大型门户网站上引入了"留言板实名制",到2003年底,包括信息通信部在内的31个部门网站已经实行了留言板实名制;在十大门户网站中,除Daum和MSN外都引进了这一制度,使韩国成为最早引入网络实名制的国家之一。④

---

① 匡文波. 论发达国家对手机媒体的管理. //郑保卫. 新闻学论集(第20辑). 北京:经济日报出版社,2008:269-278.
② 殷俊. 新媒体产业导论——基于数字时代的媒体产业. 成都:四川大学出版社,2009:219.
③ 吴满意. 网络媒体导论. 北京:国防工业出版社,2008:365.
④ 陆地,高菲. 新媒体的强制性传播研究. 北京:人民出版社,2010:189.

此外,世界主要国家对网络媒体大都采用阻止进入技术、过滤技术以及分级技术来进行技术管制。

四、中国新媒体法律规范

国内关于新媒体的法律规范,除了《中华人民共和国著作权法》《民法》《刑法》等基本法律中涉及网络、手机等新媒体的相关条款之外,主要有国务院发布的相关行政管理条例,工业与信息化产业部、国家广播电视电影总局、省市等发布的部门法规与行政规章。

(一)中国政府关于新媒体的法律与行政管理条例

1. 中国政府相关法律关于新媒体的条款

2001年10月27日,全国人大正式通过《中华人民共和国著作权法》(修正案),正式规定了"信息网络传播权",该法规定:信息网络传播权,即以有线或者无线方式向公众提供作品,使公众可以在其个人选定的时间和地点获得作品的权利。增补的表演者权有:许可他人通过信息网络向公众传播其表演,并获得报酬。增补的录音录像者权有:录音录像制作者对其制作的录音录像制品,享有许可他人复制、发行、出租、通过信息网络向公众传播并获得报酬的权利。

《国家安全法》第21条规定:"任何个人和组织都不得非法持有和使用窃听、窃照等专用间谍器材。"

2. 中央政府关于新媒体的法律规范

全国人民代表大会常务委员会和国务院代表中央政府已经通过和颁布了一些有关新媒体的全国性法律规范(详见表4-1)。

表4-1 有关新媒体的全国性法律规范

法规的制定部门	法规名称	发布时间
国务院	《中华人民共和国互联网信息系统安全保护条例》	1994年2月18日
国务院	《中华人民共和国计算机信息网络国际联网管理暂行规定》	1996年2月1日
国务院	《中国互联网域名注册实施细则》	1997年6月1日
国务院	《中华人民共和国电信条例》	2000年9月25日

续表

法规的制定部门	法规名称	发布时间
国务院	《互联网信息服务管理办法》	2000年9月25日
国务院	《互联网上网服务营业场所管理条例》	2002年9月29日
国务院	《信息网络传播权保护条例》	2006年5月18日
全国人民代表大会常务委员会	《全国人民代表大会常务委员会关于维护互联网安全的决定》	2000年12月28日
全国人民代表大会常务委员会	《中华人民共和国电子签名法》	2004年8月28日

（二）有关行政部门和地方政府关于新媒体的行政规章

国务院工业与信息化部（包括原信息产业部等）、电信管理局（原邮电部）、国家广播电影电视总局、国务院新闻办公室、新闻出版总署、文化部、公安部、国家保密局、卫生部等国家行政部门及省市地方政府也发布了有关新媒体的行政规章（详见表4-2）。

表4-2　有关新媒体的行政规章

行政规章发布部门	行政规章名称	发布时间
公安部	《公安部关于对于国际联网的计算机信息系统进行备案工作的通知》	1996年1月29日
邮电部	《计算机信息网络国际联网出入口信道管理办法》	1996年4月9日
邮电部	《中国公用计算机互联网国际联网管理办法》	1996年4月9日
国务院新闻办公室、新闻出版总署	《利用国际互联网络开展对外新闻宣传暂行规定》	1997年1月
国务院信息化工作领导小组	《互联网域名注册暂行管理办法》	1997年5月30日
邮电部	《中国公众多媒体通信管理办法》	1997年9月10日
国务院信息化工作领导小组	《〈中华人民共和国计算机信息网络国际联网管理暂行规定〉实施细则》	1997年12月8日
国家广播电影电视总局	《关于加强通过信息网络向公众传播广播电影电视类节目管理的通告》	1999年10月1日
国家保密局	《计算机信息系统国际联网保密管理规定》	2000年1月1日

续表

行政规章发布部门	行政规章名称	发布时间
北京市工商行政管理局	《对网络广告经营资格进行规范的通告》	2000年5月16日
教育部	《教育网站和网校暂行管理办法》	2000年7月5日
信息产业部	《互联网电子公告服务管理规定》	2000年11月6日
国务院新闻办公室、信息产业部	《互联网站从事登载新闻业务管理暂行规定》	2000年11月7日
新闻出版总署、信息产业部	《互联网出版管理暂行规定》	2002年7月15日
文化部	《互联网文化管理暂行规定》(2004年7月1日修订)	2003年5月10日
信息产业部	《关于规范短信息服务有关问题的通知》	2004年4月
信息产业部	《中国互联网络域名管理办法》	2004年11月5日
国家广播电影电视总局	《互联网等网络传播视听节目管理办法》	2004年7月
国家版权局、信息产业部	《互联网著作权行政保护办法》	2005年4月29日
国务院新闻办公室、信息产业部	《互联网新闻信息服务管理规定》	2005年8月
信息产业部	《关于进一步加强移动通信网络不良信息传播治理的通知》	2005年9月
公安部	《互联网安全保护技术措施规定》	2005年12月13日
国家广播电影电视总局	《互联网视听节目服务管理规定》(自2008年1月31日起施行)	2007年12月20日
新闻出版总署	《电子出版物出版管理规定》	2008年3月17日
卫生部	《互联网医疗保健信息服务管理办法》	2009年3月25日
贵州省新闻出版局	《贵州省手机报管理暂行办法》以及《贵州省手机报质量深度评估标准(试行)》(这是我国首个针对手机报的地方管理暂行办法)	2006年10月
北京市市政府	《北京市微博客发展管理若干规定》	2011年12月16日

(三) 中国新媒体的管理体制

我国政府对网络、手机等数字新媒体的管理体制主要包括许可证制度、备案制度和实名制。

1. 中国新媒体的许可证制度

信息产业部制定了《电信设备进网管理办法》《移动通讯检测标准》和《关于调整〈电信业务分类目录〉的通告》,实施进网许可的电信设备需要获得信息产业部颁发的进网许可证。2008年3月按照《互联网视听节目服务管理规定》向央视网、新华网、激动网等23家网站颁发了《信息网络传播视听节目许可证》,随后,酷6网(ku6.com)、悠视网(UUSee.com)分别成为获批的视频分享、P2P视频直播网站。网络游戏经营的申请除符合有关规定外,还应当具备1 000万元以上的注册资金;电子出版物则要求有必需的资金和相应的人才。[①]

2. 中国新媒体的备案制度

中国实行互联网备案制,其中经营性网站要求领取工商营业执照且有相关营业范围,注册资本的门槛则由工商部门指定。网络视听节目由国家广电总局按业务类别、接收终端、传输网络等项目分类核发。其中业务类别分别为播放自办节目、转播节目和提供节目集成运营服务等;接收终端分为计算机、电视机、手机及其他各类电子设备;传输网络分为移动通信网、固定通信网、微波通信网、有线电视网、卫星或其他城域网、广域网、局域网等。外商独资、中外合资、中外合作机构不得从事信息网络传播视听业务。

3. 中国新媒体逐步实行实名制

国内关于网络实行实名制的问题一直存在争议,而且在部分地区开展了试验,但效果一直不明显。自从北京市微博实行实名制以来,网络实名制开始进一步逐步推进实施。而手机实名制则较为普遍,除了预付话费的神州行卡的用户之外,其他用户都实行有效证件入网登记。

(四) 中国新媒体的技术管制

国家对网络媒体普遍采用防火墙阻止进入技术进行网络保护,采用过滤

[①] 殷俊.新媒体产业导论——基于数字时代的媒体产业.成都:四川大学出版社,2009:215-216.

王等软件过滤技术进行网络过滤,还采用反病毒软件保护网络运行。对手机垃圾短信息实行过滤,如对短信息关键词进行过滤,工信部 12321 网络不良与垃圾信息举报受理中心接受垃圾短信息举报。中国移动 2009 年 3 月推出"信息管家业务"过滤短信息,防控垃圾短信息。通过反病毒软件来维护手机安全,如卡巴斯基、赛门铁克、瑞星、江民等传统综合性反病毒软件都推出了手机反病毒软件,对手机病毒实时拦截、提示不安全信息、对已确认的病毒进行杀除,并恢复感染文件等。还有网秦推出了手机反病毒、反入侵、手机防火墙等安全套装,而且网秦的"通信管家"和信安易的"信安易卫士"等可以对短信和通话记录进行加密,并且可设置多种访问策略和情景模式,以保障隐私内容不会轻易被他人偷窥。

第二节 新媒体伦理

法律规范是新媒体发展中受到限制的强制性规制,我们一般认为是他律,但是任何行业的规范与约束仅依靠法律规范是远远不够的,因为法律规范总是落后于行业自身的发展变化,所以,新媒体产业的发展与规制,除了他律之外,还须自律,即需要通过建立行业自身的伦理道德规范来规制新媒体产业的发展。

一、外国新媒体伦理

西方主要发达国家关于网络、手机等数字化新媒体的伦理建设也并不成熟、不完备,仍然处于探索阶段,但是到目前为止,外国新媒体伦理方面不仅出现了新媒体伦理原则的讨论,而且还有一些较为广泛认同的新媒体伦理典范、新媒体伦理礼仪与新媒体伦理组织。

(一)外国新媒体伦理原则的探讨

外国学者关于制定新媒体伦理的原则的探讨,主要是计算机网络的伦理原则方面。学者们对此也有过一些其他的研究,并提出了一些计算机网络伦理建立的宏观性指导原则。如美国学者罗伯特·N.巴格提出诚实、公正和真实三条原则,他曾建议对计算机伦理学设定三条普遍的原理,这些原理包括:

一是诚实、公正和真实等一致同意的原则;二是把这些原则运用到对不道德行为的禁止上;三是通过惩罚并且通过对遵循规则行为的积极鼓励,来加强对不道德行为的禁止。① 美国学者理查德·A.斯皮内洛提出网络伦理规范原则:自主原则、无害原则和知情同意原则。但同时认为,这些原则仅仅作为行动的一般的和不完整的指导。这些原则并非严格的规则,不能为复杂的道德问题提供容易的解答。②

(二) 外国新媒体伦理的典范

随着网络、手机等数字新媒体的发展,外国计算机行业、网络行业也纷纷制定了一些有代表性的伦理规范。

1. 美国华盛顿布鲁克林计算机伦理协会的"计算机十戒"

美国华盛顿布鲁克林计算机伦理协会(Computer Ethics Institute)为计算机伦理学制定了"计算机十戒"(The Ten Commandments for Computer Ethics):③你不应当用计算机伤害别人;你不应当干扰别人的计算机工作;你不应当偷窥别人的文件;你不应当用计算机进行偷盗;你不应当用计算机作伪证;你不应当使用或拷贝你没有付过钱的软件;你不应当使用别人的计算机资源,除非你得到了准许或作出了补偿;你不应当盗用别人的智力成果;你应当考虑你所编制的程序的社会后果;你应当以深思熟虑和审慎的态度来使用计算机。

2. 美国计算机协会的"八条自律公约"

美国计算机协会为其成员提出的所应遵循的一些伦理道德和职业行为规范④主要包括:为社会和人类作出贡献;避免伤害他人;要诚实可靠;要公正并且不采取歧视性行为;尊重包括版权和专利在内的财产权;尊重知识产权;尊重他人的隐私;保守秘密等。

---

① 孙伟平,贾旭东.关于"网络社会"的道德思考.哲学研究,1998(8):10-16.

② 理查德·A.斯皮内洛.世纪道德:信息技术的伦理方面.刘钢译.北京:中央编译出版社,1998:51.

③ 严耕.道德建设的全新领域——网络道德建设初探.马克思主义与现实,1997(6):51-55.

④ 严耕.道德建设的全新领域——网络道德建设初探.马克思主义与现实,1997(6):51-55.

3. 美国南加利福尼亚大学的网络伦理声明

美国南加利福尼亚大学曾经提出一项网络伦理声明,①这项声明中列出了六种类型的网络不道德行为:有意地造成网络交通混乱或擅自闯入网络及其相连的系统;商业性或欺骗性地利用大学计算机资源;盗窃资料、设备或智力成果;未经许可而接近他人的文件;在公共用户场合做出引起混乱或造成破坏的行动;伪造电子邮件信息。

4. 史蒂夫·利维的黑客伦理

史蒂夫·利维在《黑客电脑史》中把黑客伦理(The Hacker Ethic)归纳为六条:②进入访问计算机应该是不受限制的和绝对的:总是服从于手指的命令;一切信息都应该是免费的;怀疑权威,促进分权;应该以黑客的高超技术水平来评判黑客,而不是用什么正式组织的或者它们的不恰当的标准来判断;任何一个人都能在计算机上创造艺术和美;计算机能够使生活变得更美好。

5. 新加坡网络《行业内容操作守则》

2001年2月,经过政府管理部门、互联网业界的协商和对用户意见的调查,制定了《行业内容操作守则》,主要包括"公平竞争""自我监督""用户服务"三部分内容。其中"自我监督"规定ISP和ICP必须履行的一些核心义务,主要有:③不得故意在网上放置不恰当的、让人反感的或是法律明确禁止的内容;采用恰当的内容分级系统,将不同的信息加以区分,标明其所属的网站;不得使用错误或误导性的描述符号来区分和标明站点;尊重用户个人资料的隐私和保密性;未经对方请求不得无缘无故发出电子邮件;遵守新加坡现行的广告管理标准。

(三) 外国新媒体礼仪

外国学者不仅提出了网络礼仪的概念,同时还提出了一些网络礼仪的具体内容。如 Arlene H. Rinaldi 在《因特网用户指南与网络礼仪》中论述了使

---

① 严耕. 道德建设的全新领域——网络道德建设初探. 马克思主义与现实,1997(6):51-55.
② 陆俊. 重建巴比塔:文化视野中的网络. 北京:北京出版社,1999:242.
③ 吴满意. 网络媒体导论. 北京:国防工业出版社,2008:365.

用网络的行为礼貌,①美国人 Virginia Shea 在《网络礼仪》中提出了十条网络礼仪的核心规则,②主要包括:记住交流的对象是有血有肉的人;网上的言行要与日常生活中的一致;上网后要清楚自己所在的网络场合;不要浪费别人的时间和过多地占用宽带;网络举止要优雅;和他人共享你的专业知识;尽量克制自己的情绪;尊重他人隐私;不要滥用权力;原谅他人过错。

(四)外国新媒体伦理组织

西方国家不仅倡导新媒体伦理规范,其民间也自发成立了一些新媒体伦理组织。

1. 英国的因特网监察基金会(IWF)

1996 年自发组织的因特网监察基金会,主要在英国工业贸易部、国内事务部和英国城市警察署的支持下进行日常工作,由网络服务提供商、移动开发制造商、信息内容提供商以及通信软件公司等私人公司提供,主要工作是解决网上日益增多的违法犯罪活动,如色情、性虐待、种族歧视等,尤其致力于儿童色情问题的解决。基金会为鼓励从业者自律,与由 50 家网络服务提供商组成的联盟组织 ISPA、伦敦网络协会以及英国城市警察署、内政部共同签订了《R3 安全网络协议》。网络基金会以此为基础,制定了从业人员的行为守则(ISPA Code of Practice),其主要精神有:鼓励新科技使用、帮助家长与教师认识新科技、网络提供者有责任确保内容的合法性等。网络内容的具体管理措施有:对外开设热线,接听公众投诉;设立内容分级和过滤系统。③

2. 新加坡互联网家长顾问组(PAGI)

1999 年 11 月 13 日,一个志愿者组织——互联网家长顾问组成立,鼓励家长指导孩子正确使用互联网;开发并鼓励使用"家庭上网系统"(FAN,Family Access Networks),并与国际性机构"互联网内容分级协会"(ICRA,Internet Content Rating Association)合作开发新型的内容管理工具。④

---

① Arlene H. Rinaldi. The Net: User Guidelines and Netiquette. http://www.fau.edu/rinaldi.net/index.htm(July,1998).

② http://www.albion.com/netiquette/book/index.html.

③ 肖燕雄,李红祥. 网络观察基金会(IWF). http://news.xinhuanet.com/newmedia/2006-01/23/content_4088948.htm.

④ 苏丹. 法治严明秩序为先——新加坡的网络内容管理. 中国记者,2004(10):84-85.

二、中国新媒体伦理

随着网络、手机等数字化新媒体的发展,中国政府对新媒体的管制主要还是通过行政条例、部门规章来实施的,同时在政府有关部门的主导下,中国新媒体伦理道德活动与组织却相对较为活跃。

(一)中国新媒体伦理原则的探讨

国内学者在综合国外新媒体伦理原则的基础上,结合国内的实际,也纷纷提出了国内新媒体伦理道德建设的指导性原则。如严耕等提出全民、兼容、互惠等几条建构网络道德的基本原则。[1] 周宏的观点是:网络道德规范的基本准则可归纳为"关心公益,有利社会""平等公平,互利互惠""以诚相待,杜绝欺诈""维护网络安全,反对'黑客'侵袭"等。[2] 而陈勇、王艳霞则提出:网络行为活动的基本行为准则为:不做黑客、不看(不传)有害信息、不抛垃圾、不侵权和不毁信誉等。[3] 付立宏则提出:从国家、网站与网民三个方面建立网络伦理规范,他还进一步解释道:作为网络信息活动主体的国家,应遵循的网络信息伦理原则是:意识形态主导原则、和平共处原则和泽被全民原则;作为网络信息活动主体的网站,应遵循的网络信息伦理原则是:承上启下原则、诚实信用原则和互利主义原则;作为网络信息活动主体的网民,应遵循的网络信息伦理原则是:适度自由原则、良心牵引原则和集体主义原则。[4] 还有曹劲松提出:网络道德规范的主要内容有:明辨真伪不轻信,保持真诚不撒谎,履行责任不妄言,遵守协议不侵权,提高警惕不放任,拒绝诱惑不沉溺。[5] 李一提出:网络行为规范的基本准则和要求有:自由平等,自持自律,增益无伤,诚实守信,文明友善。[6]

(二)中国新媒体伦理组织与自律规范

在中国政府有关部门的主导下,国内不仅组建了许多新媒体行业伦理组

---

[1] 严耕,陆俊,孙伟平.网络伦理.北京:北京出版社,1998:188-198.
[2] 周宏.试论计算机网络的道德问题.道德与文明,2000(5):31-33.
[3] 陈勇,王艳霞.论网络时代思想政治教育创新.煤炭高等教育,2001(6):35-37.
[4] 付立宏.论网络信息伦理的培育.图书情报工作,2002(7):25-30.
[5] 曹劲松.网络道德建设初探.道德与文明,2002(2):63-66.
[6] 李一.网络行为失范.北京:社会科学文献出版社,2007:360-361.

织,而且还签订和发布了为数不少的新媒体自律公约。

1. 中国互联网协会及《中国互联网行业自律公约》

中国互联网协会(ISC,Internet Society of China)于2001年5月成立,主要由国内从事互联网行业的网络运营商、服务提供商、设备制造商、系统集成商以及科研、教育机构等70多家互联网从业者共同发起,其宗旨主要是"团结全国互联网行业的相关企业、事业单位和学术团体,对内组织制定行约、行规,维护行业整体利益,实现行业自律"。2002年3月26日中国互联网协会发布了《中国互联网行业自律公约》,目前有2 000多家互联网企业签约。

2003年8月8日中国互联网协会新闻信息服务工作委员会成立。2003年12月8日,人民网、新华网、新浪网、搜狐网等30多家互联网新闻信息服务单位共同签署了《互联网新闻信息服务自律公约》(委托中国互联网协会互联网新闻信息服务工作委员会监督检查公约的执行情况)。2004年6月10日,中国互联网协会互联网新闻信息服务工作委员会建立和主办的"违法和不良信息举报中心"网站(www.net.china.cn)在北京开通。违法和不良信息举报中心网站的开通,为公众监督网络媒体提供了崭新、便捷的渠道,标志着我国网络媒体在公众监督方面进入实质性发展阶段。2005年12月9日,中国互联网协会在"中国互联网协会反垃圾邮件协调小组"的基础上正式成立中国第一个在行业内最具代表性的反垃圾邮件组织——"中国互联网协会反垃圾邮件工作委员会"(ASISC,Anti-Spam of Internet Society of China)。2006年2月21日,中国互联网协会成立了"互联网电子邮件举报受理中心"(http://www.anti-spam.cn),公布了举报电话(010 - 12321)和举报邮箱(abuse@anti-spam.cn)。

2. 其他网络行业自律公约

在中国互联网协会及《中国互联网行业自律公约》的基础上,其他具体网络行业也纷纷签订和发布了各自行业的自律公约(详见表4-3)。

表4-3 行业的自律公约

时间	自律公约
1999年4月15日	《中国新闻界网络媒体公约》(全国23家有影响力的新闻界网络媒体参加了《人民日报》网络版组织召开的中国新媒体联合筹备会,会议原则通过)
2001年6月	"中国网络媒体论坛"在青岛召开,以后每年一次会议,由各媒体网站轮流承办,这是中国网络媒体业界最高层次的专业论坛

续表

时间	自律公约
2004年6月10日	《互联网站禁止传播淫秽、色情等不良信息自律规范》(由互联网新闻信息服务工作委员会负责监督执行)
2004年12月22日	《互联网搜索引擎服务商抵制淫秽、色情等违法和不良信息自律规范》
2005年1月28日	《中国互联网网络版权自律公约》(中国互联网协会行业自律工作委员会网络版权联盟联合了金山软件公司、上证所信息网络有限公司、滚石中国、超星数字图书馆、中国电信、中国移动、中国网通、中国联通等运营商和TOM、新浪、搜狐、网易等二十几家单位发布的中国互联网知识产权业首个行业自律公约)
2005年6月16日	《中国网络游戏行业自律公约》
2005年6月28日	《软件产品行为安全自律公约》
2006年4月19日	《文明上网自律公约》(中国互联网协会)
2006年12月27日	《抵制恶意软件自律公约》
2006年4月9日	《文明办网倡议书》(千龙网、搜狐网、新浪网、网易等14家网站联合向全国互联网界发出，提出要大力宣传、贯彻、落实社会主义荣辱观，"坚持唱响'主旋律'，坚持传播有益于提高民族素质、推动经济社会发展的信息，努力营造积极向上、和谐文明的网上舆论氛围")①
2007年8月21日	《博客服务自律公约》(中国互联网协会推出)
2008年2月22日	《中国互联网视听节目服务自律公约》(由新华网等几十家网站签署)

3. 其他互联网行业组织

在中国互联网行业协会成立以后，各省市也都相继组织成立了地方互联网行业协会组织，如2004年3月17日北京网络行业协会成立，等等。

此外，还有其他具体行业联盟组织。如2004年9月15日，新浪、搜狐、网易等网站成立了"中国无线互联网行业诚信自律同盟"，等等。

4. 青少年网络保护自律公约

青少年的网络行为一直被社会和世界各国政府所重视，我国对青少年的网络保护不仅从法律上给予特别规定，而且也通过网民自律来保护青少年的网络

---

① 吴满意.网络媒体导论.北京：国防工业出版社，2008：385.

行为。最有影响的是《全国青少年网络文明公约》与大学生网络文明公约。

(1)《全国青少年网络文明公约》

2001年11月,共青团中央、教育部、文化部、国务院新闻办公室、全国青联、全国学联、全国少工委、中国青少年网络协会向社会正式公布《全国青少年网络文明公约》。[①] 公约提出"五要五不要":要善于网上学习,不浏览不良信息;要诚实友好交流,不辱骂欺诈他人;要增强自护意识,不随意约会网友;要维护网络安全,不破坏网络秩序;要有益身心健康,不沉溺虚拟时空。

(2) 大学生网络文明公约

大学生是青少年网民的主体,所以全国有关部门都非常重视对大学生网络行为的管理。其中最典型的是河南省在相关部门的组织与推动下向社会发布了《河南省大学生网络文明公约》。该公约[②]提出:遵守宪法的基本原则和相关法规的规定,不散布、传播谣言,不浏览、发布不良信息。弘扬优秀民族文化,遵守网络道德规范,诚实友好交流,不侮辱、欺诈和诽谤他人。维护公共网络安全,不制作、传播计算机病毒,不非法侵入计算机信息系统,自觉维护网络秩序。正确运用网络资源,善于网上学习,不沉溺于虚拟时空,保持身心健康。增强自我保护意识,不在网上公开个人资料,不随意约见网友,不参加无益身心健康的网络活动。

此外,2000年12月26日,北京大学等学校联合向全国大学生发出《大学生做文明网民倡议书》,号召全国大学生成为维护网络安全的先锋。

(三)中国新媒体伦理礼仪

随着互联网的普遍使用,网络等新媒体的行为伦理礼仪在国内也得到了重视,其中网络上流行的一个帖子"论坛十大基本礼仪"就是典型的代表,它提出:记住别人的存在;网上网下行为一致;入乡随俗;尊重别人的时间和宽带;给自己在网上留个好印象;分享你的知识;平心静气地争论;尊重他人的隐私;不要滥用权力;宽容。

---

① 中青在线.http://www.cyol.net,2005-03-18.
② http://www.ha.xinhuanet.com/zrzh/dxswmgy/tongzhi.htm.

思考练习

1. 结合实际谈谈你是如何理解"版权开放(Copyleft)"的。
2. 涉及新媒体的国际条约有哪些?其主要内容和原则是什么?
3. 自己查找一个有关欧美国家新媒体的司法案例,分析欧美各国是如何通过法律来规范与保护新媒体及未成年人的。
4. 列举自己身边有关新媒体的司法案例,分析我国政府是如何规范与保护新媒体的。
5. 你是如何理解外国新媒体伦理原则的?
6. 谈谈外国新媒体伦理的典范对我国新媒体伦理建设的借鉴。
7. 联系实际,谈谈你对中国新媒体伦理的看法。

下篇

第五章 网络新媒体(一)

百度：中文网络第一搜

2000年1月1日，海归博士李彦宏在中关村创建了百度公司。从最初的不足10人发展至今，员工人数超过17 000人。从创立之初，百度便不断坚持技术创新，致力于为用户提供"简单，可依赖"的互联网搜索产品及服务，其中包括：以网络搜索为主的功能性搜索，以贴吧为主的社区搜索，针对各区域、行业所需的垂直搜索，MP3搜索，以及门户频道、IM等，全面覆盖了中文网络世界所有的搜索需求。根据第三方权威数据，百度在中国的搜索份额超过80%。

2005年，百度在美国纳斯达克上市，一举打破首日涨幅最高等多项纪录，并成为首家进入纳斯达克成分股的中国公司。通过数年来的市场表现，百度优异的业绩与值得依赖的回报，使之成为中国企业价值的代表，傲然屹立于全球资本市场。

如今的百度，已成为中国最受欢迎、影响力最大的中文网站，并成为中国最具价值的品牌之一。英国的《金融时报》将百度列为"中国十大世界级品牌"，成为这个榜单中最年轻的一家公司，也是唯一一家互联网公司，并获得"亚洲最受尊敬企业""全球最具创新力企业""中国互联网力量之星"等一系列荣誉称号。

学习要点：

1. 了解新闻网站并学会浏览和使用新闻网站的新闻信息
2. 了解门户网站并学会使用门户网站的信息与服务
3. 了解视频网站并学会使用与制作网络视频作品
4. 了解搜索引擎网站并学会利用搜索引擎查找文献资料
5. 了解SNS并尝试注册使用SNS交友

自从 1969 年美国国防部的阿帕网（ARPA，Advanced Research Projects Agency）问世以来，互联网凭借其独特的技术优势深受社会大众的青睐，尤其自 1994 年互联网民用化和商业化以来，互联网更是以前所未有的颠覆之势引发了整个社会各领域的全面性变革。互联网作为全球性的信息传输系统，它更是一种新的媒体技术和媒体形式。所以联合国新闻委员会在 1998 年 5 月把互联网正式列为继报纸、广播、电视之后出现的新的媒体，称为"第四媒体"。尤其随着互联网媒体技术的革新和新媒体形式的开拓，互联网已经衍生出了诸如新闻网站、门户网站、视频网站、搜索引擎、SNS、虚拟社区、即时通讯、RSS、博客与微博、维客、播客、网络游戏、威客、拍客、掘客、晒客、牛客、社会书签等一系列新媒体形态。

第一节　新闻网站

　　自从互联网被确认为"第四媒体"以来，它以任何单一传统媒体从未有过的综合性和全能性优势向报纸、杂志、广播、电视等传统媒体展开角逐，从而迫使传统新闻媒体也纷纷建站上网，以期以互联网新的传播技术、新的媒体形态来扩大自身的影响力和竞争范围。这样一来，在全世界范围内就形成了以纽约时报网、华盛顿邮报网、CNN 新闻网、BBC 新闻网、NHK 新闻网、人民网、新华网、央视国际等为代表的新闻网站。

一、新闻网站的概念与特征

　　虽然新闻是各类网站所关注和登载的内容，甚至可以说大部分网站都有新闻，无论是自己采访发布还是转载新闻，也不管是综合性的时政新闻还是行业新闻，但不能说这些网站都是新闻网站。根据行业标准的认定，新闻网站有其特定的界定与特点。

（一）新闻网站的概念

　　广义地说，凡是以经营新闻业务为主要生存手段的网站都是新闻网站，既包括大型新闻门户网站，也包括商业门户网站、行业门户网站。但是，我们日常所说的新闻网站一般是狭义的大型新闻门户网站，换句话说，是纯新闻的新闻网站,一般也往往是大型传统媒体创办发展起来的。

根据国务院办公室和信息产业部联合颁布的《互联网站从事登载新闻业务管理暂行规定》所作的解释:新闻网站即"中央新闻单位、中央国家机关各部门新闻单位以及省、自治区、直辖市和省、自治区人民政府所在地的市直属新闻单位依法建立的互联网站"。[①] 在国内,新闻网站主要有三种类型:其一是中央级的国家重点综合性新闻网站,如人民网、新华网、央视国际等;其二是省级地方新闻网站,如东方网、北方网、南方网、浙江在线、红网等;其三是依托传统媒体建设的大型新闻网站,如人民网、光明网、大洋网、新华报业网、大江网、中青在线等。这也是本书所讨论的新闻网站的范畴。

(二)新闻网站的特征

与其他网站相比,新闻网站最主要的特征就是以新闻为主要内容,且与传统媒体有直接的关系。

1. 以新闻为网站的核心内容

从定义上看,新闻网站的核心内容是新闻,以经营新闻业务作为最主要的生存发展的手段,无论哪个新闻网站,其生存立足点就是靠经营新闻业务及其相关的服务。而国内法律规定的新闻网站则更明确,即为省会城市以上直属新闻单位建立的互联网站,也是以新闻业务为主要内容。所以无论从国内还是国际新闻网站的实际运营来看,新闻网站都是以新闻为核心内容,以经营新闻业务及其相关服务为主要的收益,甚至最初的阶段,新闻网站的内容就是报纸、广播、电视新闻内容的直接翻版,直到后来才逐渐演化为网络新闻的形式,并且有自己的采编队伍与具备一定的采编能力。

2. 与传统媒体有直接的关系

与其他网站相比,新闻网站另一个最明显的特点就是与传统媒体的关系。无论国内还是国际的新闻网站都以新闻为核心内容,而其新闻一般也主要来自报纸、广播、电视等传统媒体,所以除了传统新闻媒体企业或单位以外,要独立打造和经营新闻网站一般比较困难,相反传统新闻媒体却可以充分利用已有的采编队伍和新闻信息资源,很便捷地建立和经营新闻网站。事实上,不仅因为传统新闻媒体有建立和经营新闻网站的便利条件与丰富资源,同时建立与经营新闻网站也是传统新闻媒体企业在网络新媒体冲击下竞争与发展的必

---

① 信息产业部.互联网站从事登载新闻业务管理暂行规定.2000年11月.

然出路与选择。自从1987年美国第一家网络报纸《圣何塞信使报》(San Jose Mercury News)问世以来,世界各国传统媒体都纷纷建站上网,利用网络新媒体技术开拓网络市场,寻找新的生存与发展空间。

二、新闻网站的起源与发展历程

新闻网站随着互联网的不断发展而出现,同时新闻网站的发展也是互联网新媒体技术与新闻采访、写作、编辑、制作、传播等生产观念与技术变革的结果。从纵向来看,新闻网站在短短20多年的时间里却经历了较为复杂的发展演变历程。

(一)新闻网站的起源

一般认为,新闻网站的起源应该追溯至1987年,其主要标志是美国的《圣何塞信使报》,直到20世纪90年代以后各国报纸才大规模上网,并涌现出新闻门户网站。而中国新闻网站的起源则应该从《神州学人》和《中国贸易报》开始。1995年1月12日,由国家教委(即教育部)投资在因特网上创办和发行《神州学人》,这是我国第一份中文互联网杂志。这可以算是中国新闻网站的雏形阶段。1995年10月20日,《中国贸易报》正式发行电子版,成为中国第一家在互联网上发行的电子日报,标志着中国新闻网站的正式诞生。从此以后,《华声报》《中国日报》《人民日报》、新华社、中央电视台、中国国际广播电台等国内主流传统媒体纷纷上网。其主要特点就是:大多数传统媒体都是把自己的内容原原本本地复制到网络上,被业界称为"网络版"或"电子版",而网络新闻的特色不够明显,同时由于网络尚未普及,其点击率和影响力极其有限,甚至可以说这是传统媒体对互联网新媒体技术的一次尝试。

(二)新闻网站的发展历程

自从新闻网站出现以来,它的发展也经历了规模发展、规范发展与深入发展三个阶段,并继续探索寻找新的技术与盈利方式,以求得生存与持续发展。

第一阶段为新闻网站的规模发展期。自从1994年互联网民用化和商业化以来,直至2000年左右,世界各国传统主流媒体都纷纷上网建站,如《纽约时报》《华盛顿邮报》《华尔街日报》《今日美国》《泰晤士报》、哥伦比亚广播公司、美国广播公司、英国广播公司、日本广播协会、美联社、路透社等国际主流传统媒体都陆陆续续在短时间内上网建站。国内传统媒体则随着新华社、《人民日报》、中央电视台等国家级媒体的上网,各省、市、自治区的报纸、广播、电视等省级媒体及省会城市、地市级传统新闻媒体也纷纷上网建站,呈现出全面"开花"的大规模扩张的态势。这一阶段的主要特点是:各媒体力所能及地抢摊占位,生怕错失良机,甚至有些混乱无序,但是处于烧钱投资阶段,仍然在设计和寻找运营与盈利的模式。

第二阶段为新闻网站的规范发展期。从2000年至2003年左右,由于网络企业急速扩张,网络经济出现泡沫,风险资本投资开始调整,美国股票市场纳斯达克指数的变化,直接促使包括新闻网站在内的网络企业开始走向规范发展。对于中国的新闻网站而言,除了国际市场的原因之外,最直接导致规范发展的因素是中国政府有关主管部门出台的相关产业政策。其中《互联网站从事登载新闻业务管理暂行规定》(2000年11月7日,由国务院新闻办公室和信息产业部联合发布)与《互联网电子服务管理规定》(2000年11月8日,由信息产业部发布)的出台,对于规范互联网登载新闻的业务,维护互联网新闻的真实性、准确性、合法性以及保护新闻单位的网络合法权益,规范电子公告,保护知识产权等都有直接的作用和影响,尤其为新闻网站的规范发展提供了政策导向。在此情况下,《人民日报》网络版改组为人民网(www.people.com.cn),新华社网站改组为新华网(www.xinhuanet.com 或 www.news.cn),中央电视台网站改组为央视国际网(www.cctv.com,后来又改组为中国网络电视台,即 www.cntv.com),中央人民广播电台也组建中国广播网(www.cnr.cn)。这一时期的主要特点是:新闻网站的合法性得到了承认与保护,网络新闻逐渐被政府认可,也意味着新闻网站作为网络媒体被政府正式认可,标志着新闻网站逐步成为社会的主流媒体之一。虽然社会认可了新闻网站的主流地位,并且随着网络的普及,登录新闻网站获取新闻也日渐平常,但是在网民习惯了免费获取信息的网络消费规则的情况下,新闻网站至今仍然是花钱赚吆喝,有名无利,至今仍然很难盈利。

第三阶段为新闻网站的深入发展时期。随着Web2.0时代的到来,使网络具有参与、展示与信息互动的功能,并使得网络开拓出了诸如博客、播客、维基百科、RSS、SNS、API、社会书签等新的网络媒体形态。新闻网站也迅速地将博客、视频、RSS等作为传播新闻的重要手段,并大量利用视频、图片、专题等形式扩展新闻信息的深度,同时努力发展网络购物、娱乐、网上社区等多方面的服务,探索商业化的盈利模式。虽然有些新闻网站通过信息情报服务或有偿浏览新闻或其他多方面信息服务实现了收支平衡或盈利,但大多新闻网站仍然普遍不景气。

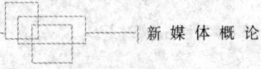

因此,新闻网站未来的发展还是需要在网络新闻业务及经营管理上作更多的探索与实践,以便寻找到合适的、持续的盈利模式。

三、新闻网站的社会影响力

起初网络上的新闻基本上是转载传统媒体的新闻内容,而网络上发布的信息因为匿名,其真实性大打折扣,甚至被社会大众认为来自网络上的信息基本上不可信,是假的,尤其是早期的社区论坛上的信息,所以初期网络新闻的可信度也不高。新闻网站虽然作为社会公认权威媒体的分支,但是由于内容上与传统媒体信息的重复,所以新闻网站初期的社会影响力也不大,即使具有全球性权威的纽约时报网的点击量也不甚明显。但是,随着网络媒体逐渐被社会公众接受和认同,网络技术本身的革新,网络新闻形式与处理方式的改进,各国主要新闻网站都普遍独立运营,并与传统媒体联动合作,新闻网站已经成为社会公众获取新闻信息最便捷最普遍的渠道之一。尤其在国内外重大突发性事件中,如"9·11"事件、阿富汗战争、波黑内战、2003年"非典"、2008年汶川大地震、2011年日本福岛大地震等,新闻网站已成为社会公众获得最快信息的首选媒体渠道,新闻网站的新闻也成为其他网站转载的主要来源之一。所以,无论从点击量、选择的或然率还是新闻来源,都表明新闻网站已成为全球社会的主流媒体,其社会影响力已经不亚于传统权威媒体,而且其未来发展前景更好。

四、新闻网站的使用与管理

新闻网站建立的目的就是通过网络媒体报道新闻、传播信息,影响或引导社会舆论,为社会的发展提供公平正义的社会环境,所以新闻网站的使用和管理是新闻网站立足与持续发展的关键。

(一)新闻网站的使用

目前关于新闻网站的使用主要有免费与有偿两种形式,大部分新闻网站都采取向社会网民免费开放,不需要任何手续就可以直接远程登录某一新闻网站,免费浏览新闻信息。但是如果要在新闻网站发表自己的观点与看法,如在看过一条新闻后留言、在社区论坛里发表自己的观点与见解、开设博客或微博、设立个人主页等,则需要免费注册登录才能进行。有的新闻网站,如纽约时报网也曾经实行收费浏览,但是效果并不理想,后来就取消了有偿浏览。所以新闻网站也难以改变网民免费消费的习惯。

(二) 新闻网站的管理

关于新闻网站的管理主要有两个方面:一是新闻网站自身内容的建设,二是新闻网站服务的提供。

在改进网络新闻报道的基础上,充分利用网络新媒体技术丰富新闻网站的信息内容,以提高新闻网站的利用率。加强新闻网站自身内容的建设,首先,要改进网络新闻的报道,具体而言,主要是通过24小时及时滚动发布新闻来提高新闻的时效性,通过设计视频、图片、专题、链接等方式提高新闻信息的深度与广度。其次,要充分利用网络新媒体技术丰富新闻网站的内容。随着互联网技术本身的革新和升级,新闻网站的内容频道、版块、栏目也相应在改变,尤其是Web2.0、Web3.0的升级,逐渐产生了诸多的新的网络媒体形式,如博客、播客、维客、掘客、拍客等由用户自制内容并自行发布的"客流媒体"已多达三十多种。新闻网站既可以向网民免费提供空间,也可以充分动员自身的人员尤其是有知名度的主持人、记者、编辑等参与"客"的建设。除此以外,还可以设计意见征集、调查、投票、答题、预赛、网上露演、社区讨论、微博、在线QQ、电子邮件等互动平台加强与网民的互动,提高网民的参与度。

通过提供多方面的服务,改善新闻网站的经营与管理。内容的建设是新闻网站得以存在的前提条件,但是要能够继续存在和持续发展则必须要有合适的商业经营模式。通过商业经营达到经济的持续维持,实现经济的独立与持续,这是新闻网站正常运作与持续运营的根本条件。但是到目前为止,在网络的免费消费仍然是网民主导消费习惯的前提下,新闻网站也只有在免费信息浏览的基础上通过提供多方面多层次的有偿服务来创造收入,改善经营,从而最终实现盈利和持续发展。其中广告、调查、电子政务、电子商务、电子公务、电子教务、电子医务、信息检索、情报咨询等都是最常见的服务项目。甚至还可以开展相关的出版经营或其他相关或附带的服务与经营。比如纽约时报网曾经一度有偿浏览新闻,但是效果不佳,后来又改为免费浏览,但是继续提供有偿信息检索、信息资料、情报资料的服务。

第二节 门户网站

对于大多数网民来说,最熟悉也是最初学习或接触的网络就是门户网站。如众人皆知的国内三大门户网站网易、搜狐与新浪,还有国外著名的三大门户网站Yahoo!、AOL、MSN。这些网站与我们的日常生活息息相关,更是我们学习和使用互联网的入口或大门。

一、门户网站的概念、分类与特征

在介绍门户网站的开始,我们首先要了解门户网站的概念、门户网站的类型以及门户网站与其他网站相比有哪些独特之处。

(一)门户网站的概念

门户网站的英文表达是"Portal Site","Portal"是从拉丁文"Porta"演变而来的。"Porta"与"Gate"同义,是指门、入口。门户网站的概念大约是在1997年提出的,是指网络大门、停泊站或入口,最早起源于互联网商业中的ICP(Internet Content Provider,即网络内容提供商,指在互联网上进行信息收集、加工并向其用户或访问者发布的公司)。也就是说,这类网站将网络上庞大的各种信息资源加以分类、整理并提供搜索引擎,是一种能够让不同的使用者快速查询信息的网站。所以,门户网站通常被理解为网民进入互联网的起点和始发之地。

虽然门户网站一词被广泛使用,然而至今对门户网站的概念仍然没有形成一致的看法。

根据维基百科的解释,"门户"(Portal)原意是指正门、入口,现在多用于互联网的门户网站和企业应用系统的门户系统。从广义上理解,这里的"门户"是一个应用框架,它将各种应用系统、数据资源和互联网资源集成到一个信息管理平台之上,并以统一的用户界面提供给用户,使企业可以快速建立对客户、企业,对内部员工和企业对企业的信息通道,使企业能够释放存储在企业内部和外部的各种信息。从狭义上理解,所谓门户网站,是指通向某类综合性互联网信息资源并提供有关信息服务的应用系统。门户网站提供的业务包罗万象,已成为名副其实的网络"百货商场"或"网络超市"。就目前来看,门户网站提供的服务项目主要有新闻、搜索引擎、网络接入、聊天室、电子公告、电子邮件、电子商务、网络社区、网络游戏、免费虚拟空间、博客、微博与播客等。

在发展的早期,门户网站常常被认为是引导因特网用户探索互联网世界的网站,是用户迈向网络社会信息、资源及服务的大门。

微软公司网站专业术语词典将门户网站定义为一定范围内的网络信息入口。为了吸引使用者重复到访,门户网站会整合各方面的服务与资源,如新闻、体育、娱乐、天气、商业、旅游、公告栏、聊天室以及搜索引擎等。

B. Mahadevan 在 2000 年的时候曾这样定义门户网站:门户网站是指主要从事建设产品和服务信息的消费者社区,它影响产品、服务提供商和中介进入网络的渠道流量,吸引消费者的注意力进入网络,是服务 B to C 的细分市场,买卖双方都从门户社区宽广的、丰富的买方和卖方中获益,买方的低搜寻成本,反过来又增强了网站受益的稳固性。[1]

Weil 和 Vitale 在 2003 年把门户网站看成一个通向因特网的入口,他们认为,门户最初只不过是有用链接的收集者,以一种有组织的方式呈现给用户,利用这些链接,用户能够到达其他网站。[2]

而国内学者的观点是:所谓门户网站,指的是集成了多样化内容和多种服务模式的 Internet 网站。由于这种类型的 Internet 网站提供搜索引擎、免费资源服务、个性化服务、新闻发布、虚拟社区等多种功能,集成了当前 Internet 网络的多种服务模式,因而使得它们成为网民进进出出的必经"门户",成为互联网上访问率最高的网站,同时也构成了 Internet 的中坚力量。[3]

国内 TOM 门户网站原总裁王雷雷曾将门户网站定义为:门户是一个内容、应用、服务的平台,具有与不同运营商合作的多种通路,能为用户提供通过不同的终端从不同的路径获取信息、进行交流的途径。[4]

所以,虽然从不同的角度来界定,门户网站的概念存在差异,但是无论如何界定,门户网站的根本点都是一致的,那就是门户网站是一种入门式、综合性的信息提供网站。目前世界最大的三个门户网站是 Yahoo!、AOL、MSN,国内最有代表性的门户网站是网易、搜狐、新浪。

---

[1] 岳泉,汪徽志,刘红珠. 新媒介概论. 南京:南京大学出版社,2010:129.
[2] 岳泉,汪徽志,刘红珠. 新媒介概论. 南京:南京大学出版社,2010:129 - 130.
[3] 郭长禹. 论高校数字图书馆门户网站建设. 图书馆学刊,2005(3):49 - 53.
[4] 宫承波. 新媒体概论(第 2 版). 北京:中国广播电视出版社,2009:47.

(二) 门户网站的分类

根据不同的分类标准,门户网站可以划分为不同的类型。其中根据所提供信息的特点,可以将门户网站分为综合性门户网站、垂直性门户网站(或专业门户网站);根据门户网站创办主体的差异,可以分为企业门户网站、商业信息门户网站与政府门户网站;根据所提供服务的不同,可以分为信息型门户网站、商务型门户网站与商务信息型门户网站。

1. 综合性门户网站与垂直性门户网站

综合性门户网站的特点就是内容与服务的综合性、全面性与广泛性,所链接的内容广泛而全面,覆盖各行各业。一般提供新闻、搜索引擎、网络接入、聊天室、电子公告、电子邮件、电子商务、网络社区、网络游戏、免费虚拟空间、博客与播客等多种服务。如国内的新浪网、网易和搜狐网提供的就是综合性的内容和服务(见表5-1)。

表 5-1 门户网站的综合性内容和服务

门户网站	内容频道
新浪网	新闻、军事、社会、财经、股票、基金、科技、手机、数码、体育、奥运、NBA、娱乐、明星、音乐、汽车、报价、买车、博客、微博、轻博客、视频、综艺、大片、房产、EJU、家居、读书、教育、育儿、女性、健康、中医、乐库、尚品、收藏、空间、邮箱、高考、论坛、交友、SHOW、游戏、玩玩、星座、城市、浙江、上海、旅游、生活、电商、短信、应用、手游、高尔夫、下载、导航、商城、天气、爱问、彩票、公益、世园
搜狐网	搜狗、输入法、浏览器、地图、邮件、微博、博客、白社会、BBS、校友录、视频、播客、游戏、天龙、水浒Q传、手机搜狐、听书、手机游戏、e购房、新闻、图片、评论、我说两句、军事、公益、体育、NBA、奥运、S、财经、理财、股票、基金、IT、数码、手机、汽车、购车、房产、二手房、家居、娱乐、韩娱、V、音乐、天气、男人、女人、美容、母婴、健康、绿色、吃喝、促销、旅游、高尔夫、文化、读书、原创、教育、出国、高考、彩票、星座、上海、广东
网易	新闻、军事、评论、图片、体育、NBA、中超、奥运、娱乐、电影、电视、音乐、财经、股票、基金、商业、视频、热剧、大片、综艺、女人、时尚、美容、情爱、科技、港股、概念股、手机、软件、手机库、数码、家电、笔记本、汽车、购车、选车、旅游、探索、彩票、房产、家居、买房、论坛、摄影、健康、博客、原创、教育、游戏、车险、读书、微博、达人、访谈、服饰、亲子、公益、应用、商城、交友

此外,还有一种覆盖范围较小的综合性门户网站,就是地方生活门户网站,也有学者将它单独作为一种与综合性门户网站、垂直性门户网站并列的门

户网站。其实从本质上说,地方生活门户网站与综合性门户网站在结构内容上没有多大差异,只不过在所覆盖的范围上较小而已,所以,本书认为地方生活门户网站也属于综合性门户网站的范畴,地方生活门户网站以本地资讯为主,为某一地区民众提供最鲜活实用的资讯信息,通常包括本地资讯、同城购物、分类信息、生活社区等服务,比较有代表性的地方生活门户网站有上海热线、首都之窗、广州视窗等。

而垂直性门户网站则强调的是针对某一特定领域、某一特定人群或某一特定需求而提供比较专、精、深的信息。如 IT 行业的"天极网"(www.yesky.com)、搜房网、汽车之家、起点中文网等,这类门户网站力求成为特定用户上网的起点与必经之地。与此同时垂直性门户网站也特别强调某一领域、某一类人群或某一需求的信息的全面、权威与精确,并成为特定的有一定深度、影响与权威的门户。比如搜房网所提供的内容包括新房、二手房、装修、户型图片、建材卖场、地产博客、业主论坛、搜房评估、研究院等所有与房子有关的各方面的内容信息。

2. 企业门户网站、商业信息门户网站与政府门户网站

企业门户网站是指通过一个唯一入口,为企业员工、分销商、代理商、供应商、合作伙伴等同一价值链上的相关人员,提供基于不同角色和权限的、个性化的信息、知识、服务与应用的系统平台。① 但实际上,企业门户网站也并非仅仅是一个企业网站,仅提供一些企业、产品和服务的信息,更重要的是,还包括企业的内容、商务和社区。如电力、铁路、邮政等各行业的企业门户网站。

商业信息门户网站是指面向普通的网络用户,为他们提供有价值的资讯、信息以及服务的门户网站,在国内主要以新浪、网易、搜狐为代表,主要是通过网络广告、网络游戏、无线增值等商业手段来盈利。

所谓政府门户网站,就是在各政府部门信息化建设的基础上,建立跨部门的、综合的业务应用系统,使公民、企业与政府工作人员都能快速便捷地接入所有相关政府部门的业务。② 在国内,到目前为止,除了中国政府网(www.gov.cn)之外,几乎所有县市级以上政府部门都有自己的门户网站。

3. 信息型门户网站、商务型门户网站与商务信息型门户网站

信息型门户网站主要是为受众提供有价值的信息,以信息来吸引浏览者。

---

① 亓文会,杨文刚.企业门户——企业 e 化转型的战略性方向.中国管理信息化(会计版),2006(2):25-27.

② 李广乾.建设政府门户网站 全面深化电子政务.新经济导刊,2003(11):72-75.

其主要提供的服务是信息的发布、传播、交流与虚拟社区等,如网易、中国化工网等。

商务型门户网站是指除为用户提供产品信息外,主要目的是促成双方的交易,其主要受益来自用户的交易。这也就是我们日常生活中网购的电子商务网站,这些网站为买卖双方提供发布各自的需求信息和供应信息的平台,买方选择产品、提交订单,卖方提供产品、安排送货,通过网上银行或支付宝等电子支付系统支付货款,最终完成交易。比如阿里巴巴、当当网、京东网上商城、亚马逊、团购网等都属于这种类型。

商务信息型门户网站则是指集合了信息型门户网站和商务型门户网站两种特征的门户网站,一方面为用户提供所需要的有价值的信息,另一方面为用户提供电子商务与交易的平台。如Yahoo、新浪等门户网站就属于此种类型。

(三) 门户网站的特征

综合来看,门户网站主要有以下几个特点:

1. 内容和服务的广泛与全面

门户网站作为门户,无论是社会生活门户网站还是定位为某一特定领域、人群或需求的门户网站,其内容都是非常复杂、非常广泛的,往往是包罗万象,可谓是"网络超市",它所提供的服务也是无所不包,非常全面的。作为综合性门户网站是如此,即使垂直性门户网站等其他类型的门户网站虽然没有综合性门户网站那么明显,但在其特定领域、人群或需求方面相对来说也是内容广泛、服务全面的。甚至可以说只要你需要什么,它就会给你关于什么的信息,几乎可以毫不夸张地说:只有想不到,没有不知道。门户网站里的信息真可谓是应有尽有。如表5-1所列举的国内三大门户网站的内容频道就证明了这一点。

2. 用户群的庞大而复杂

用户群是所有网络新媒体存在的基础,更是门户网站快速成长的基础,也是门户网站核心竞争力之所在。门户网站又因为拥有海量的分类信息、免费的特色服务以及门户自身的号召力,所以能够吸引和拥有庞大的用户群。据估计,仅世界最大的三个门户网站Yahoo、AOL、MSN每月的唯一访问者(即一个月内访问网站,并具有唯一标识的访问者)人数就达数亿之多。① 就国内门户网站而言,在拥有 8 亿网民的大国里,国内三大中文门户网站新浪、网易与搜狐的用户群更是庞大。因为用户群的庞大而匿名,所以门户网站的用户群非常复杂,各种各样的人群都有,甚至难以识别。

3. 导航的先入为主

门户网站,顾名思义是门户,也即是网络入口、网络的入门,也就是具有导航、导向的作用。因为门户网站在浩如烟海的网络世界中为网民们筛选信息,并通过搜索引擎、电子邮件等服务为网民导航,所以在初次接触网络、浏览海量网络信息的时候,网民们会选择门户网站作为第一站。即使在网民们经过了这一站点之后,并逐渐培养起上网的习惯,但是他们的上网总是或多或少地受到门户网站导航的影响。

二、门户网站的起源与发展历程

自美国雅虎作为全球互联网第一个"门户网站"问世以来,直至今日,门户网站已经历了十多年的发展历程。在短短的时间里,门户网站却发生了翻天覆地的变化。门户网站不仅经历了从无到有、从弱小到强大,还经历了从遭遇挫折到重新起飞等艰难历程。

(一)门户网站的起源

门户网站的起源应该追溯到门户网站的鼻祖——美国的雅虎(Yahoo)。那是美国的台湾移民杨致远与他的同窗大卫·费洛(David Filo)两位 Internet 网上老手为了方便上网查找资料,联合编出的一个专门用于整理 Internet 上各个节点资料的程序,并命名为雅虎(Yahoo),它于 1994 年 4 月正式推出,成为全球第一家提供因特网导航服务的网站,也即我们所说的门户网站。雅虎作为全球第一家门户网站,自诞生以后一直成为门户网站的典范被模仿,至今仍然每月为全球超过一亿八千万用户提供多元化的网上服务。

(二)门户网站的发展历程

自从全球第一个门户网站——雅虎创办以来,全球的门户网站和中国的

---

① 屠忠俊. 网络传播概论. 武汉:武汉大学出版社,2007:127.

门户网站类似,也经历了从创办到上市,再遭遇互联网泡沫的破灭,然后逐步盈利这样一个起起落落的过程。

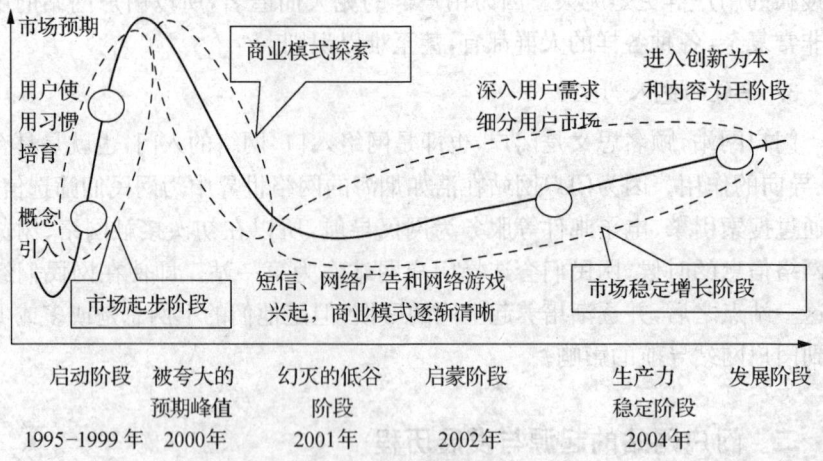

图 5-1　国内门户网站的演进曲线①

就国内门户网站的发展来看,刘书文把它归纳为 1995—1999 年的启动阶段,2000 年到达了虚拟的高峰,是"被夸大的预期峰值",于是到了 2001 年遭遇网络泡沫的破灭而进入"幻灭的低谷"阶段,直到 2002 年进入逐步盈利的"启蒙阶段",2004 年国内门户网站开始赢利,模式逐渐清晰,进入"稳定发展阶段"。

三、门户网站的社会影响力

门户网站的社会影响力不仅体现在改变了经济的运营模式,而且也大大推进了政治的民主化与高效化,还改变了社会公众的生活方式。具体而言,门户网站已经是网络媒体中最具活力的媒体之一,也是网络经济中的"轻骑兵"。门户网站提供的电子商务及网上购物活动,不仅可以使产品和服务的经营环节在网络中完成,使得企业摆脱了常规的交易模式和市场局限,也改变了资源配置方式与企业经营方式,而且突破了现实世界的时空限制,大大减低了交易的成本。对于政治而言,门户网站,尤其是政府门户网站作为政府互联网发布政务信息和提供在线服务的平台不仅为政治民主化进程提供了一个新的平

---

① 刘书文. 从新浪和搜狐比较看中国门户网站现状和未来. http://news.xinhuanet.com/ec/2005-06/22/content_3119191.htm.

台，而且大大促进了政府办公的高效化、无纸化，充分实现了电子政务、电子民主。对于社会生活而言，门户网站通过提供海量的分类信息使得人们的认识与思维方式不再单向进行，而是互动思维，同时也改变了人们的购物方式，使人们热衷于网络购物，方便人民通过网络求医问药，为人们提供了网络学习、网络娱乐等新的学习、娱乐方式。

所以，就目前的态势来看，门户网站的影响力确实非凡，甚至可以说已经不仅仅是社会的主流媒体，而且在某种程度上来说，是更具有未来的主流权威媒体。难怪有人说，国内新浪、网易与搜狐三大门户网站中任何一个的社会影响力都不亚于国内主流权威媒体如《人民日报》、中央电视台、新华社等的社会影响力。

四、门户网站的使用与管理

门户网站的建立是方便网民分类搜索浏览网上海量的信息，所以网民的使用是门户网站存在与发展的最终目的，同时要达到网站持续使用和继续存在，就必须重视门户网站的管理与经营。

（一）门户网站的使用

门户网站原本就是为社会公众开放的，所以网民对门户网站信息的浏览和空间的使用一般遵循免费使用，有偿服务，大多实行会员与非会员相结合，分类别有层次的服务原则。一般信息内容与空间的使用都是免费的，如信息的搜索与浏览，一般空间的使用，如博客则需要免费注册登录，但是如果要获得更多的服务或更个性化的需求与服务，则需要适当付费。诸如许多实行VIP的服务项目就是有偿服务。

（二）门户网站的管理

门户网站要持续存在与发展就必须重视自身的管理与经营。对于门户网站来说，一方面要尽可能利用最新的技术来吸引网民的使用与点击，尤其是Web2.0、Web3.0技术不仅给门户网站提供了博客、维客、播客、微博等多种个性化服务项目，而且也让网民参与了网络的微内容生产，大大丰富了网络的内容。另一方面充分发掘多层次多种类的服务项目，拓宽经营收入渠道。免费使用是为了吸引和保证基本点击量，有区别地针对网民差异性、个性化的有偿服务则是满足特定网民的特别要求的需要。诸如网络游戏、网络广告、网络购物、网络阅读以及相关的线下服务与经营等都是拓宽收益的服务项目。所以，针对特定群体生活和娱乐的需要，开发和提供特定服务更是门户网站在今后继续存在与发展的过程中需要不断强化的内容。

第三节　视频网站

视频网站是互联网行业发展最快的领域之一。自从美国的视频网站YouTube创办以来，全球视频网站急剧涌现，吸引了无数的视频爱好者。但是视频作品版权的乱象也引发了传统广播电视媒体的不满，但是无论如何管制与规范，视频网站的优势及其发展势头都是无法阻挡的。

一、视频网站的概念与分类

要了解视频网站，首先要明白视频网站的定义和分类等基础性问题。目前理论界对视频网站的定义也往往仅停留在字面意义上的解释，没有形成较为科学的界定。

（一）视频网站的概念

一般认为，视频网站指的是在一定技术平台的支持下，互联网用户可以直接通过浏览器或终端软件在线发布、播放、分享 WMV、RM、RMVB、FLV 及 MOV 等格式的流媒体视频内容的网站。其中视频网站的"视频"即指由摄影机、摄像机、录音机和其他相关设备拍摄、录制的可连续运动的影像及配合影像的可连续收听的声音。一般常见的较为专业的视频作品是传统广播电视媒体或专业机构制作的"视听节目"上传到网络即可形成，但在今天，互联网上的视频还包括影像、静态图片的动态整合再创作、动画、DV拍摄画面、MTV、电子相册等。

视频网站的视频资源主要来自三种渠道：一是采用P2P等将传统媒体或是影视节目制作单位所提供的内容进行直播或点播；二是极力吸引网友上传和分享个人所拍摄的DV、电子相册、手机照片或手机视频等视频资料；三是视频网站自己加工和制作网络视频作品。

目前有影响、有规模的视频网站主要是美国的YouTube、Hulu、优酷土豆等。

（二）视频网站的分类

根据不同的分类标准，视频网站可以分为不同类型，其中按照视频内容格式划分，可以分为 WMV、RM、RMVB、FLV 及 MOV 等五种类型。如果按照视频作品的传播方式来划分，可以分为视频点播、P2P 流媒体、视频搜索、视频分享等四种类型。如果按照平台运营商来分类，可以分为垂直类平台运营商、传统门户类平台运营商、电视媒体类平台运营商和电信类平台运营商等四种类型（详见表 5-2）。

表 5-2　平台运营商的典型代表

分类		典型代表
垂直类平台运营商	视频分享	YouTube、优酷土豆、酷 6
	P2P 流媒体	PPlive、PPStream、悠视
	视频搜索	百度搜索、谷歌搜索
	视频点播	激动网、第一视网、OpenV
传统门户类平台运营商		新浪视频、搜狐视频、网易视频、腾讯视频
电视媒体类平台运营商		央视国际（中国网络电视台）、凤凰网
电信类平台运营商		互联星空

注：根据艾瑞咨询《中国网络运营商的分类》制作。

二、视频网站的起源与发展历程

视频网站的最初形式应该是电视台网站，起初各电视台为了充分利用网络平台来介绍与推介节目，并应对报纸、网络等媒体的竞争，于是建立和拥有了自己的门户网站，并且把电视台已有节目数字化并上传到电视台官方网站，后来为了吸引网民又把节目播放器安装好让网民们直接点播或直播。而视频网站的起源应该追溯到视频网站的鼻祖——YouTube。那是美国人查德·赫利（Chad Hurley）、卡林姆（Jawed Karim）和华裔青年史蒂夫·陈（Steve S. Chen）的年轻技术人员于 2005 年 12 月正式创办推出的，网站所提供的服务就是"允许任何人上传并共享任何视频内容（非法内容除外）"。该视频网站作为第一家视频网站，创办十几个月以后，便享誉全球，并且每日视频浏览量过亿，逐渐成为全球最大的互联网视频提供商之一。据分析师估计，其市场总值已超过10亿美元。2006年11月,Google公司以16.5亿美元收购了YouTube,并把其作为子公司来经营。

随着YouTube的成功,全球在2006年迎来了视频网站的热潮,仅国内模仿YouTube的网站一下激增到了200多家,它们都渴望成为下一个YouTube。① 后来由于版权纠纷,各国都出台了相关规制与管理的政策与法规,视频网站开始步入规范化发展阶段,同时也整顿和淘汰了不少视频网站。由于2008年年末网络视频牌照发放制度的实行,给视频网站的规范发展提供了政策依据,并引发国内视频网站的新一轮"洗牌",其中"BT中国联盟"等由于盗版严重被关闭,使得国内视频网站的市场集中度进一步提高,并出现了实力较强的一些视频网站,如土豆、优酷、酷6网、乐视网、爱奇艺、网易视频、腾讯视频、搜狐视频、PPTV、PPS等。其中土豆、优酷两家国内实力较强的上市视频网站于2012年3月合并,成为国内最大的视频网站。

三、视频网站的社会影响力

视频网站是网络和图像、声音的组合,所以视频网站的兴起,首当其冲的是一直被誉为传统强势媒体的电视媒体。视频网站的视频节目可以随时随地有选择地免费点播,大大吸引了无数的年轻用户,分流了电视的不少观众,尤其是年轻观众,并形成了这样一个新的格局:"视频应用已不再是传统电视媒体的专利,否则比尔·盖茨也不会自信地宣称再过五年人们就不看电视了,随着Google旗下YouTube等视频网站的崛起,至少在年轻人看来,看电视不用坐在客厅里听着父母的数落和唠叨,还得忍着那些不是自己喜欢的冗长内容慢慢播完。"②

其次,视频网站也在改变和影响着人们的生活。视频网站从表面上看仅仅是一个娱乐消遣的工具,尤其是年轻人消遣、休闲的场所,但实际上却在改变和影响着社会公众的生活,推动着社会的进步。据美国媒体在2010年对YouTube 5年来对美国社会影响的总结发现,美国消费者曾经在YouTube上传视频来投诉相关企业;YouTube上的某些视频还成为法庭的定罪证据;YouTube还让那些上传一段极受欢迎的视频的普通人一夜成名;甚至总统候

---

① 数据来源于艾瑞咨询. www.iresearch.com 及中国互联网信息中心. www.cnnic.cn.

② 杨继红. 谁是新媒体?. 北京:清华大学出版社,2008:91.

选人在总统大选的时候也纷纷利用 YouTube 作为自己的竞选宣传平台。

此外，随着手机摄像、便携式 DV 机、便携式摄像机、视频剪辑软件的普及，普通网民也可以随时随地地拍摄、制作视频作品并上传到视频网站与网民分享，使得电视和影视的制作不再仅仅是专业机构专业人员的专利，从而开启了电视、影视的自制时代。

四、视频网站的使用与管理

视频网站一般为商业运营，所以它的使用可以分为免费或会员制付费消费两种形式，但是不管怎么运作，都需要精心的管理和细心的经营。

（一）视频网站的使用

视频网站是靠内容来吸引网民的，网民也主要是因为自己喜欢的视频内容而来登录浏览的，如看经典电影大片、动画片、音乐、热点新闻资讯、纪录片、娱乐节目、搞笑短剧或电视剧等，其中大部分视频网站是免费开放的，也即社会公众既可以浏览、下载视频作品，也可以上传视频作品与他人分享。但是也有些视频网站则采取会员制，尤其是一些只供特定人群登录浏览的视频网站，如只供成年人浏览的视频网站，还有一些含非法色情内容的视频网站也大多会实行俱乐部制或会员制。

（二）视频网站的管理

视频网站的市场规模大、潜力深，但是就目前市场状况来看，网络视频仍然存在知识产权的滥用、不良视频的泛播、视频质量参差不齐、商业模式模糊等诸多问题。所以，在解决融资、炒作概念等基础问题之后，视频网站主要可以通过以下几方面来强化管理：一是购买独家版权、分销版权；二是与内容资源制造商或实力团队投资或联合自制高品质内容；三是极力开拓广告市场；四是探索付费模式。

第四节　搜索引擎

随着互联网的逐步普及，如何在拥有海量信息的互联网上寻找自己所需要的内容,我们一直都在积极地探索并取得了快速的进展,那就是搜索引擎的不断更新、升级、换代。如今在普遍使用较为成熟的第三代搜索引擎的同时,代表更新技术和更新理念的第四代搜索引擎已出现端倪。搜索引擎的普遍使用又从根本上改变了社会公众对信息、对知识获取的途径,对情报资料的寻找方式,所以可以说,搜索引擎的革命就是学习的革命。

一、搜索引擎的概念与分类

搜索引擎虽然被普遍使用,但是我们并非都明白它的内涵以及它有哪些常见的类型。

(一)搜索引擎的概念

搜索引擎,英文的表达是"Search Engine"。一般认为,搜索引擎就是一种互联网信息检索系统。具体而言,就是作为一种信息检索系统,在拥有海量信息的互联网上,按照用户的要求通过网络搜索软件(或称为"网络搜索机器人")或网站登录的方式搜集互联网信息,并把信息按照一定规则归类、整理和存储后,随时为用户提供查询帮助或直接检索服务。其工作原理就是"抓取网页,处理网页,提供检索服务"。所以,用户只要输入自由词全文、主题词、关键词等检索请求,搜索引擎就会为用户提供网址、网页、全文检索以及综合服务等。

(二)搜索引擎的分类

按照搜索引擎的工作原理,大致可以将其分为目录式搜索引擎、全文搜索引擎、垂直搜索引擎、元搜索引擎、人工的"人肉搜索"、人立方关系搜索、集合式搜索引擎与门户搜索引擎等七种类型。

1. 目录式搜索引擎

就是将互联网上的资源服务器的地址搜集起来,按照资源的类型组建一棵目录树,层层分类,用户则可以按照目录树的目录索引查找自己感兴趣的内容。这是最早的一种搜索方式。其典型的代表就是 Yahoo、新浪、网易、搜狐。

2. 全文搜索引擎

就是用网络机器人程序沿着页面链接 Web Graph 爬行,检索文档,建立

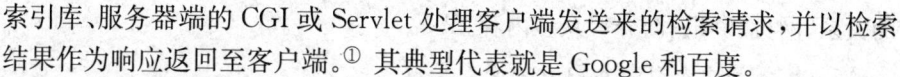

索引库、服务器端的 CGI 或 Servlet 处理客户端发送来的检索请求,并以检索结果作为响应返回至客户端。① 其典型代表就是 Google 和百度。

3. 垂直搜索引擎

是一种专业的搜索引擎,在通过网络机器人程序不断搜集页面之后,对所搜集到的页面进行区分并分类集成到对象信息库,为用户的特定需求提供全面、专业的服务。垂直搜索引擎适用范围广泛,如房产搜索、音乐搜索、图片搜索、旅游搜索、新闻搜索、学术搜索等。各个领域、各个行业、各类生活的需求都可以发展成为专业的垂直搜索引擎。但是目前还没有特别知名的垂直搜索引擎,但在其他搜索引擎中得到了运用,如 Google 和百度中都有音乐搜索、图片搜索等专门的搜索频道。

4. 元搜索引擎

也称为"搜索引擎的搜索引擎",它没有自己的索引数据库,而是通过一个统一的用户界面登录到多个搜索引擎中搜索,选择用户所需要的内容。世界上第一个元搜索引擎是华盛顿大学硕士生 Eric Selberg 和 Oren Etzioni 建立的 Metacrawler。元搜索引擎不是独立的搜索引擎系统,所以在互联网上的地位没有其他独立搜索引擎高。其典型代表有国外的 IinfoGrid、ProFusion,国内的 BaiduGoo、索天下、北斗搜索。

5. 人工的"人肉搜索"

就是由人工来提炼搜索引擎所提供的被搜索人的 IP 地址、网上个人资料与信息,然后将被搜索人的私人信息资料公布在互联网上,并呼吁和动员网友参与寻找被搜索人的真实姓名、职业、住址、联系方式等具体的个人隐私信息。这是一种主要由人工借助于搜索引擎来完成的搜索机制。通俗地说,也就是在互联网上,在得到众多网友的相助与参与下公开寻找一个人的活动。

6. 人立方关系搜索

是微软亚洲研究院开发设计的一款新型社会化搜索引擎。该系统能够从超过十亿的中文网页中自动抽取出人名、地名、机构名以及中文短语等,并通过算法自动地计算出它们之间存在关系的可能性。人立方关系搜索的创建理念来自"六度空间",②只要随便输入一个人物,人立方关系搜索将给出该人物

---

① 蒋望东.互联网上的搜索引擎综述.中国科技信息,2008(13):103-104.
② 关于"六度空间"理论.参见本章第五节 SNS。

的关系、网页、资讯、简介等众多内容。①

7. 集合式搜索引擎与门户搜索引擎

其中集合式搜索引擎类似于元搜索引擎,但区别在于它并非同时调用多个搜索引擎进行搜索,而是由用户从提供的若干搜索引擎中选择,如 HotBot 在 2002 年底推出的搜索引擎。门户搜索引擎虽然提供搜索服务,但自身既没有分类目录也没有网页数据库,其搜索结果完全来自其他搜索引擎,如 AOLSearch、MSNSearch 等。

二、搜索引擎的起源与发展历程

其实在万维网出现之前就有过类似搜索引擎的搜索工具与简单系统,这可以认为是搜索引擎的雏形或起源,直到万维网出现之后,搜索引擎逐步升级换代,并出现像 Google 和百度等专做搜索引擎的网络公司。

(一)搜索引擎的起源

搜索引擎的起源应该追溯到 Archie 程序(Archie FAQ)。早在 1990 年,当时万维网还没有出现,加拿大麦吉尔大学(McGill University)的三名在校学生 Alan Emtage、Peter Deutsh、Bill Wheelan 在当时的一个 FTP 站点搜索工具,用户只要输入精确的文件名,Archie 就会告诉用户哪一个 FTP 地址可以下载该文件。该程序是世界上第一个自动搜索互联网上匿名 FTP 网站文件的程序,其工作原理与今天的搜索引擎是一致的,所以被认为是搜索引擎的起源。

此外,在万维网出现之前还有两个搜索工具,一个是 Gopher,它可以将检索到的信息资源通过菜单形式显示给用户。另一个是苹果计算机等公司开发的 WAIS(Wide Area Information System)数据库查找系统,称为广域信息查询系统。这是一种分布式文本搜索系统,用户可以同时搜索到很多因特网服务器。

(二)搜索引擎的发展历程

在万维网出现以后,真正意义上的搜索引擎才开始出现,并在短短的十年

---

① 百度百科. 人立方. http://baike.baidu.com/view/1765704.htm.

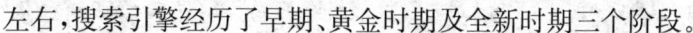

左右,搜索引擎经历了早期、黄金时期及全新时期三个阶段。

1. 搜索引擎在万维网早期的(万维网出现之后到1993年)发展

万维网早期搜索引擎的代表是 World Wide Web Wanderer 和 Aliweb。其中 World Wide Web Wanderer 是由美国麻省理工学院学生 Matthew Gray 于1993年开发的,最初是用来追踪当时不断扩张的互联网规模,如联网计算机的数量、服务器数量等,后来也能抓取网络地址。这是世界上第一个 Spider 程序。Aliweb(Archie-Lide Index of the Web)则是英国 Nexor 公司的 Martin Koster 于1993年开发的,可以看作是 Aliweb 的 HTTP 版本,要求被 Aliweb 收录的网页需要自己提交每一个网页的间接索引信息。

2. 搜索引擎发展的黄金时期(1994—2000年)

在几年的时间里,World Wide Web Worm、Infoseek、Lycos、Webcrawle、Jump Station、Metacrawler、HotBot、Northernlight、Google、AllTheWeb、Openfind、北大天网、百度等著名搜索引擎逐一登场。其中 World Wide Web Worm 是美国斯坦福大学的六名毕业生于1994年开发出来的,这是世界上第一个万维网大规模的搜索引擎,后来改名为 Excite,通过分析字词关系,对互联网上的大量信息做出更有效的检索。而现代意义上的搜索引擎要算是 Lycos,它是由卡内基梅隆大学机器翻译中心的 Dr. Mauldin 和他的团队于1994年6月创立的,至1996年搜索的文档目录达六千万,超出了同时期的其他搜索引擎。后来该公司转向于网络聊天和个人主页,并投资专注于 FAST 搜索。1994年底,加州大学伯克利分校开发的 Infoseek 面世,曾经尝试提供付费搜索服务,后来经营惨淡,1998年被 Disney 收购,共同开发一项新的搜索服务 go.com,1999年 Infoseek 关闭。同一年,美籍华人杨致远与同窗好友大卫·费洛将搜索网页进行分类,创立了被视为网络时代成功楷模的搜索引擎——Yahoo!。1995年,华盛顿大学硕士生 Eric Selberg 和 Oren Etzioni 建立了世界上第一个元搜索引擎——Metacrawler。该搜索引擎可以通过一个统一用户界面登录到多个搜索引擎中搜索、选择用户所需要的内容。还有1995年9月26日,加州大学伯克利分校开发的 HotBot,号称每天可以抓取索引1 000万页以上。1997年8月,Northernlight 搜索引擎出现,这是第一个支持对搜索结果进行简单自动分类的搜索引擎。1997年,美国斯坦福大学的博士生拉里·佩奇(Larry Page)和谢尔盖·布林(Sergey Brin)创建 google.com,它以网页级别(Page-Rank)来判断网页的重要性,大大增强了搜索结果的相关性。2000年初,李彦宏、徐勇在北京创立第一个中文搜索引擎——百度。

3. 搜索引擎发展的全新时代（2008年以后）

其主要标志是人立方关系搜索。微软亚洲研究院开发设计了人立方关系搜索系统。该系统能够从超过十亿的中文网页中自动抽取出人名、地名、机构名以及中文短语等，并通过算法自动地计算出它们之间存在关系的可能性。只要随便输入一个人物，人立方关系搜索将给出该人物的关系、网页、资讯、简介等众多内容。这一创立改变了以前单一平面化的搜索理念，而且呈现出立体化的"关系图"，因此被认为是开创了网络搜索的全新时代。

三、搜索引擎的使用

目前搜索引擎的搜索步骤一般为：首先选择搜索的服务项目，如百度的搜索分类服务项目有网页、视频、MP3、地图、新闻、图片、词典、常用搜索等，还有其他特定搜索服务项目。谷歌则有 iGoogle 个性化首页、博客搜索、财经、265 导航、地图、工具栏、购物搜索、快讯、谷歌浏览器、视频、图片、图书、网页搜索、网页搜索特色、新闻、学术搜索、音乐等，还有其他特定搜索服务项目。然后输入自己所需要的某种语言的关键词、短语、句子。最后是浏览和选择搜索你所需要的结果。此外，作为专业学术数据库的搜索条件还可分为全文、关键词、主题、题名、作者、来源、单位等，如国外的 SCI、EI、SSCI 等，还有国内的中国知网、维普数据库、万方数据库等。

四、搜索引擎的社会影响力

由于搜索引擎能够帮助人们寻找、发现、获取并处理互联网上的海量信息，它对社会公众的学习、生活与互联网自身都会产生强有力的影响。首先，搜索引擎大大方便了人们情报资料的查找、知识信息的获得，并且大大提高了查找资料和获取知识信息的速度，拓宽了知识文献查找的范围，大大推进了人类研究的进程，掀起了网络时代学习、研究的革命。其次，搜索引擎改变了人们的日常生活，扩大了人类交流与沟通的地理范围，突破了人类交流与沟通的语言限制。最后，搜索引擎作为互联网信息的搜索、分类、整合工具，引发了互联网的新一轮竞争和持续的、全球性的搜索热潮与运动，大大改变了互联网既有的生态环境。

第五节 SNS

社交是人们日常生活中最平凡的交往形式。随着网络的普及应用,网络社交也发展迅速,那就是 SNS 现象。SNS,即社交网络,使网民可以通过网络结交朋友,加入一定群组或圈子,这不仅扩大了个人社交的范围,而且改变了人类社会交往的模式,也使人与人之间的朋友关系处于现实与虚拟之间。

一、SNS 的概念及其社交理论

在分析 SNS 之前,首先要清楚 SNS 究竟指的是什么,其社交的理论依据是什么,即 SNS 的定义及其社交理论这两个基本问题。

(一) SNS 的概念

SNS,全称为 Social Networking Service(即社会性网络服务)或 Social Network Site(即"社交网站"或"社交网")或 Social Network Software(社会性网络软件),其中 Social Networking Services 专指旨在帮助人们建立社会性网络的互联网应用服务,也指社会现有的已成熟普及的信息载体,如短信 SMS 服务。社会性网络(Social Networking)是指个人之间的关系网络,这种基于社会网络关系系统思想的网站就是社会性网络网站(SNS 网站)。Social Network Software 是一个采用分布式技术,通俗地说,是采用 P2P 技术构建的下一代基于个人的网络基础软件。这三者之间关系密切,社会性网络软件是社交网的必备软件系统,而这两者都是服务于社会性网络的。所以,在中文语言中,为了包含 Social Networking Service 的三层含义,通常我们用社交网络来代指 SNS。但在本章所论述的则是具体的社交网或社交网站。比较知名的社交网站有:国外的 Facebook、Frendster、Myspace 等;国内的校内网(2009 年改为人人网)(www.xiaonei.com 改为 www.renren.com)、豆瓣(www.douban.com)、个人时代(www.selftimes.com)、海内(www.hainei.com)等。

(二) SNS 的社交理论

SNS 是建立在斯坦利·米尔格拉姆(Stanley Milgram)的"六度分割理论"与欧洲赫特兄弟会的 150 法则两个社会交往理论基础之上的。其中"六度分割理论"是哈佛大学心理学教授 Stanley Milgram(1933—1984 年)于 1967 年创立的,即"你和任何一个陌生人之间所间隔的人不会超过六个,也就是说,最多通过六个人你就能够认识任何一个陌生人"。按照六度分割理论,每个个体的社交圈都不断放大,最后成为一个大型网络。而 150 法则,是从欧洲发源的赫特兄弟会的一个不成文的严格规定,即每当聚居人数超过 150 人的规模,就要求分成两组,再各自发展。后来似乎把人群控制在 150 人以下被认为是管理人群的最佳和最有效的方式,150 成为普遍公认的人们可以与之保持社交关系所需人数的最大值。这是社会性网络(Social Networking)的社交理论依据。后来有人根据这种理论,创立了面向社会性网络的互联网服务,通过"熟人的熟人"来进行网络社交拓展。

二、SNS 的起源与发展历程

论及 SNS 的起源与发展,就不得不提 SNS 的技术前提,也就是 SNS 的技术基础。SNS 是采用分布式技术,即采用 P2P(点对点)技术来建构下一代基于个人的社交网络。SNS 通过分布式软件编程将现在分散在每个人设备上的 CPU、硬盘、带宽进行统筹安排并赋予这些设备以更强大的计算速度、通信速度与存储空间等,然后通过分布式的计算方法,将散布在网络中的 CPU、硬盘、带宽都利用起来,为每个用户观看高质量的电影、听歌、聊天、游戏、交友、通话、交易等提供更快的计算能力、更强的存储能力、更高的带宽能力。

在分布式技术的基础上,逐渐出现了人与人交往、沟通的新形式,如网络论坛、即时通讯等已经具备 SNS 的雏形,只不过大多限于熟人之间,没有打通各个人际交往圈子而已。

完全以人与人之间的交往为基础的网站则出现在 2002 年到 2004 年,如全球知名的社交网 Myspace 面世,在 Myspace 里,网友们可以上传照片、听音乐、看视频、交友。还有国内的 QQ 空间、51.com,其基本特点是用户圈子贡献了海量的内容,用户组成比较复杂多元。

2007 年,SNS 进入真正的爆发期。Facebook 明确界定了用户身份(最初 Facebook 的准入机制,就是会验证大学邮箱),越来越多的 SNS 形成了自己的特色。马克·扎克伯格(Mark Zuckerberg)在 Andrew McCollum 和 Eduardo Saverin 的支持下,于 2004 年 2 月创办 Facebook 社交网,为大学生提供一个交朋友的平台,后来向所有拥有有效电子邮件的人开放,人气大增,目前其活跃用户近 10 亿,流量一度超过谷歌,2011 年年广告收益达 40 多亿美元。由此引发全球性 SNS 的热潮,并形成不同类型的 SNS 网站。如国内的娱乐游戏类 SNS 网站有 51.com、开心 001、碰碰网等;校园类 SNS 网站有校内网(即人人网)、同学网、QQ 校友、占座网等;商务应用 SNS 网站有天际、联络家、海内等;婚恋类 SNS 网站有婚恋网、世纪佳缘、百合网、嫁我网等;共同兴趣人群的社群类 SNS 网站有面向宅人族的宅啦网(Zhai.La,后来改为 ZhaiNei.com)、面向驴友的驴友录(u.8264.com),等等。

三、SNS 的社会影响力

作为跨越国界、文化的全球性社交网络,SNS 通过网络不断地无限制地扩大自己的交际范围与朋友圈,完全突破传统社会的通过熟人介绍结交新朋友的模式,也即改变了"熟人的熟人"成为自己新朋友的传统。所以,SNS 不仅使个体能够通过网络建立一个比现实社会更强大的社会关系网,而且使人与人之间的人际传播借助于突破区域与时间的限制,还有 SNS 由于普遍坚持娱乐性,在某种程度上消耗社会公众的大量宝贵时间,同时使得网民的思维趋于浅层化。此外,SNS 往往也是人群密集聚居之地,所以常常也是话题交流和传播的中心区,加上网络的快速传播和匿名性,因此 SNS 经常也是各种流言传播集中的地方,尤其是聚集网民众多的大型 SNS 更是如此,如美国的 Facebook 稳定活跃用户近 10 亿,不仅会左右社会的舆论甚至会影响社会的稳定。

四、SNS 的使用与管理

在 SNS 平台系统中,我们可以创建个人的社交网络,并科学管理自己的社会关系圈;可以创建个人的网站;可以创建个人的网络电台;可以邀请朋友和拜访者一起卡拉 OK、DJ 等;可以收看网络电视;可以创建个人的商店;可以进行社交游戏;可以使用 SNS 来做网络里的个人 DJ;可以拥有不同于传统电子邮箱模式的电子邮件;可以在 SNS 中的三维空间里的"星巴克"店中进行聊天,等等。

SNS网站都是纯商业运营的网站,所以 SNS 网站的管理和经营是非常重要的环节。但是,目前从总体上看,国际国内各种各样的 SNS 网站非常多,但是普遍存在模仿跟风盛行,个性化创新不足等问题;同时 SNS 网站也主要通过网络广告、会员费、虚拟物品的销售等来创收,但盈利不足,经营创收的模式不尽合理。所以对于 SNS 网站的管理和经营中最重要的是在全面做好社交多方面服务的基础上,尽力开拓广告市场,探索会员收费及其他相关经营创收的新渠道。

思考练习

1. 你经常浏览最多的新闻网站是哪个?说明你的理由。
2. 你平时登录和使用最频繁的门户网站是哪个?解释你的理由。
3. 你平时喜欢去视频网站看电影、电视剧或搞笑的"无厘头"吗?若是,那你的首选视频网站是哪个?说说你的理由。
4. 在百度与谷歌两大搜索引擎网站中,你最常使用的是哪个?说明你的理由。
5. 你在 SNS 上注册交友过吗?若是,一般会选择哪个 SNS 网站?理由是什么?

第六章 网络新媒体(二)

西祠胡同:中国第一家 BBS 网站

　　1998 年初春,青年教师刘琥和陈辉民利用业余时间,在家开发出西祠胡同的原型,并在 1998 年 4 月 14 日正式开站,成为国内第一家 BBS 网站,名扬全国。1998 年 4 月 29 日,一个名叫 quake 的作者发了居委会第一帖。2000 年 2 月 11 日,西祠遭遇了一次数据库大地震,最终,西祠三天的数据无法修复,永远丢失。2000 年 2 月 22 日,e 龙收购西祠胡同,并发表 e 龙西祠首次公告。2001 年 10 月 12 日,中央电视台报道在西祠发生的"网络首例侵权官司",西祠因此成为全国媒体关注的焦点。2003 年 1 月 1 日,西祠推出 VIP 增值服务,成为国内首个收费的大型 BBS。2003 年 12 月,西祠胡同入围《新周刊》评选的新锐媒体。

　　但是西祠胡同并非传统意义上的社区网站,自创立初期,西祠即首创"自由开版、自主管理"的开放式运营模式,即站方管理和维护社区平台及分类目录,用户自行创建讨论版、自行管理、自行发展,自由发表信息、沟通交流。这种开放模式不仅体现了互联网的自由和自律精神,且快捷、便利、易于掌握,因此深得用户好评。至今西祠用户已自建讨论版超过 80 万个,注册用户 3000 万,已成为华语地区第一个大型的综合性社区网站,经过多年积累和发展,现已发展成为最重要的华人社区门户网站。西祠用户遍布全国及境外,积累了不同地区、各年龄层次、各种行业、不同兴趣爱好的大量忠实网友,用户群横跨学生、都市白领、记者、编辑、作家、艺术家、教师、自由职业者、商人、党政机关工作人员、公司高层人士、退休老人等。

学习要点：
1. 了解虚拟社区并学会注册使用虚拟社区理性发表自己的观点
2. 了解即时通讯并学会注册使用即时通讯来与朋友交流信息
3. 了解 RSS 并学会使用 RSS 来订阅或浏览网络资讯
4. 了解博客、微博与轻博客并学会注册使用
5. 了解播客并学会使用播客来与网友共享资讯与娱乐
6. 了解维客并学会注册使用维客来获取知识与查找资料
7. 了解网络游戏并尝试注册适度地玩一玩网络游戏

第一节 虚拟社区

随着网络的发展，网民们为了逃避现实或私下里谈论现实，于是在网络上寻找了一个区域，在这个区域里网民各自可以自由交流意见和看法，这个网络区域就是虚拟社区。随着聚集的人越来越多，影响力的扩大，虚拟社区也就越来越成为网络不可或缺的重要组成部分，也越来越得到社会的关注与重视。

一、虚拟社区的概念、分类与特征

虚拟社区是网络世界里最常见的网络媒体形式之一，但是对于什么是虚拟社区，学术界观点不一，同时虚拟社区作为网络意见表达与交流的形式有其自身的形态与特点。

（一）虚拟社区的概念

虚拟社区的英文表达是"Virtual Community"，但是关于虚拟社区的定义，学者们观点不一。国外有代表性的定义有：英国社会学家霍华德·瑞格尔德（Howard Rheingold）在其著作《虚拟社区：电子边界的家园》中对虚拟社区作了界定，他的观点是：虚拟社区是指以虚拟身份在网络中创立的由志趣相同的人组成的均衡的公共领域，这一社区是以共享价值和利益为中心，将人群聚

集在线上。① 而约翰·哈格尔三世（John Hagel Ⅲ）与阿瑟·阿姆斯特朗（Arthur G. Armstrong）在《网络利益：通过虚拟社会扩大市场》一书中是这样解释的：虚拟社区是一个供人们围绕着某种兴趣或需求集中进行交流的地方，通过网络以在线的方式来创造社会和商业价值。② 而国内学者一般从社会空间或网络平台的角度来定义虚拟社区。如一些学者给出的定义是：虚拟社区是主题定位明确、居民与社区间有极大的互动性、居民之间频繁交流、社区性质与信息资料相平衡的网上虚拟世界。还有学者的观点是：虚拟社区是网络建设者利用 BBS、邮件列表或新闻组、实时聊天等方式为媒介，为网民提供对话、交流及交往服务的网上环境。

所以，不管怎么定义，虚拟社区的本质就是与现实社区相对的一个网络虚拟世界，在这个世界里，主要借由计算机网络让彼此沟通的人们有了某种程度的认识并分享某种程度的知识和信息，在很大程度上如同对待朋友般彼此关怀，从而所形成的群组。虚拟社区一般包括 BBS、邮件列表或新闻组、在线聊天等功能。

（二）虚拟社区的分类

根据不同的分类标准，虚拟社区可以分为不同的类型。其中根据沟通的实时性，可以分为同步和异步两类：同步虚拟社区如网络联机游戏，异步社区如 BBS 等。根据社区建构的目的来划分，可以分为四类：兴趣社区，如面向古玩艺术品收藏的翰龙雅集社区、面向户外活动和自助旅行的磨房网等；交易社区，如阿里巴巴等；关系社区，如人人网、占座网等；幻想社区，如角色扮演的网络游戏等。此外，根据网民进入社区的受限制程度来划分，可以分为三类：严格限制非注册网民的虚拟社区，如校友录、企业 TM 群等；部分限制非注册网民的虚拟社区，如 BBS、博客等；不做任何限制非注册网民的虚拟社区，如百度贴吧、各种聊天室及部分 BBS 等。

（三）虚拟社区的特征

虚拟社区作为网络社区，具有虚拟性、匿名性、非地域性、非时间性、开放

---

① （英）戴维·冈特利特. 网络研究——数字化时代媒介研究的重新定向. 彭兰译. 北京：新华出版社，2004：23.

② （美）哈格尔三世，阿姆斯特朗. 网络利益：通过虚拟社会扩大市场. 王国瑞译. 北京：新华出版社，1998：72.

自由性、自发性等基本特点。在此基础上,形成虚拟社区传播模式的固有特点,主要有:一是属于人际传播、群体传播、组织传播、大众传播等多种传播类型的集合体;二是一对一或一对多的散布型网状传播模式;三是拥有斑竹(版主)作为把关人;四是成员身份的隐匿性。

二、虚拟社区的起源与发展历程

现代意义上的虚拟社区形成的基础是BBS。1978年,在芝加哥地区的计算机交流会上,克里森(Krison)和罗斯(Russ Lane)一见如故,因此两人经常在各方面进行合作。但两个人并不住在一起,电话只能进行语言的交流,有些问题通过语言是很难表达清楚的。因此,他们就借助于当时刚上市的调制解调器(Modem)将他们家里的两台苹果Ⅱ通过电话线连接在一起,实现了世界上的第一个BBS。这就是原始的BBS的雏形。

1984年,Brand和Brillant创建了世界上第一个虚拟社区——The Well。这是一个拨号虚拟社区,用户通过拨号登录到论坛、讨论组等,首次实现了"虚拟邻里关系"的交互讨论和协商。1990年,The Well引进Cyberspace的名称,并成为最著名的虚拟社区之一。

国内最早的BBS站点是1991年创建的北京长城站,当时用户的访问量每天只有十几人。1994年国内第一个真正意义上的网络BBS站——曙光BBS站开通。1998年以后,国内虚拟社区大规模出现,如1998年3月以讨论班组群为主导的大型个人社区——西祠胡同创办;1999年3月,综合性社区论坛网——天涯社区创办;1999年6月,以聊天室为核心的"全球华人虚拟社区"ChinaRen问世。2000年后,国内不仅有天涯社区、西祠胡同、西陆社区、猫扑等综合性虚拟社区,还有豆瓣、土豆、磨房、铁血军事社区等专业性虚拟社区。

2007年3D虚拟社区红遍全球,所谓3D虚拟社区,就是采用互联网技术、三维数字技术、游戏引擎技术、即时通信技术等手段创造出来的,具有与现实生活相似或部分相似的,用户可以进行虚拟活动的空间。① 如2007年红遍全球的Second Life,国内的由我世界(uWorld)、海皮士(HiPiHi)、创想王国(Novoking)等。

---

① 3D虚拟世界开启互联网全新时代. http://news.csdn.net/n/20081024/120240.html.

三、虚拟社区的社会影响力

由于虚拟社区不仅为注册成员社区通信、聊天服务,还可以张贴讨论、投票表决,虚拟社区不仅为人们提供了一个分享信息、扩大交往的新型生活环境,也为民意的形成和表达开辟了新的渠道,同时也为人们提供了生活、娱乐、教育等多方面的服务。因此,虚拟社区往往成为民众发声、申冤、抗议、维权、投诉的集中地,如国内2003年的"广州孙志刚案"、"黑龙江宝马案"、"重庆钉子户事件"、"山西'黑砖窑'事件"、"华南虎照片案"、"杭州飙车案"、"罗彩霞冒名顶替案"、"躲猫猫"事件、"宜黄拆迁案"、"钱运会案"等,都因为有虚拟社区的参与讨论,在社会上造成重大影响,从而改变了事件的进程。另一方面,虚拟社区也经常成为民众狂欢的"乐园",甚至成了一些急于成名的"网络红人"的必争之地和表演的舞台,如"芙蓉姐姐"、"木子美"、"凤姐"等"网络红人"就是在虚拟社区中产生的,这对现实社会的主流价值观、道德标准、主流文化都造成诸多负面影响。

四、虚拟社区的管理

虚拟社区不仅要在法律与道德范围内把好关,强化自身的内容建设,同时又要充分发挥虚拟社区对社会民主、进步的积极推动作用,还要充分重视虚拟社区自身的经营管理。因为只有做好了经营管理,作为商业化生存的虚拟社区才能得以继续存在与发展。就目前来看,虚拟社区不仅可以大力做足做深虚拟社区广告的经营,也可以通过内容服务、交易等服务项目创收,还可以探索会员制扩大财源渠道。其中在虚拟社区广告的经营方面,既可以不断开拓、营销网络旗帜广告、网络弹出广告、视频广告、网络链接广告,甚至可以对成员发布的广告性内容进行适当收费。这不仅有利于创收,也有利于净化论坛空间,还可以满足论坛成员买卖的信息需求。而在服务方面,既可以为社会调查、研究、决策部门、企业与个体提供有关内容数据的有偿服务,也可以通过网购等电子商务、网络微支付或为有关企业提供服务进行合作经营等方式开拓创收渠道。

第二节 即时通信

随着全球互联网的普及,世界确实成为一个小小的"地球村"了。全球网民不仅实现了"千里有缘一线(即一根网线)牵"的社交,而且还可以通过网络实现点对点的异地即时互动交流与沟通,沟通的形式既可以是文字、语音,也可以是视频等,网络上这种面对面的即时传播就是常见的即时通讯。

一、即时通信的概念、分类与特征

网络即时通讯作为一种同步通信,由于其自身的优势,所以很快就受到网民的欢迎,并迅速得到普及运用。在即时通讯广泛运用的过程中,也出现了多种具体形式。

(一)即时通讯的概念

即时通讯的英文表达是 Instant Messaging,简称 IM,是指在互联网或移动通信平台上,允许两人或多人低成本地使用网络即时地传递文字、讯息、档案、语音与视频,实现直接联系、实时同步交流的综合性高效率的网络通信工具。即时通讯极大地扩展了人际传播与交流的时空距离,并且已经成为人们在互联网上交流沟通的主要方式之一。目前在互联网上普遍受欢迎的即时通讯有腾讯微信、MSN、QQ、Google Talk、Yahoo Messenger、NET Messenger Service、Jabber、ICQ、百度 Hi、LetsTalk、巴别塔企业通、清扬即时通讯、阿里旺旺贸易通等。

(二)即时通讯的分类

根据即时通讯使用主体的不同,可以分为以下类型:

1. 个人即时通讯

主要是以个人(自然人)用户使用为主,方便网民聊天、交友与娱乐,开放会员资料,且不以营利为目的。如腾讯微信、QQ、雅虎通、网易 POPO、YY 语音、IS、新浪 UC、百度 HI、盛大圈圈、移动飞信、LAHOO(乐虎)、LASIN(乐信)、FastMsg 等。此类软件,以网站为辅、软件为主,免费使用为辅、增值收费为主。

2. 商务即时通讯

即卖家为了寻找客户资源或便于商务联系,以低成本实现商务交流或工作交流。尤其以中小企业、个人实现买卖或外企跨地域工作交流为主。如企业平台网的聚友中国、阿里旺旺贸易通、阿里旺旺淘宝版、惠聪 TM、QQ 拍拍网、MSN、SKYPE。

3. 企业即时通讯

即以企业内部办公为主,建立员工交流的平台,减少运营成本,促进企业办公效率的提升,主要用于政府、企业和其他单位。如腾讯 RTX、微软 Microsoft Lync、IBM Lotus Sametime、互联网办公室、IMO、中国移动、企业飞信、通软联合、GoCom、FastMsg 等。

4. 行业即时通讯

主要局限于某些行业或领域使用的即时通讯软件,一般不为大众所熟悉。如主要在游戏圈内小范围使用的盛大圈圈。也包括行业网站所推出的即时通讯软件,如化工网或类似网站推出的即时通讯软件。

除了按照使用主体分类的以上四种类别以外,还有网页即时通讯和泛即时通讯。网页即时通讯,即在社区、论坛和普通网页中加入即时聊天功能,用户进入网站后可以通过右下角的聊天窗口跟同时访问网站的用户进行即时交流,从而提高了网站用户的活跃度、访问时间、用户黏度。而泛即时通讯,则是一些软件带有即时通讯软件的基本功能,但以其他使用为主,如视频会议。

此外即时通讯如果按使用用途可以分为企业即时通讯和网站即时通讯,如果根据装载的对象又可以分为手机即时通讯和 PC 即时通讯,手机即时通讯的代表是短信、微信,网站、视频即时通讯如:YY 语音、QQ、MSN、百度 HI、微信等。

(三)即时通讯的特征

即时通讯作为实时传播信息的通信工具,具有以下几个明显的特点:

1. 沟通的实时同步

顾名思义,即时通讯最大的特点就在于即时,也就是说,无论两者之间的地面距离有多远,信息的传递都可以在线实时同步,几乎感觉不到时间差。如果好友或群成员在线,双方可以进行实时的同步文本信息、音频信息、视频信息交流。如果好友或群成员不在线,用户发送的文字、图像、数据等将会自动保存在系统服务器当中,待好友或群成员上线后还可以进行异步传播。这也是网民们一直以来对即时通讯持续广泛使用的原因之一。

2. 传播的交互性

即时通讯是虚拟的面对面的人际传播,用户与在线好友或群成员之间传递文字、语音、视频、文件等信息,接收方也马上做出回应,一来一往,双方之间整个信息的交流是双向的、互动的,而非单向的信息传递。虽然是虚拟的面对面的交流,却有现实面对面交流的效果。

3. 符号的多样化

即时通讯传播所使用的符号特别多,从最初的文字聊天,到现在的不仅有文字聊天,而且可以传输文件、数据、图片、图像,甚至还有语音、视频聊天。除此之外,即时通信工具中还加入了表情符号、网络语言等新兴的网络符号系统,使整个交流的符号多样化,也更生动活泼。

二、即时通信的起源与发展历程

即时通讯最早出现在美国麻省理工学院 1963 年的通用分时操作系统之一——CTSS(Compatible Time Sharing System)兼容分时系统中。虽然当时主要用于通知服务,但很快就被用于登录到同一台计算机的用户进行沟通交流。

即时通讯的发展经历了以下几个过程:Party Line 时期。也就是作为电话会议的替代品。1971 年,默里·特沃夫(Murray Turoff)为紧急情况下的办公室(Office Emergency Prepardeness)开发了"紧急情况信息管理系统及参考索引"(Emergency Management Information System And Reference Index,简称 EMISARI),以满足政府在紧急状况下进行快速通信和控制的需要。即时通讯就是其中的一种功能,它是处于各地的用户通过一条电话线登录到一台电脑上,相互之间可以方便快速地进行信息交流。同时,用户还可以通过与网络连接的电传打字机查看聊天的文字内容。EMISARI 的即时通讯是为了代替电话会议,所以被称为 Party Line。

为公众熟悉时期(20 世纪 80—90 年代)。1988 年,美国在线(America On-Line,简称 AOL)公司开发了 AOL Instant Messenger(America Online IM)即时通讯软件,并在其浏览器上嵌入 IM 服务,使得 IM 第一次大规模亮相。在此基础上,还为用户设计了个性化的好友名单(Buddy List),用户可以将其他用户的 ID 加入到好友名单中,还可以知道名单上的好友是否在线,方便确定聊天对象。

成熟阶段(20 世纪 90 年代及以后)。20 世纪 90 年代中期,随着基于 GUI(Graphical User Interface,图形使用者界面)的通信客户端获得巨大发展,支持群体对话的互联网中介聊天系统得以出现。ICQ(I Seek You)是最早应用 GUI 的即时通信软件。那时名叫高德芬格、瓦迪、维斯格、Amnon Aimr 的 4 个以色列青年在使用因特网时,深感实时和朋友联络十分不便,于是于 1996 年 7 月在 Internet 上建立了一个实时的联络方式——ICQ(I Seek You),并成立了 Mirabilis 公司。1998 年当 ICQ 的注册用户达到 1 200 万时,被 AOL 看中,以 2.87 亿美元的天价收购。目前 ICQ 有 1 亿多用户,主要市场在美洲和欧洲。目前全球公认的三大即时通讯是雅虎通、MSN、AOL Instant Messenger。国内有腾讯微信、QQ、网易 POPO、YY 语音、IS、新浪 UC 等。

三、即时通信的使用与管理

即时通讯不仅可以用于对联系人的管理、文字交流、语音交流,还可以用于视频交流、文件传输、网络视频会议,甚至可以群聊、短信群发。此外,即时通讯还是电子商务、工作、学习等交流的平台。所以,霍华德·莱茵戈德(Howard Rheingold)在其《聪明行动族》(*Smart Mobs*)一书中认为,即时信息成为一个自我组织的资讯系统,可供个人和小团体互通重要新闻。并举例说明菲律宾的公民如何运用 SMS 进行组织并推翻腐化的政府。①

为了提高即时通讯的效率与即时通讯企业自身的生存发展,重视对即时通讯的经营管理是理所当然的事情。就目前及今后的发展来看,即时通讯特别要在互联互通、增值服务、娱乐服务、信息个性化处理、营销平台等方面做更多的探索与实践。同时也可以开拓即时通信的广告服务、网络电子商务、网络微支付,如腾讯微信既可以提供广告平台,也提供微支付服务,从而拓宽即时通信网络公司的经济来源。

---

① (美)丹·吉摩尔. 草根媒体. 陈建勋译. 南京:南京大学出版社,2010:26.

第三节 RSS

RSS 作为 Web2.0 时代的一项支撑性技术，自 2004 年以来，逐渐从技术领域扩散到新闻传媒、企业知识管理等领域，并且各大网站也纷纷提供 RSS 服务。所以，RSS 已经不仅仅是一种信息聚合标准或媒体内容流通技术，而且是一种新的网络资讯传播方式。

一、RSS 的概念、类型与特征

RSS 既是网络媒体内容流通技术，又是一种新的网络传播方式，所以，作为技术有其特别的作用，作为网络传播方式也有其明显的特点。

（一）RSS 的概念

RSS 是 Really Simple Syndication 或 RDF（Resource Description Framework）Site Summary 或 Rich Site Summary 的缩写，中文称做"简易信息聚合"，也叫"聚合内容"或"真正简单的内容聚合"。作为描述同步网站内容的格式，它是一种基于 XML 标准的 Syndication 技术和在互联网上被广泛采用的内容包装和投递协议。但由于不同的组织对于 RSS 技术的标准不一，RSS 至今还没有一个统一的定义，也没有非常贴切的中文概念。

其中 UserLand 的观点是：RSS 是"Really Simple Syndication"，即真正的简单联合或简易供给。而 RSS1.0 阵营的看法则是：RSS 是"RDF（Resource Description Framework）Site Summary"，即 RDF 站点摘要或"Rich Site Summary"，即丰富站点摘要。但其实这三个解释都是指同一种 Syndication 的技术。RSS 目前广泛用于网上新闻频道，Blog 和 Wiki，主要的版本有 0.91、1.0、2.0。使用 RSS 订阅能更快地获取信息，网站提供 RSS 输出，有利于让用户获取网站内容的最新更新。同时网络用户可以在客户端借助于支持 RSS 的聚合工具软件，在不打开网站内容页面的情况下阅读支持 RSS 输出的网站内容。

（二）RSS 的应用类型及 RSS 阅读器的种类

虽然关于 RSS 应用的划分还没有一致的看法，但综合起来看，RSS 的应用主要可以分为：RSS 阅读器，包括在线阅读器和客户端阅读器；RSS 内容聚合网站，即提供 RSS Feeds 订阅的各类网站；RSS 延伸服务，主要包括 RSS 搜索引擎、RSS 托管服务、RSS 广告、RSS 邮件服务、RSS 生成器和 RSS 验证器。

其中，RSS 阅读器又可以分为以下三类：

第一类，大多数阅读器是运行在计算机桌面上的应用程序，通过所订阅网站的新闻供应，可自动、定时地更新新闻标题。在该类阅读器中，有 Awasu、Feed Demon、RSS Reader、新浪点点通和看天下等。

第二类，新闻阅读器通常是内嵌于已在计算机中运行的应用程序中。例如，News Gator 内嵌在微软的 Outlook 中，所订阅的新闻标题位于 Outlook 的收件箱文件夹中。另外，Pluck 内嵌在 Internet Explorer 浏览器中。

第三类，则是在线的 WEB RSS 阅读器，其优势在于不需要安装任何软件就可以获得 RSS 阅读的便利，并且可以保存阅读状态，推荐和收藏自己感兴趣的文章。提供此类服务的有两类网站，一种是专门提供 RSS 阅读器的网站，例如国外的 Google Reader，国内的鲜果、抓虾等；另一种是提供个性化首页的网站，例如国外的 Netvibes、Pageflakes，国内的雅蛙、阔地等。

（三）RSS 的特征

RSS 通过 XML 标准定制内容的包装和发布格式，使信息的发布实时、高效、安全、低成本，同时给内容接收者提供了崭新的阅读体验。并且在技术上明显的特征表现为来源多样的个性化聚合；及时更新、低成本的信息发布；过滤净化的内容管理。同时在传播上明显的特点就是传播内容的索引化，传播方式的去中心化（也即不受网站传播的主导与控制），海量信息的简单聚合。

图 6-1

二、RSS 的起源与发展历程

RSS 使用的思想最早要追溯到 Ramanathan V. Guha 和苹果电脑公司高级技术组的其他人员于 1995 年开发的测试内容框架（Meta Content Framework）。1996 年，美国 Point Cast 公司也曾经开发过类似 RSS 的一套系统，目的是向计算机终端传输经过用户个性化定制的新闻，但是没有包括新闻全文，只是以标题为主。

但是作为真正意义上的 RSS 技术，关于其来源有两种不同的说法：一是 1997 年微软公司推出的"推（Push）技术"；二是 1999 年网景公司设计的描述新闻频道的语言。从技术层面看，网景公司 1999 年推出的 RSS 是在"推技术"基础上开发而成的，所以，微软公司 1997 年的"推技术"应该是 RSS 的起源。

RSS 的三个技术标准：

一是 User Land 公司的"Really Simple Syndication"。2001 年，RSS 技术标准的发展工作被著名的 Blogger/Geek 戴夫·温那（Dave Winner）的公司 User Land 所接手，继续开发新的版本，以适应新的网络应用需要。新的网络应用就是 Blog，经过戴夫·温那的努力，RSS 升级到了 0.91 版本，然后达到了 0.92 版本，随后在各种 Blog 工具中得到了应用，并被众多的专业新闻站点所支持。后来，戴夫·温那却在 2002 年 9 月独自把 RSS 升级到了 2.0 版本，其中的定义完全是全新的模式，并没有任何 RSS 1.0 的影子。

二是联合小组的"RDF Site Summary"。为了把 RSS 发展成为一个通用的规范，并进一步标准化，一个联合小组根据 W3C 新一代的语义网技术 RDF 对 RSS 进行了重新定义，发布了 RSS 1.0，并把 RSS 定义为"RDF Site Summary"。但是，在进行这项工作时并没有与戴夫·温那进行有效的沟通，因此戴夫则坚持在自己设想的方向上进一步开发 RSS 的后续版本，也并不承认 RSS 1.0 的有效性。一直到今天，RSS 1.0 还没有成为标准化组织的真正标准。

三是 www.blogger.com 的"Atom"。2004 年，著名的搜索引擎公司 Google 收购了美国大型的博客服务网站 www.blogger.com，这个网站一直采用的一种近似于 RSS 的技术衍生版 Atom 也成为 RSS 的又一标准。

RSS 可以分成 RSS 0.9x/2.0、RSS 1.0、Atom 0.3 三个技术标准（见表 6-1）。

表 6-1 RSS 技术标准开发拥有者

RSS 技术标准	开发拥有者
RSS 0.9x/2.0	User Land 公司
RSS 1.0	RSS-DEV Working Group
Atom 0.3	Google 公司下属的 www.blogger.com 公司

后来 RSS 逐渐应用到网站、新闻出版、企业管理、电子商务等领域。其中包括 IBM 公司、雅虎中文、微软 MSDN 等都采用 RSS。尤其新闻领域更是广泛使用，美国的《纽约时报》《华尔街日报》《华盛顿邮报》和英国路透社都积极推出 RSS 服务。

在国内，"博客中国"于 2004 年 3 月首次推出 RSS 新闻服务，成为国内首家提供 RSS 服务的网站。随后新华网、Google 中文、百度、新浪等相继推出 RSS 服务。此外还有一些新兴的 RSS 在线阅读网站，如狗狗、抓虾、鲜果等。

三、RSS 的社会影响

由于 RSS 不仅仅是一种信息聚合标准或媒体内容流通技术，还是一种新的网络资讯传播方式，所以 RSS 的广泛普及与使用必然造成深刻的社会影响。具体而言，在网络新闻信息生产与消费方面，RSS 颠覆了网络传统的"拷贝＋粘贴"的生产模式，而是由 RSS 聚合浏览；RSS 也改变了网络信息的消费方式，由用户自己通过 RSS 定制，而不再是强推。在网络传播方式上，改变了网民的阅读习惯，使网民的阅读浏览方式由以前的强推改为自由个性化定制 RSS，从而方便了网民对网络海量信息的筛选与过滤。在整个网络媒体领域引起了浏览的革命，尤其对传统门户网站的流量、盈利模式及其竞争力都有明显的冲击与影响。

第四节 博客、微博与轻博客

博客是继 E-mail、BBS、ICQ 之后出现的第四种网络交流方式。这种网络交流方式既为个体提供了信息生产、存储、共享与传播的私密空间，又具有面向私密性、面向公众的开放性传播形式。所以博客又被称为"自媒体（We Media）"或

"个人媒体"。① 尤其随着博客简化成微博、轻博客出现以后,博客、微博与轻博客以其特有的方式改变着网民的信息生活,改变着媒体的信息传播模式。

一、博客

博客虽然出现已久并不断发展,甚至已经广为人知,但是人们关于博客的定义、起源与发展历程等基本问题却未必清楚。

(一)博客的概念、分类与特征

博客作为一种新的网络交流方式,其概念有多种观点,同时也表现出多种类型,呈现出其自身特有的特点。

1. 博客的定义

博客的英文表达是 Blog(Weblog)或 Blogger,又译为网络日志、部落格或部落阁等。就其字面意义上来说,"博客"有两层含义:一是 Blogger,指拥有或者写作博客的人,是网络"客"的又一新成员;二是 Blog 或 Weblog,原本是"航海日志",后来泛指各种流水账,所以,博客又是由个人或特定组织经常更新的简短网络帖子所构成的网络日志。

但是,具体涉及博客的定义则有上百种,其中有代表性的为博客技术先驱、Twitter 创始人埃文·威廉姆斯的观点:博客的概念主要体现在频繁更新(Frequency)、简洁明了(Brevity)和个性化(Personality)三个方面。② 还有美国硅谷著名 IT 博客专栏作家丹·吉摩尔(Dan Gilmer)的看法是:博客代表着"新闻媒体 3.0";如果旧媒体(Old Media)或传统媒体是 1.0,新媒体(New Media)或者跨媒体是 2.0 的话,那么以 Blog 为趋势的个人媒体(We Media)或自媒体就是 3.0。③

无论怎么界定,博客的内涵是个人或特定组织借助于网络作为载体,以文字、图片的形式,简易、迅速、便捷地记录自己的生活和表达自己的思想,以网络链接和 RSS 订阅传播,内容按时间顺序排列,并及时更新的网络日志。

2. 博客的分类

根据不同的划分标准,博客可以分为不同的类型。如果按照博客的存在

---

① 方兴东,王俊秀.博客——e 时代的盗火者.北京:中国方正出版社,2003:36.
② (美)斯蒂夫·琼斯.新媒体百科全书.熊澄宇,范红译.北京:清华大学出版社,2007:31.
③ (美)斯蒂夫·琼斯.新媒体百科全书.熊澄宇,范红译.北京:清华大学出版社,2007:31.

形式来划分,可以分为三类:一是托管博客,即无须自己注册域名、租用空间和编制网页,只要去免费注册申请即可拥有自己的 Blog 空间,是最"多、快、好、省"的方式;二是独立博客,一般指采用独立域名和网络主机的博客,即在空间、域名和内容上相对独立的博客。独立博客相当于一个独立的网站,而且不附属于任何其他网站。三是附属博客,即将自己的 Blog 作为某一个网站的一部分,如一个栏目、一个频道或者一个地址。

如果按照内容和社会功能来划分,博客从私人空间的个人互动到公共空间的社会互动可以分为三类:一是草根博客,即以普通大众为代表的草根阶层所开设的博客;二是名人博客,即社会知名人士,如娱乐界、政界等明星、名人开设的博客,因其高知名度而备受关注,所以名人博客始终都不是私人空间的交流产物;三是公关博客,指代表政治或经济集团的个人所开设的博客,目的是加强集团与社会公众的互动与交流,主要有企业博客与政府博客两种形式。

如果按照内容来源分类,可以分为新闻博客、个人日记博客及网络写作博客三类;如果按照格式载体分类,可以分为文本博客、图片博客、音频博客、视频博客四类;如果按照终端形式分类,可以分为普通博客和移动博客两类;如果按照网站形态分类,可以分为博客门户、门户博客、社区博客、个人网站博客四类;如果按照 BSP 收费分类,可以分为免费、收费或部分免费部分收费三类;如果按照博客的层次分类,可以分为草根博客、精英博客及综合博客三类。

3. 博客的特征

博客作为一种新的网络交流方式,最明显的特点就是私密性与共享性的结合,即时性与互动性的统一。具体而言,私密性与共享性的结合,主要表现为:一方面博客作为个人网络日志,是记载个人生活、见闻、心情、思想等具有私密性的内容,一般不愿为他人所知,也往往不会对外人开放,但是如今的博客却是建立在具有公共性的网络平台上,无论相识的还是陌生的,除非个人认为不可以对外开放的内容,所以大多数博客都会开放大部分内容。博客的私人空间与公共空间的结合也就决定其必然有私密性与共享性的结合。而即时性与互动性的统一,则主要表现为:作为网络日志,必须及时更新,一般以日为单位,同时因为开放,所以肯定有网友来访、留言评论,那么作为博主理所当然要解释与回复,这样的话,一来一往,来来往往,频繁互动交流。

(二) 博客的起源与发展

博客的发源地在美国。《纽约时报》的大卫·格拉格曾这样描述博客的诞生:"大约五年前,一些程序员尝试在网上推出超链接形式的日记,张贴他们自己在技术层面的思考心得与个人生活方面的休闲内容。当这种行为引起人们的广泛关注后,他们为那些喜欢这种张贴方式但对技术一窍不通的人开发了博客网站的维护工具,由此,博客在非技术人员中也开始流行起来。"[1]

在博客概念尚未提出时,博客实际上已经存在,早在20世纪90年代中期,通过超链接在线储存信息的方法已经存在,诸如Links from、Underground、What's New等网站,它们就像一个链接的公告栏,内容从最初的互联网计算机技术发展到新闻、旅游,甚至烹调等生活信息。

UserLand公司CEO戴夫·温那在1997年运作的Scripting News(www.Scripting.com)开始真正具备博客的基本重要特性,并且他将这些功能集成到免费软件"Frontier脚本环境"。但从形式上说,Jorn Barger于1997年12月运行的"Robot Wisdom Weblog"[2]第一次使用Weblog这个正式的名字,因此,他被认为是博客的真正命名者。

而将Blogger软件真正发布于互联网的是Pyra Labs公司。三个创始人起初开发了一个小软件,尝试在网上推出超链接形式的日记,张贴他们自己的生活日志。1999年8月,它们把这款Blogger软件在网上免费发布,并在此基础上创建与发展成为著名的博客网站www.blogger.com。

从此以后,随着社会精英博客的迅速增加,大众草根博客也在全球逐渐盛行,并成为最活跃的网络交流方式之一。根据世界上最大的博客搜索引擎Technorati发布的博客调查报告显示,截至2008年8月,全球有1亿8 400万人写博客,其中美国有2 640万人,有3亿4 600万人阅读博客,其中美国有6 030万人,77%的Internet活跃用户阅读博客。[3]

2000年,方兴东将博客引入国内,并建立博客托管商业网站"博客中国"(后来改为"博客网"),由此拉开了中国博客时代的序幕。但是真正让博客进入国内大众视野的则是2004年的"木子美"事件与网络"反黄"大战,从此以后中国博客用户数量飞速增加。根据《中国互联网发展报告》的数据显示,截至2008年12月底,中国博客用户规模达到1.62亿,目前中国博客用户已突破2亿。

目前,国内优秀的中文博客网有:新浪博客、搜狐博客、博客网、腾讯博客等。

---

① 小光. 黑客闪客之后,博客崛起. 管理与财富,2002(12):40-41.
② http://www.robotwidom.com/netlit/index.html.
③ http://www.technorati.com/blogging/state-of-the-blogosphere.

二、微博

微博虽然出现不久并不断发展,甚至已经广为所用,但是关于微博的定义则仍然没有达成一致的意见,同时微博在形态上也表现为多种类型,呈现出明显的特点。

(一) 微博的概念、分类与特征

微博虽然是博客的简化版,但是却又有自己固有的特点与类型。

1. 微博的定义

微博,其英文表达是"Micro Blogging",即微博客的简称。一般认为,是一个基于用户关系的信息分享、传播以及获取平台,用户可以通过 WEB、WAP 以及各种客户端组建个人社区,以 140 字左右的文字更新信息,并实现即时分享。如 Twitter、新浪微博、随心微博、Follow5、网易微博、搜狐微博、腾讯微博、叽歪等。

2. 微博的分类

根据不同的分类标准,微博可以分为不同的类型。与博客类似,按照微博的存在方式分类,可以分为托管微博、独立微博、附属微博。按照托管服务的服务供应商分类,可以分为两类:一是专门微博服务网站供应商,如饭否网、嘀咕网等;二是传统门户网站微博服务供应商,如新浪、网易、搜狐等。按照博主的社会阶层分类,可以分为草根微博与精英微博。

3. 微博的特征

与博客的特征相比,微博的特别之处有:一是信息发布方式简化,普通民众都可以随时随地在网上、手机上随手书写随手发出,简单、随意,而不需要复杂的条件、过程与技术。二是跨媒体,微博信息可以在手机短信、彩信、即时通信工具(如 QQ、MSN、ICQ、Gtalk 等)、E-mail 网站、WAP 网站等多种媒体中发出并且可以在各媒体之间无障碍地传播。三是传播速度快、范围广,微博凭借网络、移动通讯平台可以非常迅速地在手机短信、彩信、即时通信工具(如 QQ、MSN、ICQ、Gtalk 等)、E-mail 网站、WAP 网站等多种媒体所覆盖的范围内传播。这也正是微博能在社会上产生重大影响的原因所在。

（二）微博的起源与发展历程

2006年3月，博客技术先驱Blogger创始人埃文·威廉姆斯（Evan Williams）创建了新兴公司Obvious，该公司推出了微博服务。在最初阶段，这项服务只是用于向好友的手机发送文本信息。2006年底，Obvious公司改进了服务，用户不再需要将手机号码输入到系统中，就可以通过个性化网站Twitter的即时信息服务发送和接收信息。

Twitter作为一个社交网络及微博客服务网站，注册用户可以经由SMS、即时通信、电子邮件、Twitter网站或Twitter客户端软件（如Twitterrific）输入最多140字的文字更新，该用户的关注者（Followers）不但可以实时接收其更新的消息，还可以对此消息发表评论。Twitter英文原意为小鸟的叽叽喳喳声，公司因此选择Twitter为网站的名字。Twitter的出现把世人的眼光引入了一个叫微博的小小世界里。Twitter被Alexa网页流量统计评定为最受欢迎的50个网络应用之一。它于2007年在得克萨斯州奥斯汀举办的南非西南会议上赢得了部落格类的网站奖。目前Twitter已成为继Myspace和Facebook这些热门网站之后的第三大社交网站，截至2010年4月中旬，Twitter的全球注册用户已超过1亿。

2007年5月，人人网创始人王兴创建中国第一个微博网站——饭否网。此后还有叽歪网和嘀咕网，但在2009年上半年全部都关闭了，至今只有个别网站重新开放。2009年，同学网、Follow5、贫嘴网等微博网站相继出现，仍然是模仿Twitter。直到2009年8月14日，新浪推出"新浪微博"内测版，成为国内门户网站中第一家提供微博服务的网站。2010年，微博出现了井喷式的发展，搜狐、腾讯、网易、凤凰网、新华网、人民网、和讯财经等推出微博服务，国内微博服务商达到20多个。还有其他的微博网站如随心微博、同学网、嘀咕、做啥、雷猴、品品米、Myspace聚友网、9911等十多家。至今，新浪微博用户数超过1亿。

三、轻博客

轻博客作为介于博客与微博之间的一种网络服务，不仅具有博客的基本功能，也同时具有微博的优势特点，所以很快得到社会精英阶层的青睐与喜欢。

（一）轻博客的概念与分类

轻博客虽然是博客的简化版，但是也有自身的性质与形态类型。

1. 轻博客的概念

轻博的英文表达是"Light Blogging"，又称轻博客，是介于博客与微博之间的一种网络服务，是用户提供现成内容、表达自己的平台，兼具博客的表达力、专业性与微博的社交传播力。博客是倾向于表达的，微博更倾向于社交和传播，轻博客则吸收了双方的优势，它既不同于微博，也不同于博客，是一种全新的网络媒体形式。轻博客的概念首先是由点点网（www.diandian.com）提出，它也是目前功能最完整的轻博客社区。

2. 轻博客的分类

根据轻博客的形态可以分为内容类、社交类及其他类轻博客。其中内容类轻博客又包括博客搬家（如点点网）、内容发布（即可以通过文字、图片、链接、视频、音频、引用等形式发布，没有传统的日志、相册、状态等各种功能的细分，所有的内容都会按照时间顺序排列在相应的页面中）与子博（即为每一个账号提供免费创建多个博客的服务，支持投稿和多人共同经营）。

而社交类轻博客则包括关注（即相当于订阅，fellow，可关注博客，也可以关注某一标签）、表态（即喜欢，热度的表现，是激励用户的主要方式）、转载（转载可添加理由）与回应（隐藏在页面细节里）。

其他类轻博客又包括个性化页面（即为每一个博客提供免费的个性化页面，可以使用现成的模板，也可以自己写 CSS① 样式）与标签（标签的用法很多，最基本的就是添加到每篇博文中，最简单的标签就是兴趣的分类，标签可订阅）。

（二）轻博客的起源与发展

轻博客（Light Blogging）的出现源自微博客（Micro Blogging）及其丰富的应用程序。2006 年，博客技术先驱 Blogger 创始人埃文·威廉姆斯创建 Twitter 后，2007 年初"轻博客"的雏形初现。最初，轻博客只是微博的另外一种展示形式，但相比微博展示更加简洁、便捷，展示方式更加丰富。除了使用微博的图文视频等富媒体（Rich Media）展示手段，轻博客还保留了"聊天对话

---

① CSS 即 Cascading Style Sheet。

展示"、链接、丰富的版式等博客固有的外在形式,甚至支持自定义CSS(Cascading Style Sheet,即"级联样式表")等附加形式。所以,有人说,微博像是日报,而轻博客更像是一本生活杂志,它们共同的特点是简洁的发布形式。

国外最早的轻博客是大卫·卡普(David Karp)创办的"Tumblr",因此Tumblr的CEO大卫·卡普被称为轻博客始祖。用户在使用它们时,往往只需点击一个按钮,就能便捷地发布他们的"发现",所以这样的服务有时被称为"轻博客"。此外,著名的轻博客服务商还有Posterous、Noovo等,但Tumblr是这一市场中的领头羊。近来Tumblr发展迅猛,但Posterous也不甘示弱。

目前,国内轻博客网站已经有原盛大边锋总裁许朝军创办的点点网,盛大网络轻博客社区"推他网",新浪Qing以及人人网推出的轻博客社区"人人小站",拍旁科技推出的"身旁网",凤凰新媒体推出的"凤凰快博",网易LOFTER、Qing网、维锐网以及"米博"社区等。

四、博客、微博与轻博客的社会影响力

关于博客、微博与轻博客的社会影响力,我们从以下几个重大社会事件中即可明白。

第一件是克林顿性丑闻案的"德拉吉报道",正是博客率先揭露了美国总统克林顿的性丑闻。1998年1月17日深夜,个人博客"德拉吉报道"在其网页上发布了一条令人震惊的消息:"在付印前的最后一分钟,星期六晚上6点,《新闻周刊》杂志抽掉了一条重大新闻。这条新闻注定将动摇华盛顿的地基:一个白宫实习生与美国总统有染。"一夜之间,德拉吉的博客成为全球最火爆的媒体,访问量由900万激增到12 300万。

第二件是2001年的美国"9·11"事件。"9·11"事件发生后,主流传统媒体网站因访问量过大几乎瘫痪,于是博客网站承担了传递最新信息的责任,从目击者的亲笔描述到试图得知亲友状况的请求,成为人们沟通最重要、最及时、最有效的信息传递方式。

第三件是美国参议院多数党前领袖洛特的倒台。2002年12月5日,在退休参议员瑟蒙德百岁生日庆典上,美国参议院多数党前领袖、共和党议员洛特对这位曾经打着支持种族隔离旗帜竞选总统的参议员表示赞扬,称如果他当年当选,美国此后的"所有问题"都不会存在。洛特的这些言论几乎被所有主流媒体忽略,却遭到乔希·马歇尔等博客的穷追不舍,继续猛挖洛特过去在

种族问题上的不慎言论。迫于压力,美国前总统布什在12日公开谴责洛特的言论,12月20日洛特宣布辞职。

而在中国,仅从2011年的7·23动车事故、郭美美、随手拍解救乞讨儿童、李娜夺冠、石门坎公益活动、独立参选、免费午餐、官员直播开房、小悦悦、药家鑫、织里抗税、李某某儿子打人等事件就可以明白微博在国内的影响力有多大,几乎个个都被爆内幕,并影响和改变了事件的进程。

由此可见,博客、微博与轻博客已经不再仅仅是个人的空间,而是新型的"自媒体"的代表,而且博客是"相当民主化的新闻业"。美国纽约大学杰伊·罗森(Jay Rosen)的解释是:"博客靠互惠经济,而今日多数新闻业是靠市场经济。新闻业是专业人士的领域,但博客是业余人士的领域。19世纪中叶以来,新闻业的门槛一直很高,但对博客而言,门槛很低:一台电脑、网络连线以及类似Blogger或Movable Type这样的软件程序就能让你开张。"[1]同时更是与传统媒体一样也是新闻信息的报道者与传播者。实际上,博客与微博的产生与普及不仅拓宽了社会公众的信息来源,也对传统媒体的传统秩序及其公信力产生了冲击,甚至影响了社会话语的议程设置,也有利于社会民主与监督的实现。

五、博客、微博与轻博客的使用与管理

在网络注册开通了博客、微博或轻博客以后,关键是如何管理。对于使用博客、微博与轻博客的用户来说,主要是要激活自己的博客、微博或轻博客,及时更新,同时为了提高自己博客、微博或轻博客的影响力还可以向搜索引擎提交。对于博客、微博与轻博客网络服务供应商来说,就是要在大力吸引博主提高流量与点击率的基础上,努力拓宽收益来源,包括尽力发展网络广告,提升增值服务,做好自我营销、尊重与保护知识产权。

除此以外,就是关于博客、微博的管理是否实行实名制的争议。应该说这原本也不会是争论得这么激烈的问题,因为在世界各国真正实行网络实名制的也很少,而其他国家的博客与微博怎么就很少会给社会带来麻烦与问题呢?这其实还是观念问题,因为博客与微博给社会尤其是给地方政府的工作带来了诸多的不便与被动,所以实名管制微博与博客也就成为理所当然的选择,如果就此而论的话,克林顿总统领导的美国政府绝对应该关闭与禁止所有的博

---

[1] (美)丹·吉摩尔.草根媒体.陈建勋译.南京:南京大学出版社,2010:23.

客,因为德拉吉的博客让他颜面扫地,可是在美国,博客既没有实行实名制,更没有被禁止。相反,我们却忽视了非实名制的好处,如非实名制的博客与微博因为匿名,所以人们敢在博客与微博上揭露社会的假、恶、丑现象,甚至通过举报、投诉来参与反腐败,防止受到当事人或单位的打击与报复。

表6-2 轻博客、博客、微博的比较

比较项	轻博客	博客	微博
内容	文字、图片、视频、链接、音频等	全部支持	文字、图片、音频、链接、视频
关系	单向关注 非公开非对等交流	无	单向关注 公开对等交流
展示	突出富媒体	自定义	缩略富媒体
界面	自定义	自定义	更换背景
用户群	精英、小众	全民、大众	偏低端、大众
时效性	较强	最弱	最强
复杂度	低	高	最低

第五节 播　客

如果说博客改变了文字信息的接收方式的话,那么播客则是颠覆了声像信息的接收方式。作为Web2.0的代表,播客是网络信息时代又一个新的传播渠道,同时为大众传播掀起了一次新的变革。所以有媒体这样评价:播客是继博客之后,在互联网上出现的另一个颠覆性势力,是集合了博客、互联网、视频的集体产物。

一、播客的概念、分类与特征

目前关于播客的定义尚未统一,同时播客作为网络视频"自媒体"也具有自身的特点与不同的表现类型。

（一）播客的概念

播客的英文表达是"Podcast"或"Podcastor"或"Podcasting"，中文译名尚未统一，但最多的是将其翻译为"播客"。还有"爱波""广波""波刻""网播""聚播""随身播""自由播"等。这个词是"iPod"与广播（Broadcasting）的合成词。"iPod"是美国 Apple 公司设计的便携式数字音乐播放器。其中"Podcast"是指与传统广播不同的 iPod 广播，而"Podcastor"是指使用这一传播方式的人，"Podcasting"则是指这一个性化的传播方式。

其中关于播客的定义有代表性的观点是：

第一种是 Podcast 的推动者道格·希尔斯（Doc Searls）给出的定义：Podcasting（即 Personal Optional Digital casting）是自助广播，是全新的广播形式。收听传统广播时，我们是被动收听我们可能不想听的节目，而 Podcasting 则是我们选择收听的内容、收听的时间以及以何种方式让其他人也有机会收听。戴维·温纳的"清晨咖啡笔记"（Morning Coffee Notes）指出：人各有所专，所以理论上人人当播客是可能的。[①]

第二种是戴夫·舒舍尔（Dave Shusher）给出的定义：在其《Podcasting 的定义》一文中，提出 Podcasting 必须具备三个要件：必须是一个独立的、可下载的媒体文件；该文件的发布格式为 RSS 2.0 enclosure feed；接收端能自动接收、下载并将文件转至需要的地方，放置于播放器的节目单中。[②] 并且他认为，可下载 MP3 不是播客（Podcast）。"能下载固然不错，但能自动出现供你播放而无须你关照才是关键。这才是 Podcasting。"

第三种是维基百科（Wikipedia）中的定义："Podcasting"源于"iPod"，兼具广播（Broadcasting）和网络传播（Webcasting）之意。播客技术能把任何文件"拉"过来，包括软件更新、照片和视频。[③]

所以，综合概括，"播客"指的是一种在互联网上发布音频、视频文件，且允许用户订阅并自动接收新文件的方法，或用此方法来制作的音频、视频节目，或指使用这一传播方式的人。

---

① http://www.baike.baidu.com/view/7024.htm.
② http://www.baike.baidu.com/view/7024.htm.
③ http://www.baike.baidu.com/view/7024.htm.

（二）播客的分类

根据播客的服务供应商不同分类，可以将播客分为四类：一是专门的播客站点，如优酷土豆网、播客中国、六间房、爱播网、我乐网等；二是综合类播客频道，如博客网、博客厅、新浪、搜狐、网易等都开通了播客服务；三是播客搜索/目录网站，如菠萝网、播客联播、乐投网、搜索播客网等；四是专门的播客资讯网站，即提供播客相关信息的网站，如播客宝典。

（三）播客的特征

播客作为一种新的网络声像传播方式，最突出的特点就是使用的门槛低、生产的业余化。具体而言，使用的门槛低，主要表现为所需要的技术水平要求低，只要会操作简单的编辑软件就可以，所投入的经济成本低，只要一台连接网络的电脑、一个麦克风和摄像头就足够。也正是因为使用的门槛低所以播客的使用主体多元化、大众化，一般普通网民无论是谁、什么身份都可以成为播客。而生产的业余化，则主要表现为内容的题材、表现形式、拍摄、剪辑、合成等都是非专业的，没有专业技术指导、专业的视角，所以往往会表现出偏激、粗糙等明显的瑕疵。

二、播客的起源与发展历程

播客是在网络广播的基础上产生与发展起来的。2000年，美国学者亚当·科利（Adam Curry）和特利斯坦·路易（Tristan Louis）分别提出将音频或视频加入RSS中的设想。

2001年，RSS的发明者、博客教父戴维·温纳在RSS 2.0说明里增加了声音元素，并推出了Radio User Land的软件，用户通过这一软件可以将影音文件上传到博客中。

2004年8月13日，亚当·科利开通了世界上第一个播客网站——"每日源代码"（Daily Source Code）。这标志着播客正式诞生。由于"每日源代码"、iPodder软件以及亚当的个人魅力，亚当·科利被尊奉为"播客之父"。

2005年上半年，人们发现播客传播的内容不仅仅只限于声音，一些Podcasting软件已经可以像播放音频文件一样播放视频文件。

不到一年的时间，播客在美国迅速盛行起来。据美国权威统计公司调查，2004年，超过80万的美国人收听播客节目，2005年增长到450万。随后许多传统媒体也纷纷加入,其中美国的波士顿公共广播电台(WGBH)2004年9月率先推出《早间报道》(Morning Stories)播客节目并很快获得成功。英国广播公司(BBC)也推出播客节目《共享时刻》(Inourtime),随后再推出播客节目《论战》(Fighting Talk),都获得了成功。2005年5月,传媒巨头维亚康姆传媒集团下属无线广播公司推出世界上第一个以播客节目为内容的广播电台。

而对播客的发展具有重大影响的是查德·赫利和史蒂夫·陈,他们于2005年2月正式推出视频分享网站YouTube,提出"表现你自己"的口号,视频日点播量突破10亿大关,运营仅一年之后,其市场价值已超过10亿美元。

表6-3 国内外著名播客平台首页媒体推荐位和长尾推荐位数量与首页分布空间比例

播客平台	媒体推荐位	长尾推荐位	空间比例
YouTube	16	37	1/3
Metacafe	15	45	1/3
Myspace	5	5	1/2
Ravelistic	5	10	2/1
土豆网	28	27	2/1
酷6网	59	140	2/1
优酷网	42	20	15/1
六间房	47	24	3/1

注:根据古典经济的货架理论,更好的推荐位可以获得更高的点击收益。①

三、播客的使用与管理

只要自己有兴趣便可以在播客网或网站的播客频道注册,然后就可以把自己的表演或主持的声像作品上传到播客上与他人分享。同时也可以点播网络上别人上传的播客,娱乐消遣,打发时间。除此以外,播客还可以用作一种教学手段、用作电子商务的新型营销手段。

播客是网友们自娱自乐的方式,从开始到最后都是网友自己完成的,因此必然出现种种不规范的现象和问题,诸如节目质量参差不齐、版权问题普遍、

---

① 王长潇.新媒体论纲.广州:中山大学出版社,2009:162.

网站运营成本高但资金投入有限、盈利模式不够成熟等。所以我们要通过法律法规来保护版权,严格把关,为播客们提供专业指导服务,坚守社会道德与职业道德等方式来进一步规范管理播客,在此基础上扩大广告市场,提供增值服务,并探索其他方式来改善播客网站的经营。

第六节 维客

维客作为网络上新出现的一种开放的编辑、写作技术平台,不仅可以让人们在同一个平台上创建、修改、删除页面,还可以随时修正错误、重新找回正确的答案与版本。同时在这样一个自由开放的平台上,人们可以将自己的知识、信息与他人分享,并就公共话题展开讨论。所以,有学者对维客是这样评价的,维客技术又一次满足了传播者自由传递信息的美好预期。

一、维客的概念、分类与特征

作为网络协作编辑写作系统,又是网页创建与维护的技术,维客具有自己的技术规则、应用类型,还有自身固有的特点。

(一)维客的概念

维客的英文表达是"Wiki",也译为"维基"。据说"Wiki"一词来源于夏威夷语的"Wee Kee　Wee Kee",是英文"Quick"的意思,也即中文"快点、快点"的意思。Wiki的发明者沃德·坎宁安(Ward Cunningham)曾以好几种方式来定义,称Wiki为写作系统、讨论媒介、储存库、电子邮件系统以及聊天室。他写道:"这是一个可供共同合作的工具。事实上,我们真的不知道这是什么,但这是一种有趣的沟通方式。"①

维客是一种在网络上支持多人协同创作的工具。具体来说,维客是基于互联网新技术,充分利用互联网的超文本特性,支持面向社群的协作式写作的一种新技术。所以维客既是支持多人协作的写作工具,也是一种全新的网络信息传播媒体。此外,参与创作的人,也被称为维客。

---

① Wiki:http://c2.com/cgi/wiki.

作为一种网络编辑写作技术,维客具有自己特有的技术规则。具体而言,维客使用了简化语法,替代复杂的 HTML,加上 Web 界面的编辑工具,降低了内容维护的门槛。同时维客使用了版本控制技术,系统程序可以随时找回以前的版本,并可以与以前的版本进行对比。一般地,维客的技术规则主要有:保留网页每一次变动的版本,锁定页面,版本对比,更新描述,IP 禁止,沙箱(Sand Box)测试,编辑规则等。

所以,维客的整个运作其实就是由维客的系统、内容、社群来完成知识的分享与创造,并由知识组织、平台技术、管理策略三个层面相连接,形成一个完整的三角知识体系(见图 6-2)。[①] 其中维客的系统由 Web 服务器(Web Server)、服务器端程序(Server-side Script Program)和分布式数据库管理系统(Distributed Database Management Syetem,简称 DDBMS)三个核心部分组成,成为维客软件。而维客的社群主要由读者、作者与管理者组成。

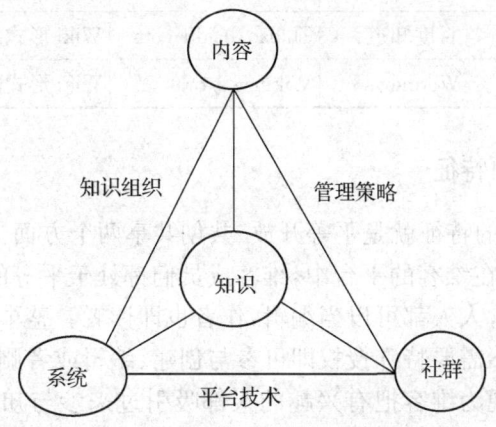

图 6-2　维客的金三角结构

(二) 维客的分类

"Wiki"之父沃德·坎宁安 2001 年在与洛夫合作的《Wiki 之路:网络快速写作》一书中提出,按照所授权的不同读写许可作为划分标准的话,维客可以

---

① 林信成,陈莹洁. Wiki 协作系统应用于数位典藏之内容加值与知识汇集. 教育资料与图书馆学,2006(3):285-307.

分为六类：①一是完全开放型，任何人都可以完全获得维客的使用权；二是加密型，对某些网页或全部网页进行有限制的编辑；三是门户型，一些公共网页对外开放（或许要密码），但其他网页也需要用户登录才能进入；四是仅供会员使用型，进入该网页的必须是注册的成员；五是防火墙型，获取准入的成员只限制在有特殊身份的、有 IP 地址的人；六是个人用户型，获取准入的成员只限制在拥有某个专门计算机或个人网站的人。

根据目前维客的实际应用形式来划分的话，基本上可以分为百科全书型、主题型、问答型、新闻型四大类。

表 6-4 Wiki 应用的四种形式②

维客的应用形式	典型代表	网站域名	简介
百科全书型	Wikipedia	Wikipedia.org	百科型的知识平台
主题型	天下维客	Allwiki.com	各种生活类主题社区
问答型	百度知道	Zhidao.baidu.com	Wiki 形式的问答互助社区
新闻型	Wikinews	Wikinews.org	Wiki 形式的新闻发布平台

（三）维客的特征

维客最主要的特征就是平等开放、共创共享两个方面。具体而言，平等开放主要表现为在维客的平台中，维客成员们都处于平等的地位，并有着相同的责任和权利，人人都可以当编辑，作者也即读者。整个维客平台对所有人开放，任何人不需要特殊授权即可参与创建、编辑或者删除文本。而共创共享，则主要表现为维客把有兴趣的人都吸引过来参与知识的协同写作与整理，发挥集体的智慧，创造并形成无数的知识条目，然后又不计报酬且放弃版权向公众开放，让社会公众共同分享所创造的知识体系，真正实现维基百科创始人吉米·威尔士所希望的那样，即使是最穷和最受压迫的人也能查阅。

---

① Ward Cunningham and Bo Leuf. The Wiki Way: Quick Collab Oration on the Web. Boston: Addison-Wesley, 2001.

② 岳泉,汪徽志,刘红珠. 新媒介概论. 南京：南京大学出版社, 2010：191.

表6-5　中国主要的维客网站

维客网站名	域名
天魔维客网	http://www.tianmo.com.cn
维客网	http://www.wiki.cn/
互动维客	http://www.hoodong.com/
搜派百科	http://www.sopai.org/
网络天书	http://www.cnic.org/
维库	http://www.wikilib.com/
天下维客	http://www.allwiki.com/
维基百科	http://zh.wikipedia.org/
一起写网	http://www.17xie.com/
百度百科	http://bk.baidu.com/
聚好吃	http://juhaochi.cb/wiki/
中国零公里	http://www.china0km.com/
自助游攻略全书	http://www.tooyu.com
中华维客	http://www.cnwikis.com/
灰狐维客	http://www.huihoo.com/
浅水笔记	http://www.growup.net.cn/
天空维客	http://www.skywiki.net/
大史记	http://www.abc8080.net/
中文Wiki网址大全	http://www.82828.net/
计算机世界中文IT Wiki	http://www.wiki.ccw.com.cn/

二、维客的起源与发展历程

　　1995年，美国普渡大学计算机中心（PUCC，Purdue University Computing Center）的沃德·坎宁安建立了一个叫波特兰模式知识库（Portland Pattern Repository）的工具，并为它取名为"Wiki"。他后来解释说："我的初衷是想通过建立一种自由交流彼此经验的平台来激发人们讲述故事的天性。"但这个平台的建立却标志着世界上第一个维客的诞生,同时沃德·坎宁安也被尊称为"维客之父"。

沃德·坎宁安所设计的网站(http://c2.com/ppr/)最初仅作为波特兰模式知识库的模式定义和讨论的交互性场所。1995年5月1日,世界上第一个维客网站"模式名单的革新"发布,这是对"波特兰模式知识库"的一个自动补充。网站发布之初,便立即在"模式社区"(Pattern Community)中获得成功。

从1996年至2000年间,波特兰模式知识库得到不断的发展,维客的概念也得到丰富和传播,网上又出现了许多类似的网站和软件系统,其中最有名的就是维基百科(Wikipedia)。吉米·威尔士以及几个热情的英语的参与者于2001年1月15日创建维基百科。维基百科是一个国际性的百科全书写作计划,与传统百科全书不同的地方在于,它力图通过大众的参与,创作一个包含人类所有知识领域的百科全书。它还是一部内容开放的百科全书,允许任何第三方不受限制地复制、修改及再发布材料的任何部分或全部。其目标及宗旨是为全人类提供自由的百科全书——用他们所选择的语言书写而成的,是一个动态的、可自由访问和编辑的全球知识体,也被称做"人民的百科全书"。目前Wikipedia已经拥有了260多个语言版本,超过1500万个词条。

还有涉及全球"泄密门"的维基解密,又译做维基泄密(Wikileaks),由朱利安·阿桑奇(Julian Assange)主导并在2006年12月成立,2007年1月才首次在网络上露面。这是一个大型文档泄露及分析网站,其目的是揭露政府及企业的腐败行为,并声称其数据源不可追查亦不被审查。"维基解密"没有总部或传统的基础设施,该网站依靠服务器和数十个国家的支持者,相对而言很少受到律师或地方政府的压力。2010年7月26日,"维基解密"在《纽约时报》《卫报》和《镜报》的配合下,在网上公开了多达9.2万份的驻阿美军秘密文件,曾引起轩然大波。

三、维客的使用与管理

常见的维客的使用方式有三种:一是通过申请Wiki服务提供商的Wiki软件,即通过使用如WikiFarms上列出的各类免费或是收费的维客服务器,让个人用户无需安装任何附加软件即可建立自己的维客站点;二是使用桌面维客软件(如使用于Windows环境的Wiki Wrterv 2.0和Pepys Wiki);三是在服务器端自己架设Wiki平台,通常适应于拥有一定网络资源的企业。最早的维客是用 PERL 语言编写的,常用的维客脚本语言还包括 PHP、Python 和 ASP 等。所以从宏观上看,维客未来有可能成为建站工具、共享系统、教学系统与研究系统,并被广泛使用。

由于自己的技术规则与宗旨的开放平等与共创共享,维客信息的权威性受到质疑,维客是"永远无法完成的草稿",同时也让维客们迷失自己。所以如何解决这些具体的问题与困难,并积极探索持续发展的生存模式及盈利机制等,都是维客网站今后的首要任务与努力方向。

☞ 小资料:

维基解密能引发"新媒体革命"吗?①

"我们来自任何地方,我们可以是任何人,我们是匿名者(Anonymous)。"带着如此宣言,这个自称"匿名者"的组织袭击了瑞士 Postfinance 银行、美国信用卡公司 VISA 和万事达的官网首页,以及美国参议员利伯曼的个人网站。因为前三者冻结了维基解密相关的账号,而后者则是公开鼓动金融机构这样做的人。

"维基解密代表了新闻的一种新形式——科学新闻学。传统媒体为读者带来新闻,我们带来新闻的证据。读者可以在看完新闻后,点击查看相关的原始文件,以便对新闻的真实性做出判断。"

"维基"(Wiki)这个词,原本是"What I know is"(据我所知)的缩写。这个词的流行始于维基百科(Wikipedia),即鼓励各行各业的人尽自己所知,提供准确而深入的信息。维基解密流行后,维基百科网站已经悄悄加上了声明:"维基解密不是维基百科与维基百科基金会旗下机构",多少表达了对"维基"一词滥用的无奈。

第七节 网络游戏

经济评论家对网络游戏曾经这样评论道:"网络游戏是人类 21 世纪发现

---

① 刘美.维基解密能引发"新媒体革命"吗?.环球财经,2011(1):102-103.

的一座采之不尽、用之不竭的'魔力金矿'。"现实证明,网络游戏不但魅力无穷,而且还是一座名副其实的"金矿",随着网络的不断升级与游戏技术的日臻完善,全球网络游戏市场将进一步融合,产业规模也将实现高速增长。

一、网络游戏的概念、分类与特征

网络游戏作为一种网络在线娱乐形式,不仅有其自身的界定,还有其常见的表现形态和固有的特点。

(一) 网络游戏的概念

网络游戏的英文表达是"Online Game",又称"在线游戏",简称"网游"。目前关于网络游戏的定义还没有达成一致的意见,其中代表性的观点有:

国际数据公司(IDC China)给出的定义:"网络游戏是利用 TCP/IP 协议,以 Internet 为依托,可以多人同时参与的游戏项目。"这是最简洁明了,也是引用率最高的网络游戏的定义。

《中国网络游戏原创力量调查报告》中的定义:"基于 TCP/IP 协议,以 Internet 为依托,可供多人同时进行的电子或电脑游戏。"

百度百科中的定义:"网络游戏,指以互联网为传输媒介,以游戏运营商服务器和用户计算机为处理终端,以游戏客户端软件为信息交互窗口的,旨在实现娱乐、休闲、交流和取得虚拟成就的具有可持续性的个体性多人在线游戏。"①

综合来看,网络游戏的核心组成要素是:必须通过 TCP/IP 协议,以 Internet 为依托,可以使用多种电子游戏终端,保证多人能够同时在线参与。

(二) 网络游戏的分类

根据不同的分类标准,网络游戏可以分为不同的类型。

根据目前网络游戏的使用形式分类,可以分为浏览器形式与客户端形式两类。其中浏览器形式的网络游戏,即基于浏览器的游戏,也就是我们通常说到的网页游戏,又称为 WEB GAME,它不用下载客户端,任何地方任何时间任何一台能上网的电脑都可以登录,在线玩的游戏,尤其适合上班族。其类型及题材也非常丰富,典型的类型有角色扮演(如《天书奇谭》)、战争策略(如《热

---

① http://baike.baidu.com/view/3543.htm.

血三国》)、社区养成(如《猫游记》)、SNS(如《开心农场》)、休闲竞技(如《捕鱼达人》)等。而客户端形式的网络游戏,是由公司所架设的服务器来提供游戏,而玩家们则是由公司所提供的客户端来连上公司服务器来进行游戏,而现在称为网络游戏的大都属于此种类型。此类游戏的特征是大多数玩家都会有一个专属于自己的角色(虚拟身份),而一切角色资料以及游戏资讯均记录在服务端。此类游戏大部分来自欧美以及亚洲地区,这种类型的游戏有美国的《魔兽世界》(World of Warcraft)、韩国的《穿越火线》、冰岛的 EVE、瑞典的《战地》(Battlefield)、日本的《最终幻想 14》、韩国的《天堂 2》、中国的《梦幻西游》等。

图 6-3 魔兽世界

根据游戏的种类来分类,可以分为四类:一是休闲网络游戏,即登录网络服务商提供的游戏平台(网页或程序)后,进行双人或多人对弈的网络游戏,包括传统棋牌类:如纸牌、象棋等;新形态(非棋牌类):即根据各种桌游改编的网游,如《三国杀》《UNO 牌》《杀人游戏》《大富翁》等。二是网络对战类游戏,即玩家通过安装市场上销售的支持局域网对战功能的游戏,通过网络中间服务器,实现对战,如《CS》《星际争霸》《魔兽争霸》等。三是角色扮演类大型网上游戏,即 RPG 类,通过扮演某一角色,通过任务的执行,使其提升等级,得到宝物等,如《大话西游》《传奇》等。四是功能性网游,即非网游类公司发起的借由网游的形式来实现特定功能的功能性网游,如南京军区开发的用于军事训练用途的《光荣使命》、基金与投资机构开发的用于收集股市趋势与动态的《由简股市气象台》、用于反腐保先教育的《清廉战士》、盛大出品的教育网游《学雷锋》等。

根据游戏模式分类,可以分为近二十类,其中包括动作游戏(ACT)、冒险游戏(AVG)、益智游戏(PUZ)、卡片游戏(CAG)、格斗游戏(FTG)、恋爱游戏(LVG)、养成类游戏(TCG)、桌面游戏(TAB)、音乐游戏(MSC)、体育游戏(SPG)、战略游戏(SLG)、射击游戏(STG)、角色扮演(RPG)、赛车游戏(RCG)、手机游戏(WAG)、模拟经营类游戏(SIM)、成人游戏(H-Game)、泥巴游戏(MUD)等。

根据游戏题材分类，其中大型多人在线游戏中常见的题材有魔幻(如《魔兽世界》《雅典娜2》)、武侠(如《天龙八部》)、神话(如《梦幻西游》)、历史(如《成吉思汗》)、科幻(如EVE)、玄幻(如《诛仙》)等。而多人在线游戏常见的题材有第一人称射击(如《战地 Online》)、体育(如《NBA Online》)、赛车(如《极品飞车世界》)、音乐/舞蹈(如《劲舞团》)、格斗(如《死或生 Online》)等。

根据画面风格分类，游戏产品的风格主要有写实(如《指环王 Online》等)、油画(如《魔兽世界》《雅典娜2》等)、卡通(如《仙境传说》)、国画水墨(如《剑侠情缘网络版叁》)等。

根据收费模式分类，可以分为道具收费、时间收费、客户端收费三种。

根据游戏运营平台分类，可以分为 PC 网络游戏、视频控制台网络游戏、掌上网络游戏、交互电视(ITV)网络游戏四类。

(三) 网络游戏的特征

网络游戏作为一种网络娱乐方式、娱乐产业的明显固有特点主要有技术含量高、交互性强与产业关联度高等。

1. 技术含量高

网络游戏是高层次人才创造性研发的在高精尖技术平台上应用的高技术含量的综合性集成的高端产品。由此决定网络游戏产业是典型的知识密集、技术密集的产业。所以技术高端与技术创新是网络游戏的基本特征。

2. 交互性强

网络游戏的交互性既有人机之间的互动，即网络玩家与电子、电脑游戏终端之间的交互，也有人与人之间的人际互动，即玩家与玩家之间的交流与互动。同时这些交互都是在现实或虚拟世界中面对面、实时的交流与互动。这是一般网络互动所不具备的地方。

3. 产业关联度高

网络游戏对电信、IT 行业的增长十分重要，对文化娱乐业、传媒产业、信息产业的直接贡献也非常大，尤其以网络游戏产业为平台，能带动上游产业与下游产业的发展,有效实现产业链的整合。

二、网络游戏的起源与发展历程

网络游戏的最早起源应该追溯到历史上最早的电子游戏。美国人威利·席根波森(Willy Higginbotham)1958年在布洛克海芬国家实验室(Brookhaven National Laboratories)发明了电子游戏,他使用一台示波器、一台模拟计算机和一些简单的按钮创造了一部小型游戏机。他还设计了一个简单的网球游戏叫《双人网球》(Tennis for Two)。

1. 第一代网络游戏:PLATO 时代(1969—1977 年)

1961年,美国麻省理工学院的学生史蒂夫·拉塞尔(Steve Russell)推出的《太空大战》(Space War)标志着电脑游戏的诞生。1969年,麻省理工学院的学生瑞克·布罗米(Rick Blomme)以《太空大战》为蓝本,为 PLATO(Programmed Logic for Automatic Teaching Operations)系统编写了一个可同时供两个用户终端远程连线的游戏软件——《太空大战》。这个两人连线游戏被认为是网络游戏的始祖。比较典型的第一代网络游戏还有《圣者》(Avatar)、《帝国》(Empire)、《飞行模拟》(Flight Simulator)、《奥布里特》(Oubliette)等。

2. 第二代网络游戏:MUD 时代(1978—1995 年)

1978年,在英国埃塞克斯大学(University of Essex)就读的罗伊·特鲁布肖(Roy Trubshaw)与理查德·巴特尔(Richard Bartle)用 DEC-10 编写了世界上第一款名为 Multi-User Dungeon(简称 MUD)的网络游戏,标志着第二代网络游戏的开始。这款 MUD 游戏开始了多人在线网络游戏的第一步。这是一个纯文字的多人世界,拥有 20 个相互连接的房间 10 条指令,用户登录后可以通过数据库进行人机交互,或通过聊天系统与其他玩家交流。特鲁布肖离开埃塞克斯大学后,把维护 MUD 的工作转交给了理查德·巴特尔,巴特尔利用特鲁布肖开发的 MUD 专用语言——"MUDDL"继续改进游戏,他把房间的数量增加到 400 个,进一步完善了数据库和聊天系统,增加了更多的任务,并为每一位玩家制作了计分程序。第二代网络游戏的典型代表还有《凯斯迈之岛》(The Island of Kesmai)、《阿拉达特》(Aradath)、《龙门》(Dragon's Gate)、《夜在绝冬城》(Neverwinter Nights)、《叶塞伯斯的阴影》(The Shadow of Yserbius)、《红色伯爵》(Red Baron)、《幻想空间》(Leisure Suit Larry

Vegas)等。

而此时中国网络游戏的发展主要是:1993年《风之领域I》在台湾地区出现,这是第一个能够输入中文的MUD游戏,同时在1993—1996年期间,以《侠客行》为代表的文字网络MUD游戏盛行,网络游戏市场开始萌芽。

3. 第三代网络游戏:MMOG时代(1996—2005年)

1996年秋季,由Archetype公司独立开发的网络游戏《子午线59》正式投入运营,标志着在线游戏从传统的MUD发展成为真正意义上的"多人在线游戏"。

对第三代网络游戏具有里程碑意义的是网络游戏《网络创世纪》的正式推出。《网络创世纪》于1997年正式推出,用户人数很快即突破10万大关。虽然它不是第一款投入运营的多人在线游戏,但它却为"大型网络游戏"(MMOG)的发展指明了方向,也加速了网络游戏产业链的形成,同时也被冠以"第一款图形网络游戏"的美誉。

随着互联网的普及以及越来越多的专业游戏公司的介入,网络游戏的市场规模迅速膨胀起来。这其中既有成功的网络游戏,如《无尽的任务》《天堂》《艾莎隆的召唤》和《亚瑟王的暗黑时代》等,也有被取消的网络游戏,如《网络创世纪2》《银河私掠者在线》和《龙与地下城在线》等。

而这一阶段中国网络游戏的发展是:真正标志着我国网络游戏正式出现的是"联众"的诞生。1998年6月,国内首家专营网络游戏的门户网站"联众游戏世界"正式开通运营,免费向注册用户提供围棋、中国象棋、跳棋等多种网上棋牌游戏。而1999年初华彩软件在中国大陆地区正式推出由雷爵公司代理的台湾网络游戏《万王之王》,标志着中国早期MMORPG形式的出现。之后,北京华义联合软件开发有限公司于2000年初推出卡通造型的网络游戏《石器时代》,2001年上海盛大代理的韩国网络游戏《传奇》正式推出,并盛行起来。2003年9月,网络游戏正式列入国家863计划,电子竞技也被国家体育总局列为正式的体育项目。

随着网络技术的不断革新和网络用户的需求不断高涨,第四代网络游戏就此诞生。除此之外,随着私服、外挂等非法程序的侵入,第三代网络游戏渐渐走向低谷,也是第四代网游迅速崛起的条件之一。

目前中国的网络游戏公司,如网易、盛大、九城和完美时空等都已经在美国纳斯达克上市。根据文化部《2012中国网络游戏市场年度报告》[1]提供的数据,2012年,互联网游戏用户总数突破1.9亿人。中国网络游戏市场规模(包括互联网游戏和移动网游戏市场)为601.2亿元,同比增长28.3%,增长速度有所放缓。其中,互联网游戏为536.1亿元,同比增长24.7%;移动网游戏为65.1亿元,同比增长68.2%。

三、网络游戏的使用与管理

网络游戏的使用主要有免费注册和收费两种形式,其中收费又分为道具收费、时间收费、客户端收费三种基本形式。

目前中国网络游戏明显存在的问题主要有:游戏市场垄断现象明显,过度依赖国外网络游戏资源,对青少年的成长产生了严重的负面影响,网络游戏行业的自律与监管无力,政府对网络游戏产业的扶持力度不够等。对于中国网络游戏产业今后的发展,我们既要加强相关法律的制定与完善(如实行"防沉迷系统""实名制认证方案""查询系统"等),也要加强网络游戏行业市场自身的行业监督和自律(如禁止"私服"与"外挂"等非法行为等),还要为网络游戏产业提供政策、人才、资金等多方面优惠与支持,以做大做强国内网络游戏产业,并积极迈进国际网络游戏市场。

思考练习

1. 以自己的亲身经历,讲述你是如何在某个虚拟社区上发帖或灌水的。
2. 你是否注册微信、QQ、MSN等即时通信工具账号?若有,那么主要用途是什么?
3. 你是否会通过RSS来订阅或浏览网络信息?若会,请介绍你的经历。
4. 你是否注册使用博客、微博和轻博客?若是,请介绍你的经历。
5. 你是否会上传自己制作的播客作品或分享别人的播客?若会,请讲述你的经历。
6. 你是否利用维客来寻找资料或寻疑问难?若会,请你演示一下。
7. 你是否经常玩网络游戏?若是,请介绍你玩某一款游戏的经历。

---

[1] 文化部.2012中国网络游戏市场年度报告,2013年3月.

第七章 广电新媒体

数字电视的"苏州模式":内容突围

2001年5月,苏州有线数字电视正式投入市场运营,并成为我国第一个商业化运作的数字电视系统。苏州有线电视采用前端技术平台折算成资金作为投资,与香港天地数码(控股)有限公司在国内的全资子公司——天柏宽网公司进行合作,运营后按用户发展的数量提取分成利润的模式。2002年6月,前国家广播电视电影总局领导考察了苏州数字有线电视系统并给予了较高的评价,由此形成了一直被业界广为流传的"苏州模式"。"苏州模式"是最早显露出来的有线数字电视推广模式,该模式主要因循传统的广电营销路线:好节目+高收费,利用境外频道资源来推销机顶盒。境外频道电视节目是苏州数字电视频道发展的重要推进力量,包括凤凰卫视中文台等8套境外卫视基本频道,以及HBO美国电影台等自选频道。此外,还采取打包销售的营销策略,利用节目内容和数量之间的落差,吸引用户。与此相对应,就是具体的市场推广手段,如发展集团用户,迅速把基础市场做大,临近盈利点;利用股票信息服务功能的机顶盒开发股民市场等。在技术商的支持下,苏州数字电视用户迅速超过了2万,虽然短期内尚不能收回投资,但是已经达到收支平衡。作为地市级广电,在内容瓶颈难以突破之际,苏州广电选择引入境外频道来吸引用户作为突围的路径颇具代表性。

后来,"苏州模式"的措施也不同程度地出现在新开办的付费数字频道中。如"'四海钓鱼'频道自开办以来,广受有钓鱼爱好用户的欢迎。主要原因之一就在于其引入了400小时以上的海外钓鱼节目,并与韩国钓鱼频道结成了中国大陆排他性唯一合作伙伴,与日本、美国等国的钓鱼频道建立了供片合作关系"。又如江苏靓妆频道每天2小时的节目,基本都来自法国Fashion TV在国内的版权代理唐龙国际传媒公司,另外还与美国部分时尚媒体建立了合作关系,高度国际化已经成为靓妆频道的一大特色。

第七章 广电新媒体

学习要点：

1. 了解网络广播并学会使用网络广播
2. 了解数字广播的基本特点
3. 了解数字电视的基本特点
4. 了解 IPTV 并学会使用 IPTV
5. 了解楼宇电视的基本特点与功能
6. 了解移动电视的基本特点
7. 了解数字电影的基本特点

随着数字化技术、计算机网络技术、移动通信技术的普及，一直以来作为社会主流强势媒体的广播电视电影，一方面受到这些新媒体技术的冲击与影响；另一方面也逐步利用这些新的媒体技术来改造自身，应对竞争，并在与这些新媒体技术结合的过程中，不断产生新的媒体形态，如网络广播、数字广播、数字电视、数字电影、移动电视、IPTV 等，或出现了新的媒体应用形式，如楼宇电视等。

第一节 网络广播

网络广播是互联网技术与广播技术相结合的产物，可以说是互联网对传统声音广播的技术改造与升级，也可以认为是广播的网络化。虽然仅仅是一种新旧技术结合而形成的一个混合新媒体或者说是融合新媒体，却具有明显的优势与特长，并受到世人的关注与喜欢。

一、网络广播的概念、分类与特征

网络广播是互联网与传统广播结合而形成的典型的融合新媒体，在内涵、类别与特点上都有其自身的独特之处。

（一）网络广播的概念

网络广播的英文表达是"Internet Broadcasting"或"Net Broadcasting"，是只利用互联网 IP 协议，通过计算机网络为终端传输音频向受众广播信息的媒体形式，又称为"在线广播"或"网络电台"。网络广播作为一种流媒体，其播出形式主要是直播与点播。目前网络广播提供的服务主要有在线收听、下载、上传以及 RSS 等音频或音频衍生服务。

（二）网络广播的分类

关于网络广播的分类，目前主要是按照网络广播的创办主体来划分，可以分为政府网络广播、商业网络广播与个体网络广播三种类型。

政府网络广播，就是政府创办的网络广播，在国内主要是由传统的广播电台的网络化产生与形成的，如中央人民广播电台的"中国广播网"（www.cnr.cn）与"银河网络电台"（www.radio.cn），中国国际广播电台的"国际在线"（www.cri.cn），还有各省市及以下广播电台所创办的网络广播。

商业网络广播，就是依托强大的商业网站，把原有商业网站的音频服务独立出来形成商业网络广播，如 21CNN 网络广播、QQ 网络广播、猫扑网络广播、新浪网络电台等。

个体网络广播，就是个体出资注册创办的网络广播，主要目的在于加强个体对于社会公共事务的参与，表达民间的声音与话语。如"萤火虫网络电台"（www.fmyhc.com）、"天网网络天台"（www.podcast.com.cn）等。

（三）网络广播的特征

网络广播是继传统广播内容数字化以后借助于互联网传输音频的广播的新形式，所以与传统广播相比，其最大的特点就是互动性与全球性。

1. 互动性

作为网络流媒体，网络广播不仅可以直播在线收听，而且可以点播，随时点随时听，还可以下载以后自己决定时间来听，改变了以前单向传播的模式，而且网民听众还可以通过电子邮件、电子公告栏、网络论坛、聊天室、在线 QQ、热线电话等多种方式与广播电台主持人等进行直接的交流与互动，甚至参与网络广播的节目等。

2. 全球性

网络广播的传输、到达与覆盖的地理范围是全球的，只要国际互联网到达的地方都可以随时随地在线直播或点播,不再受传统广播微波或卫星信号传输范围的限制。无论是国际性、地区性还是地方性网络广播,都可以传播到世界各个地区与角落,让人们感觉到"地球村"的亲切。

二、网络广播的起源与发展历程

网络广播的雏形是美国进步网络的"音频点播"。1995 年 4 月,美国西雅图的进步网络(Progressive Networks)在它的网页上放置一个 Real Audio System 试用版软件以提供"音频点播"(Audio on Demand)服务,这可以认为是网络广播的雏形。

网络广播的正式诞生是美国 ABC 广播网使用因特网全球播音。1995 年 8 月,美国 ABC 广播网首先利用互联网进行全球播音,这标志着网络广播的正式出现。

随后,世界主要的国际广播公司都纷纷开办网络广播,其中英国广播公司 1996 年开通在线新闻网站,美国之音、法国国际广播电台、德国之声、加拿大国际广播电台等都启用网络广播向网络用户提供广播服务。到目前为止,世界主要国家的广播都已经开通网络广播向网络听众提供广播服务。

随着世界网络广播的快速发展,中国的网络广播也不断涌现。国内最早开通网络广播的是广东人民广播电台,并在 1996 年 10 月建立网站(www.radioguangdong.com)并通过网络播出节目。随后,上海广播电台、东方广播电台等都开通了网络广播。1998 年 8 月,中央人民广播电台注册开通中央人民广播电台网站,并在 2001 年 1 月 1 日正式改名为"中国广播网"(www.cnr.cn),为网民提供网络节目直播与点播服务。2005 年 7 月 28 日,中央人民广播电台推出"银河网络电台"(www.radio.cn)。1998 年 12 月 26 日,中国国际广播电台建立"国际在线"(www.cri.cn)新闻网站,2005 年 7 月 13 日,"国际在线"正式开通网络广播,为全球网民提供网络广播服务。

三、网络广播的使用与管理

一般的网络广播,网民只要进入该网站即可在线收听,也可以根据自己的需要选择点播某一节目,甚至可以点播更早以前的节目,无须注册和付费,有的可以参与网络广播节目或做网络广播的主持人(俗称"NJ",即 Net Jockey,翻译为"网络骑士")。

网络广播要实现良好的运营,经营与管理是极其重要的。就目前网络广播的运行来看,主要存在的问题有:网络听众群体规模不够大,现有硬件和软件技术条件有待及时更新与提高,缺乏成熟的盈利模式。所以在今后网络广播主要的努力方向是:与手机联网以达到随时随地收听,提供个性化的广播服务,开拓网络音频广告及探索其他音频衍生服务以扩大收益来源。

第二节 数字广播

随着数字技术的发明与普及,广播也无法逃离数字技术的改造与影响。所以在数字技术的改造下,广播也被数字化,即成为新的广播形式——数字广播。不仅如此,数字广播自身也在不断更新,不仅有数字音频广播(DAB),还出现了数字多媒体广播(DMB)、数字调幅广播(DAM)、数字卫星广播(DSB)等新的数字广播形态。同时如果按照广播系统所采用的传输媒介来划分,可以分为数字有线广播、数字地面广播和数字卫星广播。本书重点介绍数字音频广播、数字多媒体广播、数字调幅广播、数字卫星广播等数字广播。

一、数字广播的概念与特征

因为数字广播本身包含多种类型,对数字广播的各种类型无法统一定义与分析,所以就从数字音频广播、数字多媒体广播、数字调幅广播、数字卫星广播等数字广播方面各自解释其概念与特点。

(一)数字音频广播的概念与特征

数字音频广播(DAB,Digital Audio Broadcasting),就是以数字技术为基础,采用先进的音频数字编码、压缩、纠错、调制、传输技术,对广播信号进行一系列数字化的广播形态。目前国际社会有欧洲尤里卡 147—DAB 制式,美国的带内同频(IBOC)DAB 制式,日本的单套节目 DAB 方案。我国采用的是尤里卡 147—DAB 制式标准,在广东佛山、中山、广州,北京,天津等地区开通。其特点主要有音质好,电台内容信息量大,发射功率小,允许自主控制播放的进程,接收机操作便捷简单等。

（二）数字多媒体广播的概念与特征

数字多媒体广播（DMB，Digital Multimedia Broadcasting），是在数字音频广播基础之上发展而来的，既可以传输音频信号，也可以传输数据文字、图形、电视等多种载体信息的信号，还可以同时传送多套声音节目、数据业务和活动图像节目的广播。按照传输途径，数字多媒体广播可以分为有线传输、地面微波传输、卫星传输与卫星地面混合传输四种类型。其主要特点有节约频率资源、移动接收性能好、节目质量高、接收机价格比较贵等。

（三）数字调幅广播的概念与特征

数字调幅广播（DAM，Digital Amplitude Modulation），是由 DRM 国际组织针对 30MHz 以下的中短波调幅广播数字化改造而设计的数字调幅广播系统。DAM 广播不仅提高了音质和接收质量，还能提供各种数据服务，显示电台名、接收频率、广播节目单以及与节目相关的数据、图片、动画等，并支持多种语言同播，而且可以通过固定、手持、车载接收机、基于 PC 和 PDA 的软件接收机等多种方式接收。其主要特点有信号音质好且稳定、抗干扰能力强，还能提供附加业务和数据传输等。

（四）数字卫星广播的概念与特征

数字卫星广播（DSB，Digital Satellite Broadcasting），就是指用直播卫星来传送 DAB 数字音频广播，是卫星技术与数字音频技术结合的产物。其本质就是通过卫星提供下行参数实现广播方式的媒体服务，用户使用接收终端可以直接接收数字卫星广播信号。其主要特点有全球广播、频道资源丰富、接收机价格比较低、信号稳定且质量高、抗干扰抗噪声能力强等。

二、数字广播的起源与发展历程

数字音频广播始于 20 世纪 60 年代，这也标志着广播数字化的开始。直到 20 世纪 80 年代初期国际社会开始考虑数字音频广播技术，直到 20 世纪 80 年代末期数字音频广播技术才开始为世人关注。后来随着超大规模集成电路、计算机及多媒体技术的快速发展，音频的数字编码、压缩、纠错、调制与传输终于实现，并使广播的质量比模拟信号提高了上百倍。

数字多媒体广播在欧美等发达国家已经非常普及。英国 BBC 电台于

1995年开播DMB广播,法国TDF电台于1997年1月开通DMB广播,德国东部于1999年4月1日开通DMB广播,德国巴伐利亚州于1999年5月开通DMB广播,中国在北京、天津、上海、广东等地也开通DMB广播网络。

2003年6月16日,世界DRM组织在日内瓦正式宣布了数字调幅广播的标准,并已成为世界标准,是世界上唯一的非专利数字广播系统。目前欧美研制出的DAM接收设备采用计算机插板方式,解调和解码工作由基于DSP和计算机CPU的软件来完成。此类设备虽然比较接近于专业设备,但体积过大、价格昂贵,不便于向个体普及。全球有数十个广播电台每天、每周或定期播出DAM制式的节目,DAM的使用正在全球范围内快速增长。我国DAM广播系统也基本成熟,进入实施阶段。

WorldSpace于1999年开始在非洲开通数字卫星广播服务,这是世界上最早的数字卫星广播服务。该公司在1998年10月28日发射第一颗卫星AfriStar,1999年10月19日开始在非洲几个特定的国家与地区推出数字卫星广播服务。2000年3月21日发射了第二颗卫星AfriStar,并在2000年9月12日开始在亚洲地区(主要是印度)提供数字卫星广播服务。

SIRIUS Satellite Radio(前身为CD Radio)于1997年4月竞标高价获得美国FCC的特许执照,2000年6月30日发射了第一颗卫星,2000年9月5日发射了第二颗卫星,2000年11月30日发射了第三颗卫星,2002年2月14日在特定城市开通了数字卫星广播服务,2002年7月1日正式向美国本土推出数字卫星广播服务。

XM Satellite Radio(前身为American Mobile Radio Corporation)于1997年4月通过竞标高价获得美国FCC的特许执照,2001年3月18日发射了第一颗卫星,2001年5月8日发射了第二颗卫星,并于2001年11月12日在全美本土正式推出数字卫星广播服务。其中2005年3月1日和2006年10月30日分别发射了替换卫星,以保证正常服务。

美国XM和SIRIUS的订户增长非常迅速,但是公司经营惨淡,2007年2月17日两家公司宣布合并成立Sirius XM Radio,2009年调整运营后开始扭亏为盈。

我国数字卫星广播业发展较为迅速,其中中央人民广播电台11套节目通过卫星中星6B与亚太6号实现全国覆盖,同时涵盖亚洲地区。

三、数字广播的使用与管理

数字音频广播、数字卫星广播的使用与接收较为大众化,一般的接收设备价格比较低,用户只要买一个可以接收信号的收音机即可收听,但是数字多媒体广播、数字调幅广播的接收设备价格昂贵,一般用户消费困难,同时数字调幅广播本身就目前的技术无法提供适宜个体使用的便携式接收机。

除了数字音频广播之外,数字多媒体广播、数字调幅广播与数字卫星广播都还处于技术实施与推广阶段,处于市场初级阶段,其运营与管理仍处于探索与投资期,还没有找到较为成熟的运营模式与商业模式,仍然需要国家政策与技术的扶持,但是技术与市场前景较为乐观。

第三节 数字电视

数字电视作为一种新出现的数字化媒体,不仅在全世界不断迅速普及,而且在主要发达国家已经淘汰了传统模拟电视,引发了电视的革命,同时数字电视也对人们的社会生活、娱乐方式等产生了深刻影响。

一、数字电视的概念、分类与特征

数字电视由于其自身固有的特点与优势,自问世以来就对传统模拟电视产生严重冲击,以至于迅速淘汰了模拟电视。

(一)数字电视的概念

数字电视(DTV,Digital Television)又称为数位电视或数码电视,是与模拟电视相对的新电视类型,主要是指从演播室到发射、传输、接收的所有环节都是使用数字电视信号,或对该系统所有的信号都是通过由 0、1 数字串所构成的二进制数字流来传播的电视类型。

由于数字信号的传播速率是每秒 19.39 兆字节,如此大的数据流的传递保证了数字电视的高清晰度,克服了模拟电视的先天不足。而且数字电视系统可以完成传送高清晰度电视(简写为"HDTV"或"高清")、标准清晰度电视

(简写为"SDTV"或"标清")、互动电视、BSV液晶拼接及数据业务等多种业务。

(二)数字电视的分类

根据不同的分类标准,数字电视可以分为不同的类型。

根据电视信号传输方式,可以分为有线数字电视(DVB-C)、地面数字电视(DVB-T)、卫星数字电视(DVB-S)三类。

根据数字电视的产品类型,可以分为数字电视显示器、数字电视机顶盒、一体化数字电视接收机。

根据数字电视的显示屏幕幅型,可以分为4:3幅型比和16:9幅型比两种类型。

根据数字电视的扫描线数,可以分为HDTV扫描线数(大于800线)和SDTV扫描线数(600~800线)等。

根据数字电视的清晰度,可以分为低清晰度数字电视(图像水平清晰度大于250线)、标准清晰度数字电视(图像水平清晰度大于500线)、高清晰度数字电视(图像水平清晰度大于800线,即HDTV)。其中VCD的图像格式属于低清晰度数字电视(LDTV)水平,DVD的图像格式属于标准清晰度数字电视(SDTV)水平。

(三)数字电视的特征

数字电视不仅电视图像清晰优质,信号稳定抗干扰性强,个性化交互性强,频道资源利用率高,还能提供多种视频服务。所以,在数字电视中,由于采用了双向信息传输技术,增加了交互能力,电视拥有了许多全新的功能,使人们可以按照自己的需求获取各种网络服务,包括视频点播、数据传送、图文广播、网上购物、远程教学、远程医疗等新业务,使电视机成为名副其实的信息家电。用户还能够使用电视显示股票交易、信息查询、网上冲浪等,把电视从封闭的窗户变成了交流的窗口。

二、数字电视的起源与发展历程

日本早在1972年就提出了HDTV的设计方案,1988年日本用高清晰度电视成功地实况转播了汉城奥运会,1994年起日本高清晰度电视开始试播。日本的数字电视首先考虑的是卫星信道,并在1999年发布了数字电视的

ISDB标准和地面数字电视广播标准ISDB-T。由于日本全国各运营商所采用的CA都是统一的,所以日本一体机的发展非常迅速,并一步就跨入了高清时代。截至2008年,日本数字电视一体机用户已超过1 100万户,数字电视一体机占全部电视出货数量的77%。

随后,欧美国家也开始研制高清晰度电视,欧洲则设计了一条从MAC到HD-MAC逐步过渡到HDTV的方案,1979年在伦敦开通了第一个"图文电视",从1995年起,欧洲陆续发布了数字电视地面广播(DVB-T)、数字电视卫星广播(DVB-S)、数字电视有线广播(DVB-C)的标准。2006年12月,荷兰就已经停播地面模拟电视,成为世界上首个实现电视数字化的国家。英国一直是引领数字电视发展的先锋,仅截至2006年底,数字电视就已经遍及72.5%的英国家庭,其中发展尤其成功的是数字卫星电视。到2006年底,法国数字电视普及率达到37.9%,法国政府并决定到2011年底之前全面停播传统模拟电视。2003年8月4日,德国柏林的模拟电视完全停播,它由此成为世界上第一个完全过渡到数字电视的城市。欧洲其他国家数字电视普及也非常迅速。

美国电信公司(BT)于1985年推出综合数字通信网络,向用户提供话音、传真等电视终端服务,推出了全数字高清晰度电视的方案。由于美国地面电视广播迄今仍占其电视业务的一半以上,它在发展高清晰度电视时首先考虑的是如何通过地面广播网进行传播,并推出了以数字高清晰度电视为基础的ATSC标准。1995年9月15日,美国正式通过ATSC数字电视国家标准。美国在2009年6月12日全部停止模拟电视信号,彻底转为数字电视信号,从此步入全数字电视时代。

我国数字化开始比较早,多采用欧洲标准DVB-C。2003—2004年,已有北京、上海、青岛、江苏、杭州、佛山、深圳、广州、大连等地开通了数字有线电视,并出现有代表性的整体平移的青岛模式、融资创新的佛山模式与数字革命的杭州模式三种数字电视运营模式。2005年,又有福州、厦门等地开通了数字电视。2007年,又在重庆掀开了数字电视转换热潮。2006年8月,国家标准化管理委员会公布了中国大陆的数字广播标准,为DMB-T/H(GB 20600-2006)。中国数字电视地面标准英文简称为DTMB,于2007年8月1日在中国内地和香港正式实施,成为世界上第四个数字地面电视标准。该标准已经在大陆普遍推广,并扩展到老挝等国家。中国数字电视信源编码标准为AVS,已经成为强制性国家标准,已在2012年10月后全面施行。截至2011年12月1日,北京、上海、深圳、浙江、黑龙江、江苏等地电视台的卫视节目正在逐步高清化。除此之外，歌华有线、东方有线、天威视讯、杭州华数等有线电视网络运营商也正在不断地实现其有线网的高清化传输工作。

三、数字电视的使用与管理

数字电视的使用主要是普通直播与视频点播，但是目前大部分国内用户主要还是普通直播，习惯于免费收看，对于视频点播的付费收看还不是很普及，尤其在农村更是如此。在城市已经形成小规模的视频点播市场。

数字电视前景看好，用户群体规模大，盈利空间充裕，但是也面临众多其他新兴媒体技术的冲击，如网络、IPTV等，还有电视、电话、网络宽带的"三网融合"的严重冲击，再加上内容资源的不足以及营销的不到位，这些都制约着数字电视的进一步发展。所以，数字电视的发展首先要及时利用先进技术更新与升级，然后重点做好内容资源的生产与采购，极力做好营销工作，开拓潜在用户，发展收费与广告相结合的盈利模式并探索其他相关的盈利方式。

第四节　IPTV

IPTV作为互联网与电视相结合而产生的新旧融合媒体的类型，绝不仅仅是新旧媒体技术的结合，而是在结合中创新拓展，并成为全新的融合媒体。由此，不仅推动了电视媒体的变革，也推进了电信领域的整合，促成电视、电话、互联网三个各自独立的网络融为一体，真正实现"三网融合"。

一、IPTV的概念与特征

IPTV作为一种互联网与电视相结合产生的新旧融合的新媒体，其定义有不同的解释，同时也呈现出明显的自身特点。

（一）IPTV的概念

关于IPTV的理解，目前有两种有代表性的观点：一是IPTV是"Interactive Personal TV"，翻译为"个性化交互电视"或"网络互动电视"。甚至由此衍生出"Interactive Personality TV"，即个性化的互动的电视。这很符合用户的心理需求,所以很多人甚至认为这就是IPTV。二是IPTV是"Internet Protocol Television",翻译为"网络协议电视",这是科学意义上的IPTV,也是国际电信联盟远程通信标准化小组(ITU-T)所定义的IPTV。

但是关于Internet Protocol Television的定义也不尽一致,有代表性的主要有:

国际电信联盟远程通信标准化小组(ITU-T)给出的定义:根据2006年7月ITU-TFGIPTV在日内瓦第一次会议的定义,IPTV是在IP网络上传送的包含电视、视频、文本、图形和数据等,提供服务质量/服务感受(QoS,Quality of Service/QoE, Quality of Experience)保证、安全、交互性和可靠性的可管理的多媒体业务。

中国国家广播电影电视总局给出的定义:IPTV是以互联网(IP)作为主要技术形态,以计算机、电视机、手机等各类电子设备为接收终端,通过移动通信网、固定通信网、微波通信网、有线电视网、卫星或其他城域网、广域网、局域网等信息网络,从事开办、播放(含点播、转播、直播)、集成、传输、下载视听节目服务等活动。视听节目(包括影视类音像制品),是指利用摄影机、摄像机、录音机和其他视音频摄制设备拍摄、录制的,由可连续运动的图像或可连续收听的声音组成的视音频节目。[①]

此外,广播电视行业则强调以TV为主,认为IPTV是"IP+TV",IPTV的控制管理工作在IP网络,IPTV的媒体流则工作在Cable网络中,IP只是其传输手段之一。而通信行业则强调以"IP"为主,认为IPTV是"TV over IP",即包括TV在内的所有业务都承载在IP之上,TV只是IP网络的接收终端之一。

综合现有的主要观点,IPTV,即交互式网络电视,是一种利用宽带为基础设施,以电视机或计算机为主要接收终端设备,集互联网、多媒体、通讯等多种技术于一体,通过互联网络协议(IP)向家庭用户提供包括数字电视在内的多种交互式数字媒体服务的新技术。用户可以通过三种方式享受IPTV服务:计算机;网络机顶盒+普通电视机;手机。主要提供的基础服务是直播电视(LiveTV)、视频点播(VOD)与时移电视(TSoC)。其中视频点播(VOD)又包括准视频点播(NVOD, Near Video on Demand)、真视频点播(TVOD, True Video on Demand)、交互式视频点播(IVOD, Interactive Video on Demand)。

---

① 国家广播电影电视总局. 互联网等信息网络传播视听节目管理办法(广电总局令第39号). 2004年7月6日.

(二) IPTV 的特征

IPTV 作为互联网与电视相结合的产物,必然具有电视与网络的综合优势,其最主要的特点是高度的互动性与服务功能的多样化。

1. 高度的互动性

IPTV 有很灵活的交互特性,因为具有 IP 网的对称交互先天优势,其节目在网内可采用广播、组播、单播等多种发布方式,也可以非常灵活地运用电子菜单、节目预约、实时快进和快退、终端账号及计费管理、节目编排等多种功能。

2. 服务功能的多样化

IPTV 采用的播放平台将是新一代家庭数字媒体终端的典型代表,它能根据用户的选择配置多种多媒体服务功能,包括数字电视节目、可视 IP 电话、DVD/VCD 播放、互联网游览、电子邮件、电子理财以及多种在线信息咨询、娱乐、教育及商务功能。利用电视、互联网、手机等终端为业务载体,充分融合了语音、视频、数据三个要素,真正实现了集电视、互联网、手机三种服务功能于一体。

二、IPTV 的起源与发展历程

IPTV 业务的雏形可以追溯到 1985 年美国几家电信公司(GTE、Ameritech 和 Bell Atlantic)在光纤和 DSL 上进行的视频传输试验。但是由于这些公司所提供的业务与有线电视公司没有明显区别,电信公司的视频业务最终没有成为主流业务。

而全球第一个推出 IPTV 业务的则是英国的 Video Networks 公司,该公司在 1999 年首次向英国本土推出 IPTV 业务。随后世界各地的电信运营商都纷纷开展 IPTV 业务。2006 年,ITU - TFGIPTV 正式成立并制定了 IPTV 的标准和协议。在欧洲地区 IPTV 运营商主要有英国的 Video Networks 公司、Kingst on Communication、英国电线;挪威的 Telnor;荷兰的 KPN;法国的法国电信和 Free;等等。

在北美地区,IPTV 运营商主要有 Verizon、DSSI、Qwest Communications、All West Communcations 和 Sure West;加拿大有 MTS、Saskte、Manitoba Telecom、Tlus、Bell Canada。这些电信运营商从 2004 年开始通过自建网络

向用户提供 IPTV 业务。

在亚洲地区,IPTV 运营商主要有泰国的 Shin Satelliet、新加坡的新加坡电信、日本的 Yahoo! BB、韩国的 TCC、马来西亚的 Astro、中国香港的电讯盈科、中国台湾的"中华电信",等等。其中香港电讯盈科 2003 年推出 IPTV 业务,定名 Now 宽带电视,2005 年 6 月,其 IPTV 用户已经达到 44.1 万户,而 2007 年 8 月,其 IPTV 用户达到了 81.8 万户。

中国初次接触 IPTV 源于 1999 年微软力推的"维纳斯计划",该计划试图将中国庞大的电视机资源(3.2 亿台)与互联网接轨,最后宣告失败。2001 年,中国电信与新华社联手成立"上海新华电信网络电视公司",但由于技术条件不成熟、政策不到位等原因并未产生很大影响。2004 年 5 月,中国网通与 IDG 等合资组建的"天天在线"公司获准成为国内首家播放视频节目的宽带门户网站。2004 年 6 月,长虹公司与微软签署技术战略合作协议,致力于 IPTV 的发展和研究。同时,中央电视台开播"央视网络电视",并与上海电信合作在上海落地试播。2005 年 5 月,上海文广新闻传媒集团获得国家广电总局颁发的中国第一张 IPTV 牌照,从此拉开了全国性 IPTV 商用部署的序幕。上海文广新闻传媒集团获得国内首张 IPTV 牌照之后,与上海电信合作在上海推出 IPTV 业务,取得巨大成功,并出现了 IPTV 典型的"上海模式"。2006 年 4 月,央视国际网络有限公司获得国内第二张 IPTV 牌照;2006 年 6 月,南方传媒集团获得国内第三张 IPTV 牌照;2006 年 10 月,中国国际广播电台获得国内第四张 IPTV 牌照。在全国 IPTV 业务试运营过程中,出现了典型的 IPTV "上海模式""哈尔滨模式""杭州模式""河南模式"与"香港模式"等。据统计,截至 2011 年 11 月,中国的 IPTV 用户数突破 1 300 万,其中中国电信的用户接近 1 200 万,实现了用户规模的新突破。

三、IPTV 的使用与管理

IPTV 是付费使用的,可以根据自己的需要选择付费项目。目前在国内相对于免费电视观众来说,使用 IPTV 的用户规模是很小的,但是市场前景看好,发展潜力大。

国内 IPTV 还是处于投资初期与推广阶段,目前市场规模不大,加上行业与政策的垄断壁垒,内容资源的匮乏与同质化,产业链不够成熟,盈利模式不清晰,基础网络与技术的不完善,还有来自数字电视等的竞争压力,所以国内 IPTV 运营商必须在国家政策与技术的扶持下解决上述困难,才能扭亏为盈,实现良性运行。然后进一步提高服务水平，不断拓展业务规模，扩大市场份额，以实现持续稳定的经营与发展。

第五节 楼宇电视

楼宇电视作为一种新的电视媒体使用形式，引起了公众的关注，并不断发展成为一种新颖的广告、宣传方式，而且还形成了一个信息广告产业。现在几乎所有城市里的楼、场、堂、馆、所等公共场所都挂满了商业性或公共性的楼宇液晶数字电视，让我们感觉到信息无处不在。

一、楼宇电视的概念、类型与特征

楼宇电视作为一种新媒体形态，虽然不是新媒体技术的革新，但是作为一种新的运用形式，其自身有一些明显的独特之处，并对社会产生深刻影响。

（一）楼宇电视的概念

楼宇电视是指采用数字电视机为接收终端，把楼、场、堂、馆、所等公共场所作为传播空间，播放各种信息的新兴电视媒体传播形态。楼宇电视系统通常由多媒体信息机、控制台计算机、服务器与网络设备和电缆组成。

（二）楼宇电视的类型

按照其提供服务的属性，楼宇电视可以分为商业性楼宇电视与公共服务性楼宇电视两种类型。

商业性楼宇电视，即楼宇广告电视，是指用液晶电子屏在商业楼宇、高档住宅、办公大楼等人口流动频繁的室内场所播放商业广告的一种新兴媒体形态。以分众传媒楼宇电视为典型代表。此类楼宇电视的内容纯粹为各种商业广告与形象广告。

公共服务性楼宇电视，即以追求社会效益为核心目标的楼宇电视。以上海公共视频信息平台楼宇电视与北广传媒城市电视为典型代表。此类楼宇电视主要是实时播放新闻资讯，权威发布政令信息与应急信息等"关注民生、服务大众"的新闻信息。

向用户提供 IPTV 业务。

在亚洲地区，IPTV 运营商主要有泰国的 Shin Satelliet、新加坡的新加坡电信、日本的 Yahoo! BB、韩国的 TCC、马来西亚的 Astro、中国香港的电讯盈科、中国台湾的"中华电信"，等等。其中香港电讯盈科 2003 年推出 IPTV 业务，定名 Now 宽带电视，2005 年 6 月，其 IPTV 用户已经达到 44.1 万户，而 2007 年 8 月，其 IPTV 用户达到了 81.8 万户。

中国初次接触 IPTV 源于 1999 年微软力推的"维纳斯计划"，该计划试图将中国庞大的电视机资源(3.2 亿台)与互联网接轨，最后宣告失败。2001 年，中国电信与新华社联手成立"上海新华电信网络电视公司"，但由于技术条件不成熟、政策不到位等原因并未产生很大影响。2004 年 5 月，中国网通与 IDG 等合资组建的"天天在线"公司获准成为国内首家播放视频节目的宽带门户网站。2004 年 6 月，长虹公司与微软签署技术战略合作协议，致力于 IPTV 的发展和研究。同时，中央电视台开播"央视网络电视"，并与上海电信合作在上海落地试播。2005 年 5 月，上海文广新闻传媒集团获得国家广电总局颁发的中国第一张 IPTV 牌照，从此拉开了全国性 IPTV 商用部署的序幕。上海文广新闻传媒集团获得国内首张 IPTV 牌照之后，与上海电信合作在上海推出 IPTV 业务，取得巨大成功，并出现了 IPTV 典型的"上海模式"。2006 年 4 月，央视国际网络有限公司获得国内第二张 IPTV 牌照；2006 年 6 月，南方传媒集团获得国内第三张 IPTV 牌照；2006 年 10 月，中国国际广播电台获得国内第四张 IPTV 牌照。在全国 IPTV 业务试运营过程中，出现了典型的 IPTV"上海模式""哈尔滨模式""杭州模式""河南模式"与"香港模式"等。据统计，截至 2011 年 11 月，中国的 IPTV 用户数突破 1 300 万，其中中国电信的用户接近 1 200 万，实现了用户规模的新突破。

三、IPTV 的使用与管理

IPTV 是付费使用的，可以根据自己的需要选择付费项目。目前在国内相对于免费电视观众来说，使用 IPTV 的用户规模是很小的，但是市场前景看好，发展潜力大。

国内 IPTV 还是处于投资初期与推广阶段，目前市场规模不大，加上行业与政策的垄断壁垒，内容资源的匮乏与同质化，产业链不够成熟，盈利模式不清晰，基础网络与技术的不完善，还有来自数字电视等的竞争压力，所以国内 IPTV 运营商必须在国家政策与技术的扶持下解决上述困难，才能扭亏为盈，实现良性运行。然后进一步提高服务水平,不断拓展业务规模,扩大市场份额,以实现持续稳定的经营与发展。

第五节 楼宇电视

楼宇电视作为一种新的电视媒体使用形式,引起了公众的关注,并不断发展成为一种新颖的广告、宣传方式,而且还形成了一个信息广告产业。现在几乎所有城市里的楼、场、堂、馆、所等公共场所都挂满了商业性或公共性的楼宇液晶数字电视,让我们感觉到信息无处不在。

一、楼宇电视的概念、类型与特征

楼宇电视作为一种新媒体形态,虽然不是新媒体技术的革新,但是作为一种新的运用形式,其自身有一些明显的独特之处,并对社会产生深刻影响。

(一)楼宇电视的概念

楼宇电视是指采用数字电视机为接收终端,把楼、场、堂、馆、所等公共场所作为传播空间,播放各种信息的新兴电视媒体传播形态。楼宇电视系统通常由多媒体信息机、控制台计算机、服务器与网络设备和电缆组成。

(二)楼宇电视的类型

按照其提供服务的属性,楼宇电视可以分为商业性楼宇电视与公共服务性楼宇电视两种类型。

商业性楼宇电视,即楼宇广告电视,是指用液晶电子屏在商业楼宇、高档住宅、办公大楼等人口流动频繁的室内场所播放商业广告的一种新兴媒体形态。以分众传媒楼宇电视为典型代表。此类楼宇电视的内容纯粹为各种商业广告与形象广告。

公共服务性楼宇电视,即以追求社会效益为核心目标的楼宇电视。以上海公共视频信息平台楼宇电视与北广传媒城市电视为典型代表。此类楼宇电视主要是实时播放新闻资讯,权威发布政令信息与应急信息等"关注民生、服务大众"的新闻信息。

（三）楼宇电视的特征

楼宇电视作为电视媒体的一种新的使用形态，主要装置在人口集中或流动频繁的室内场所，所以其主要特点是受众定位的分众化与目标化、收视的强制性与重复性、内容的生动性与单一化、传播的单向性与实时性等。

二、楼宇电视的起源与发展历程

楼宇电视最初起源于加拿大，Captivate Network Inc. 公司于1995年在加拿大和北美成功创立了高档场所电视显示媒体。到2005年，该公司的业务已经覆盖北美1 100个商务楼宇，拥有130万收视人群，并且与很多知名企业建立了长期的合作关系。

2002年底，楼宇电视传入中国，并迅速在上海形成商务楼宇液晶电视网。其运行方式是采用17英寸多功能高清超薄液晶电视机，装置在消费能力较高的白领聚集的甲级智能化办公楼宇，以及人流量密集的中高档知名商厦的电梯等候厅等地方，自动循环播放高品位的商业广告、各类娱乐信息和社会公益宣传片。一般采用DVD播放，从早上八点到晚上八点自动定时启动和停止。

2003年初，中国最大的楼宇电视公司分众传媒（Focus Media）创建，迅速获得创业投资者的青睐，创造出国内传媒私募融资的新纪录，推动了分众传媒的中国商业楼宇联播网的建设与运营。2005年，分众传媒收购了国内最大的社区公寓电梯平面广告商"框架传媒"，并在美国纳斯达克成功上市。2006年1月9日，分众传媒又以3.25亿美元收购了国内最大的竞争对手——聚众传媒控股有限公司。目前，分众传媒所经营的媒体网络已经覆盖100多个城市，近10万的终端场所，日覆盖超过2亿的都市主流消费人群，已经成为中国都市最主流的传媒平台之一。

2005年7月，以东方公众和北广传媒为代表的城市电视开始逐步进入楼宇电视领域，从而打破了分众传媒垄断市场的格局。城市电视依托传统电视媒体的资源和数字技术，选择楼宇内的公共场所装置大尺寸液晶电视屏，针对城市流动人群，通过无线数字信号发射，实时播放信息资讯。2006年，全国各大城市的电视经营媒体纷纷开通公共性楼宇电视，如上海东方明珠已经在上海市区包括城市标志性景观、轮渡码头、部分三等甲级医院等6 000个数字播放平台播放。

三、楼宇电视的经营与管理

楼宇电视虽然是新的媒体使用形式,有强制性、分众化、单一性的特点与优势,但是楼宇电视本身缺乏新技术与核心竞争力的支撑,存在楼宇使用权归属及资源的有限等明显不足。虽然目前楼宇商业电视的"只播商业广告"的经营模式与楼宇公共性电视的"节目内容开道,广告跟进"的经营模式都符合楼宇电视的市场规律,但是在今后的发展中必须重视内容资源的建设,节目形式的不断革新,以提高广告、宣传的效果。在此基础上,注意商业性与公共服务性楼宇电视的融合,考虑与其他行业之间的整合来实现优势互补,最终实现楼宇电视的持续运营与发展。

第六节 移动电视

原本看电视是在家里进行的活动,如今在公交车、地铁、出租车、火车等处随时随地都可以进行,这种新出现的电视就是可移动收视的电视。移动电视是无线数字技术与电视相结合而产生的一种新的媒体形态。

一、移动电视的概念、分类与特征

移动电视作为一种新的电视形式,得到非常迅速的普及,必然有其固有的特点与优势。

(一)移动电视的概念与特征

移动电视(TV-on-Mobile),也称为"数字电视地面广播",是区别于传统固定模拟电视或有线数字电视的一种可移动的新型电视媒体。具体而言,移动电视是指采用世界先进数字电视广播技术,通过无线数字电视信号发射,地面移动的接收终端只要在移动电视信号覆盖范围内通过天线即可接收电视节目的电视媒体。

移动电视有广义与狭义之分,广义上的移动电视,是指一切可以以移动方式收看电视节目的电视,包括车载移动电视、手机电视等。但我们一般所指的

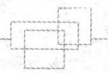 第七章 广电新媒体

移动电视是狭义的车载移动电视。

移动电视作为一种新型传播媒体,具有覆盖面广、反应迅速、移动性能强等特点,同时还是城市应急信息发布的重要平台。其最大的特点就是移动性,不仅接收终端的移动性,还包括接受个体的移动性,而且信号的整个接收过程都处于不断的移动状态,一般在时速不超过120公里的交通工具或通信工具上,都能保持电视信号的稳定,且清晰度高、音响效果好。

(二)移动电视的分类

根据接收终端的不同,移动电视可以分为三类:一是移动载体的接收终端,如在公交车、出租车、私家车、商务车、地铁等移动的交通工具上安装机顶盒即可接收数字电视节目。二是移动个体的手持接收终端,主要是用随身携带的可以收看数字电视的手机来接收电视节目。三是移动场所的室内电视,如在火车、飞机、长途旅行车等处安装移动电视,主要是以循环播放DVD的方式播放电视节目,如电视剧、广告、宣传片、乘坐注意事项等。

二、移动电视的起源与发展历程

移动电视最早出现的形式是车载移动电视,这也是目前最成熟的移动电视形态。在亚洲,新加坡于2001年2月开始在全国试播移动电视,节目覆盖公共汽车和地铁线路,首次在1 500辆公共汽车上为150万人次的乘客提供移动电视服务,由于图像清晰、播放实时,很受欢迎,尤其在实时转播2002年世界杯足球赛以后,新加坡的车载移动电视更是被广为接受。

而在国内,2000年,我国在上海、北京和深圳3个城市进行移动电视试验。2002年,国内首套公交数字移动电视系统在上海正式投入使用,并覆盖了90%以上的上海市区。2003年1月1日,经国家广电总局批准,上海正式推出以公交车辆为主要载体的移动电视商用系统,成为中国第一个推行移动电视传播的城市。同年,东方明珠移动电视成立,并在上海市区范围内的130多条优质公交线的近万辆公交车和近万辆出租车上开播移动电视,每天的播出时间达17个小时,拥有40多个栏目。

2006年5月,北京北广传媒移动电视有限公司完成5 000辆公交车、5 000辆出租车、1 000辆公务车及1列城市地铁移动电视的建设与开播,基本形成覆盖公交、出租、轨道交通和社会车辆的完整的移动电视网络。全天播出时间为17个小时,节目种类繁多。

从全国范围来看，上海、北京、南京、广州、武汉、杭州、长沙、合肥、西安、郑州、深圳、兰州、青岛、大连、沈阳、长春、济南、佛山等100多个省会或地级城市都已经开通运营车载移动电视。

三、移动电视的经营与管理

移动电视作为一种新的电视形式，不仅仅在于它的地理位置的移动，还在于电视收视方式的改变，使大众可以随时随地收看电视，而且还开启了一个潜力巨大的传媒市场。但是移动电视，尤其是车载移动电视一般存在内容资源不足、重播率高、收视环境差和收视效果不理想、盈利模式单一化、技术标准不统一、技术手段不够成熟等明显的问题与不足，所以今后车载移动电视必须克服上述问题，才能实现持续的运营与发展。尤其是要重点加强移动电视节目内容资源的建设，节目形态的革新，恰当处理节目内容与广告的关系，防止广告的泛滥，以免引起受众的反感，从而影响收视效果。

第七节　数字电影

数字电影是数字技术与传统胶片电影相结合而产生的新的电影形态。电影本身即是高科技的综合产物，那么数字电影就更凸显其高科技的含量。同时，这一新电影形态的出现，不仅革新了百年历史的胶片电影，而且还掀起了电影制作、发行与保存等全过程的科技革命。

一、数字电影的概念与特征

数字电影与传统胶片电影相比，无论生产、发行、存储、放映都是全新的数字化革新，所以数字电影呈现出诸多的特点与优势。

（一）数字电影的概念

一般认为，数字电影，是指以数字技术和设备摄制、制作、存储，并通过卫星、光纤、磁盘、光盘等物理媒体传送，将数字信号还原成符合电影技术标准的影像与声音，放映在银幕上的影视作品。从电影制作工艺、制作方式到发行及传播方式上均实现全面数字化,方可视为完整意义上的数字电影。

国家广播电影电视总局给数字电影作了更严格的定义:数字电影是指以数字技术和设备摄制、制作、存储的故事片、纪录片、美术片、专题片以及体育、文艺节目和广告等,通过卫星、光纤、磁盘、光盘等物理媒体传送,将符合本技术要求的数字信号还原成影像与声音,放映在银幕上的影视作品。[①]

图 7-1

(二) 数字电影的特征

数字电影最明显的特征就是全过程的数字化、生产的低成本高质量。

1. 全过程的数字化。目前数字电影有三种制作方式:一是计算机生成;二是用高清晰数字摄像机拍摄;三是用胶片摄影机拍摄完成后,再数字化到电脑硬盘里。无论用哪一种数字化生产方式生产,制作完成以后,数字信号都是通过卫星、光纤、磁盘、光盘等物理媒体传送,放映时通过数字播放机还原,使用投影仪放映。整个过程全部数字化,实现无胶片的制作、发行与放映。

2. 生产的低成本高质量。数字电影通过高清摄像技术,实现了与高清时代的接轨,数字介质存储,永远保持质量稳定,不会出现任何磨损、老化等现象,更不会出现抖动和闪烁的情形。如果使用了卫星同步技术,还可附加如直播重大文体活动、远程教育培训等操作。全过程的数字化实现了无胶片发行、放映,解决了长期以来胶片制作、发行成本偏高的问题。

总之,相比传统的胶片电影,数字电影既节约了电影制作费用,革新了制作方式,还提高了制作水准。

---

① 国家广播电影电视总局《数字电影技术要求(暂行)》,2002 年 8 月 7 日。

二、数字电影的起源与发展历程

1924年6月,英国的George Fyfe在泰晤士广播电台的节目中首次描绘了数字电影的梦想:"家庭主妇很自然地将使用新方法来预订她所需的物品。当她给肉匠打电话的时候,她能够看到当天上午肉匠出售的是哪种排骨……'电视购物'将是大商场里新的招牌。而在影剧院里,将同步转播发生在世界上的重大事情,其间播放的是一些其他的奇观节目。"

(一)数字电影放映机技术的早期起步阶段(1987年1月—1992年2月)

1987年,美国休斯公司的技术员首先发明了液晶光电子管用来显示影像和高分辨率的图形。其后,美国德州仪器公司(TI,Texas Instruments)于1988年研制出了第一个数字微镜设备(DMD),该设备的原理就是根据数字信号"0"和"1"开关驱动多组镜片膜,使其高速联动并按一定的角度偏转,从而用于反射出影像光线逼真的色彩和细腻的层次,它实际上是一种电脑化的光开关系统。1990年初,德国首先发布其关于开发激光数字放映机的可行性报告,并在1992年2月制造出了第一台稳定的激光影像放映机。1992年初,美国的休斯公司与日本的JVC公司合作,研制出了基于光放大成像(ILA)技术的放映机系统。

(二)数字电影的试验阶段(1992年5月—1997年5月)

1992年5月,美国太平洋贝尔公司启动了"电影的未来技术实验系统"项目,作为试验的一部分,他们通过电话网试验了传输高清晰度格式的故事片"Bugsy"。年底,美国AMC剧场放映系统用影片"Bram Stoker's Dracula"对太平洋贝尔公司的"未来电影系统"进行了测试。

1994年1月,美国GLV投影放映技术公司Echelle(后来改名为硒光机器公司Silicon Light Machines)成立,致力于开发基于激光光栅扫描技术的数字放映机系统。同年7月,美国7家联合的艺术电影院开始使用太平洋贝尔公司的"电影的未来技术实验系统"。年底,太平洋贝尔公司的"电影的未来技术实验系统"项目试验了将美国全国篮球职业联赛NBA的最后决赛实况从底特律传输到另外三个遥远的不同城市。

1995年8月,美国版权保护方面的宏视公司(Macrovision)先后在波兰、南非、菲律宾和拉丁美洲等地方进行了Cine Guard System的录像和电影实验项目。

1997年1月,美国TI公司开始制造DLP(Digital Light Processor,使用TI公司专门的DMD数字微镜芯片)数字电影放映机原型机,当年5月,发起基于1280×1024分辨率DMD芯片(DMD1210)的数字放映机展示活动。

1997年底到1999年6月,数字放映机和传送方式不断成熟,数字电影最终开始商业化放映。

1997年底,欧盟Cinenet数字电影实验项目试验了从法国里昂分别向巴黎和英国伦敦实况转播巴赫的"Orpheus in the Under World"音乐会。

1998年10月,美国低预算影片《The Last Broadcast》被传输到5个美国城市的电影院并首次使用了"国际数字放映机"公司DPI制造的DLP数字电影放映机进行了放映。

1999年5月,法国戛纳国际电影节首次在电影评奖之外,邀请负责电影技术创新的技术组织MITIC举办了数字电影专题展示会,会议使用DLP数字放映机放映了美国故事片《The Last Broadcast》。

1999年6月18日,由著名导演乔治·卢卡斯的《星球大战Ⅰ——幽灵的威胁》(又译《星战前传Ⅰ:魅影危机》)开始在美国的6家影院中进行为期一个月的数字放映,采用了基于TI公司数字光学处理器(DLP)芯片技术的放映机。这是数字电影的首次商业放映,它标志着世界数字电影发展史的元年。《星球大战Ⅰ》的放映取得空前成功,其全球票房超过4亿美元。

1999年7月到11月,迪士尼公司使用DLP数字放映机先后成功地放映了影片《泰山》《玩具总动员2》《火星任务》《恐龙》以及《Bicentennial Man》等。

(三) 快速发展时期(2000年后)

2000年初,美国TI公司携带DLP数字电影放映机到欧洲的法国、英国、比利时等国家巡回放映影片《玩具总动员2》。在随后的半年中,加拿大的前身为Electrohome放映机制造商的"Christie Digital Systems"、比利时放映机制造商Barco和美国Imax收购的"国际数字放映机"公司DPI分别获得TI公司使用DLP芯片技术制造数字电影放映机的特许权。目前,市场上能够提供商业服务的放映基本上都是使用TI公司DLP技术的数字放映机。2000年3月,美国柯达公司与高通(Qualcomm)公司合作在其好莱坞影像技术中心设立了一个数字电影系统。同时,波音数字电影公司在年度ShoWest展览会上则成功地进行了应用性的卫星传输试验,数字化放映了电影《SpyKids》。

2000年6月,20世纪福克斯公司和思科(Cisco)公司首次合作进行了基于网络传送的数字电影放映试验。试验使用 Cisco 公司基于 IP 协议的因特网技术,将福克斯公司一部由真人和计算机生成影像有机合成的动画片《Titan A.E》的信号,通过 Qwest 公司的虚拟专用光纤网络直接从福克斯在好莱坞的制片厂传输到亚特兰大的 SuperComm 展会计算机服务器上进行存储,然后使用 DLP 数字放映机现场放映。7月,华纳兄弟公司继迪士尼公司之后,实现了影片《完美风暴》在英国伦敦的数字影院的首映。同时,在加州的环球制片厂的数字影院中放映了《侏罗纪公园 III》,THX 数字服务公司将整部电影以及多声道的音频内容压缩并刻录到 13 张 DVD-R 上,并下载到每家影院的服务器上。

不过,最为成功的还是 2002 年 5 月乔治·卢卡斯《星球大战》系列电影新作《星战前传Ⅱ:克隆人的进攻》在全球的数字放映。如果说在《星球大战Ⅰ》中,还只是应用了大量的数字特技制作技术的话,那么在《星战前传Ⅱ:克隆人的进攻》的拍摄中,乔治·卢卡斯第一次抛开传统的胶片电影机,全面采用了数字化拍摄设备。整部电影将没有使用一寸胶片,全部影像都用"0"和"1"来记录与表现,成为第一个真人表演的没有 Film(胶片)的 Film(电影)。这种放映方式,省去了数字影片制作完成后必须"数转胶",然后再复制大量拷贝在影院放映的时间和费用开支,同时保证了影片影像质量的始终如一。

目前,在全球 100 多家数字电影影院中,美洲的美国拥有 50 多家,居世界第一位,中国有 10 多家,日本拥有 10 多家,其余分布在世界其他国家与地区。

国内的数字电影虽已在六七年前开始尝试,但真正起步是在 1996 年长沙全国电影工作会议以后,在这次会议上"数字电影制作"被隆重地提上日程,确定为我国电影技术今后发展的突破口。在此之后,我国瞄准世界先进的电影数字制作技术,投入了大量资金,引进了先进的技术设备。1999 年,国家计划与发展委员会批准了国家广播电影电视总局的"电影数字制作产品示范工程"。2002 年 8 月 7 日,国家广播电影电视总局发布了《数字电影管理暂行规定》《数字电影技术要求(暂行)》,标志着国家对数字电影的发展与管理步入了法制化、规范化层面。

三、数字电影的管理

2002 年 8 月 7 日,国家广播电影电视总局发布了《数字电影管理暂行规定》《数字电影技术要求(暂行)》,对全国数字电影的生产制作、发行、放映、进出口等作了明确的法律规定,加强了国内数字电影的规范与管理。

此外更为重要的是，国内数字电影产业自身还处于萌芽时期，目前所面临的最大困境是经济问题与人才问题。国内数字电影投入非常大，但是很难产生利润，缺乏数字化电影的多层次人才，而且各个数字化电影企业之间缺乏战略性的合作。这些都是国内数字电影未来做大做强所必须解决的问题。尤其要重点解决数字电影技术的引进、吸收、应用，在此基础上做稳做大国内数字电影产业，然后逐步实现数字电影技术的改进与创新，最终摆脱对国外数字电影技术的依赖。

思考练习

1. 你是否收听网络广播？若会，请谈谈你听网络广播的体会。
2. 举例解析数字广播的优越性。
3. 以自己的观察，说说数字电视相对于传统模拟电视有哪些优势特点。
4. 你会收看IPTV吗？若会，请讲述你的经历。
5. 组成一个调查小组去调查当地商业中心地段楼宇电视的收视效果。
6. 以自己平时的经历与观察谈谈移动电视的现状与问题。
7. 你会经常看数字电影吗？若会，请介绍你的经历与体会。

第八章 印刷新媒体

解放日报报业集团首次推出"4i"数字新媒体

解放日报报业集团与荷兰 iRex 科技公司合作研发的"4i"电子新媒体相继问世。其中上海手机报 i-news 于 2006 年 1 月启动，数码杂志 i-mook 在 2006 年 3 月推出，全球首张电子报纸 i-paper 于 2006 年 6 月推出，公共新闻视屏 i-street 在 2006 年 9 月铺设。在此基础上，作为解放日报报业集团参与"数字报业实验计划"迈出重要一步的是，中共上海市委机关报《解放日报》从 2006 年 9 月 25 日起，在解放网正式推出数字报纸。

电子报纸阅读器如口袋书一样大小，轻薄小巧，可一掌在手。方便地轻触电子报阅览器右上方的按钮，显示器上跳出"Downloading Jfdaily"（下载《解放日报》）的字样，45 秒后，下载完毕，触摸笔轻点文件夹，"缩小"的《解放日报》头版完整、清晰地呈现出来，图文并茂，对哪篇文章感兴趣，只要再用触摸笔轻点这篇文章，页面立即翻新，即可细细品读。

"我感觉自己像 1969 年美国宇航员在人类历史上第一次登上月球，我在经历一个伟大的奇迹，具有非凡的意义！"在接受记者采访时，首批体验读者之一、IT 专家林晔兴奋地说。

另一名体验读者说："白纸黑字，我觉得自己就在读传统报纸呀！"原来，电子报采用了电子纸显示技术，而不是传统的液晶技术。在电压的作用下，带电荷的黑白颗粒上下运动，当白色的颗粒驱动到表面时，电子报就是"白纸"。反之，当黑色颗粒漂浮到表面时，电子报上就出现"黑字"。

当整个页面显示完成之后，中央处理器将不需要再继续运行，呈现的内容在没有电压支持的情况下保持原样，读报时不需要电池。这种电子报解决了传统液晶显示屏的背光问题，不仅方便室内浏览，而且更适合于户外阅读，以达到一种最舒服的纸感阅读效果。

> **学习要点：**
> 1. 了解电子图书并学会使用一般的电子图书
> 2. 了解电子报纸并学会阅读一般的电子报纸
> 3. 了解电子杂志并学会编辑一般的电子杂志

一般地，印刷新媒体主要包括电子图书、电子报纸与电子杂志，也有学者把这三者一起概括为电子出版或数字出版或网络出版。这些电子出版物虽然是借助于通信网络技术，以数字化形式在通信网络中传播，但是仍旧以图书、杂志、报纸的形式呈现，所以，我们认为这是数字技术、计算机网络技术、移动通信技术与传统书籍、报纸、杂志相结合而形成的新媒体形态。这些印刷新媒体往往通过以下三种方式呈现：一是对早期书籍、报纸、杂志等进行人工输入、电子扫描、拍照识别，将传统的纸质媒体数字化，以电子出版物的形式存储发行；二是利用网络多媒体软件技术，结合 Web 交互作用创作出来的电子出版物，且不存在纸质版本；三是以传统手法创作，但以电子形式出版，包括先后或同时以纸质和电子两种形式出版发行。[①]

第一节　电子图书

电子图书作为数字化的书籍新形态，无论在技术上还是在生产、发行与阅读消费上都呈现出新的特征，而且体现出明显的优越性，甚至引发新的读书习惯与方式的革命。

一、电子图书的概念与特征

电子图书作为一种新出现的数字化的电子出版物，自有其特有的定义与特征。

---

① 岳泉，汪徽志，刘红珠.新媒介概论.南京：南京大学出版社，2010：259.

(一) 电子图书的概念

关于电子图书的定义还没有形成一致的观点,国内的主要代表性观点有:

电子图书(E-book,Electronic Book),20世纪70年代末,由美国布朗大学教授安德里斯·范·达姆首创,指的是通过相关的计算机技术将文字、图片、声音、视频等内容数码化后储存于光、电、磁等介质设备中,借用特定的阅读设备来读取。①

电子图书又称 E-book,是指以数字代码方式将图、文、声、像等信息存储在磁、光、电介质上,通过计算机或类似设备使用,并可复制发行的大众传播媒体。②

电子图书是指以互联网为流通渠道,以数字化内容为流通介质,以网上支付为主要交换方式的一种崭新的信息载体,是继印刷出版物之后出现的一种全新的图书类型。③

电子图书是伴随着信息技术、网络技术的发展应运而生的一种新的图书形式,是以光磁等存储方式为媒介的图书信息产品,是图书的数字化出版。文字的载体不是纸张,而是各种各样的数字存储设备:家用电脑、掌上电脑和其他手持阅读设备等。④

E-book 是 Electronic Book 的缩写,可直译为电子图书。概括起来理解,E-book 有两个层面的含义。其一,它是网络时代的新生产物,是以互联网为流通渠道,以数字内容为流通介质,以网上支付为主要交换手段的一种崭新的信息传播方式,即网络出版。其二,E-book 也是专用硬件阅读器的简称。⑤

综合起来,我们认为:电子图书(E-book),指的是将文字、图片、声音、视频等内容数字化生产,以网络数据库或 CD-ROM 等电子介质存储,通过互联网、光盘、软盘或者其他网络出版与发行,并通过特定阅读器或浏览器阅读的"书"。

所以,一般的电子图书有三个要素:一是能够在互联网中传输的特殊格

---

① 宫承波.新媒体概论(第2版).北京:中国广播电视出版社,2009:93.
② 张海鹰,耿爱静.电子图书的现状分析.情报科学,2001(11):12-18.
③ 黄立华,赵莲芳.电子图书文件格式及其制作阅读工具的分析研究.图书情报工作,2002(9):56-59.
④ 刘学燕.电子图书基本要素及其发展探析.图书馆工作与研究,2009(3):29-30.
⑤ 周劲.E-book 数字之花悄然开放:关于 E-book 的几个话题.中国出版,2002(1):53.

式,也就是说,E-book 的内容,主要是以特殊的格式制作而成,可在有线或无线网络上传播的图书。其主要格式有 PDF、EXE、CHM、UMD、PDG、JAR、PDB、TXT、BRM 等。二是电子书的阅读器,它包括桌面上电子书的个人计算机、个人手持数字设备(PDA)、专门的电子设备,如"翰林电子书"等。三是电子书的阅读软件,如 Adobe 公司的 Acrobat Reader、Glassbook 公司的 Glass book、微软的 Microsoft Reader、超星公司的 SSReader 等。

其中电子图书的储存格式又主要有三种:一是完全执行文件,这种形式的电子图书一般带有保护性质,资料量大,有保密性,可阅读性比较差,适合于内部刊物等。二是专有格式,这种形式的电子图书需要用某种专门的阅读器阅读,功能比较固定,目前仅有国外几种阅读器适用,升级、二次开发依赖国外软件商的升级,不利于国内快速拓展的电子图书市场的发展。三是通用格式,这种形式的电子图书一般以通用的图文混排格式制作,即使没有阅读器,一般用户也可在自己的电脑上阅读,而定制的增强功能的阅读器则可以发挥更高的阅读效率。

(二) 电子图书的特征

电子图书作为数字网络时代新的出版物,其主要特点是信息量大、成本低廉、方便实用、可读性强等。

1. 信息量大

电子图书的存储介质是光、电、磁等电子介质,所以较传统书籍而言,其容量更大,可以容纳更多的信息量,包含图、文、声、像等数字化资料。尤其随着计算机运算能力、储存设备容量、网络通信传输能力的提高,电子图书的内容几乎不受任何限制,得以持续扩大与延伸。现在基本上除了比较专业的古代典籍,大部分传统书籍都搬上了互联网,这就使电子图书读者有近乎无限的知识来源。

2. 成本低廉

电子书不再依赖于纸张,以磁性储存介质取而代之。得益于磁性介质储存的高性能,一张 700MB 的光盘可以代替传统的三亿字的纸质图书,这大大减少了木材的消耗和空间的占用。相同的容量比较,存储体的价格可以是传统媒体价格的 1/10—1/100,甚至更低。同时电子图书可以省去纸张费、印刷费、包装费、运输费、店租费等。

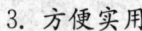

3. 方便实用

电子图书存储空间小，携带方便。电子图书还便于浏览、信息检索，甚至可以同时与他人共享。且在阅读过程中，电子图书还可以使用电子书签、文字加亮、圈注以及改变字体和文字拷贝等辅助手段。此外，电子图书还具有便捷的复制、备份、修订等功能。

4. 可读性强

电子图书一般都不仅仅是纯文字，而是添加了许多多媒体元素，诸如图像、声音、影像等，内容多姿多彩，大大吸引了读者的阅读。电子图书还可以以更灵活的方式组织信息，方便读者阅读。

二、电子图书的起源与发展历程

电子图书的概念最早出现于20世纪40年代的科幻小说中。后来，人们不断地尝试把幻想变为现实，并开发了一些试验性产品。其中索尼公司曾研制出一种名为Bookman的产品，可惜由于其存在屏幕过小、电池支持时间短、无版权保护措施等缺陷，未能被读者广为接受。1995年10月，美国出现了可供阅读和存储文本的袖装Softbook，随即Nuvo Media公司推出了火箭书（Rocket book），这标志着电子图书的正式诞生。

后来随着电子图书的普及与应用，电子图书首先采用Login授权的方式从远程登录到电子图书的服务器去取，然后才能阅读。这种阅读方式由于无法保护版权，所以现在基本上仅内部公司用于文件的对传。后来电子图书逐步发展到可以通过镜像、远程访问等模式进行阅读和下载，各数字图书馆相继开发了各种图书文件格式及其阅读器，如Adobe公司的Acrobat Reader、Glassbook公司的Glass book、微软的Microsoft Reader、超星公司的SSReader等。这些阅读器既可以让读者远程阅读又可以保护版权，所以受到出版社和作者的欢迎。之后，则出现了电子图书的资源整合。2005年Google把哈佛大学、斯坦福大学、密歇根大学图书馆等5所大型图书馆收藏的书籍全部扫描上网，供网民在线搜索浏览，用户可以搜索浏览到少量摘选内容，但无法打印和下载全书。虽然一开始遭到美国出版协会的起诉，后来双方达成协议。所以，Google成为供全球网民在线使用的超大型数字图书馆。

据2007年上海书展上发布的一份研究报告预测，2008年，中国50%以上的网上书店销售电子图书；2010年，90%以上的出版社出版电子图书；2015

年,中国电子图书的销售会达到100亿元,利润贡献将达到50%。据国际权威人士预测,到2020年,电子图书的销售额将达到全球出版业总销售额的50%,而到2030年,这一比例将达到90%。而根据百道新出版研究院2011年公布的《中国电子书产业研究报告》显示,2010年国内电子书阅读器全年销量达到了103.49万部。

随着阅读需求的不断演变,读者对电子阅读器的使用体验有着更高的要求。甚至有人预言未来电子阅读器技术的演变可能会由黑白、静态发展到彩色、动态再发展到柔性(可折叠)且使用太阳能。而且未来电子书的外形将与现在的纸质书籍相差无二,加上"双面显示,多屏重叠阅读"的技术,纸质书籍将逐渐退出历史舞台。同时不超过500 g的"体重"和不超过1 cm厚度的电子教科书将会出现,并掀起教育行业的一大变革,让喊了多年的"学习减负"彻底变成现实,孩子们不再背负沉重的书包上学,兜里揣上一个小巧的电子教科书即可,因为所有的课本内容校方在开学之初就已全部"装"到这个电子教科书中了。

三、电子图书的使用与管理

目前,电子图书的使用主要有四种类型:一是面向读者的销售,即通过网上书店面向读者销售电子图书,读者通过网络付费后下载阅读。二是数字图书馆,数字图书馆系统可以批量或单本购买电子图书,读者通过数字图书馆借还电子图书。三是移动阅读,通过将购买的电子图书下载到手机或手持阅读器上,随时随地阅读。四是在线阅读,不提供下载功能,只能登录网站在线浏览阅读。

目前,电子图书业虽然蓬勃发展,前景看好,但是整体上资源数量不足,而且良莠不齐,网络盗版侵权问题严重,加上大多数人习惯于阅读纸质图书与免费阅读,所以电子图书在短期内还处于电子图书市场的培育阶段。同时各出版社除积极将纸质书数字化外,还可以依据属性发挥各自的特色,为读者提供多样化的选择;为读者提供多种阅读界面,可直接在电脑上阅读,也可下载至阅读机阅读,加强不同系统的相容性。逐步尝试建立付费下载制度,提供线上试读,促使读者付费下载,并且提供读者安全便利的付费方式。在此基础上,提供阅读之外的服务平台,强调电子书的互动性,开辟作家与读者之间的交流管道,甚至可以进一步设置个人出版平台,提供制作电子书的服务,以实现个人出版的梦想。此外,还应该建立电子书评审机制,由权威单位通过评审提出精选书单,这样做除对图书馆收藏有帮助外,对读者阅读或购买也具有参考价值,还有助于引导电子图书市场的良性发展与繁荣。

第二节 电子报纸

随着网络新媒体的盛行与激烈的竞争,报纸"寒冬论"与"消亡论"甚嚣尘上,这在舆论上对现有纸质报纸是极端不利的。事实上,我们发现报纸的读者对传统报纸忠诚的阅读习惯是不可能一夜之间说改变就能改变的,但无纸化的电子报纸也切合大部分报纸读者的需求与阅读习惯。

一、电子报纸的概念与特征

电子报纸虽然保留了传统报纸的形态和内容,但是因为数字化生产与网络化传播,所以电子报纸仍呈现出自身特有的一些特点。

(一) 电子报纸的概念

目前关于电子报纸的定义还没有形成一致的观点,其中有代表性的观点有:

美国国会图书馆目录部 1997 年关于电子报纸的定义:电子报纸是一种远端存取的电脑文件型报纸。该定义包含两个要素:一是电子报纸必须是报纸,即必须具有纸质报纸的本质属性;二是远端可得的电脑文件系列,以机读格式发行,通过输入、输出装置连接电脑进行阅读的连续出版物。①

电子报纸是一张个性化的电子报纸,是一个带超薄型大平面显示板的移动式网络计算机,不仅有图文声音,甚至扩展到三维空间。它以自我为中心,按照受众的需要进行信息项目自主选择、组织。②

电子报纸是一种以电子纸为载体,能够远端存取图文、声音、动画等多媒体信息的新型报纸。它既承袭了传统报纸的版面优势,又具有海量存储、互

---

① 金兼斌.电子报纸与网络传播.新闻与传播研究,1998(3):24-33,93-94.
② 北京金路公务员考试研究中心.科技文献版公务员行测:文章阅读.http://bj.yuloo.com.

动、实时传播、数据反馈、个性化对接等数字化介质的优势,属于数字化时代的新媒体。①

综合起来,我们认为电子报纸的核心要素,即电子报纸必须具备的两个基本条件就是:一是要有固定出版周期和栏目结构等传统印刷报纸的特征;二是通过电脑等阅读设备阅读,并依靠互联网发行的电子出版物。

所以电子报纸一般包括三种形式:网络版电子报纸,以光盘或硬盘等载体存储和发行的报纸,以及融合了报纸、计算机和网络特点且内含微电脑芯片,能通过通信网络自由存取阅读但外形类似普通报纸的全新电子报纸。

电子报纸是能通过通信网络存取阅读的,所以电子报纸大多会在互联网上出现。网上电子报纸往往呈现出四种形式:一是在互联网上独立建站,原封不动地把纸质报纸内容搬上网络;二是在互联网上独立建站,上网报纸在提供原有内容的同时,根据报纸的侧重提供相应的新闻、信息和其他一些服务;三是在互联网上独立建站,报纸内容仅为网站其中一小部分,更多的是其他包罗万象的综合性信息;四是多家报纸联合建立的大型新闻网站。

(二)电子报纸的特征

电子报纸最明显的特点就是数字化、生产成本低与可读性强。

1. 数字化

这是电子报纸的核心与精髓,生产、制作、发行与阅读全过程都是"0"和"1"的数字化,虽然保留传统报纸的外形特征,但不再有纸张、油墨、印刷机等的使用,整个过程都在计算机网络或计算机等电子设备中完成。

2. 生产成本低

因为电子报纸告别了纸与墨,而以字节形式在电子设备上存储且在网络空间传输,取消了订阅、印刷、派送等多个环节,免去了印刷、油墨、纸张与流通的成本,所以整体上使电子报纸生产成本降低了不少。

3. 可读性强

电子报纸通过网络技术和多媒体技术来生产,所以电子报纸的内容既有文字、图片,还有声音与视频,内容多姿多彩,声情并茂,而且用户还可以根据自己的需求自主选择、检索、评价、讨论并编辑,展开交流与互动。这些都大大提高了电子报纸的可读性。

---

① 岳泉,汪徽志,刘红珠.新媒介概论.南京:南京大学出版社,2010:279.

二、电子报纸的起源与发展历程

电子报纸最初由美国的《哥伦布电讯报》于 1980 年推出。根据戴维·卡尔森教授所编的《在线大事年表》中称"1980 年 7 月《哥伦布电讯报》(Columbus Dispatch) 成为通过 CompuServe 公司提供电子版 (Electronic Edition) 的第一家报纸,该公司当时共有 3 600 家订户"。读者家中装有与电脑中心连接的电脑终端,电脑可同时提供多种报纸内容,由读者选看。之后《纽约时报》(New York Times)、《弗吉尼亚向导与纪事明星报》(Virginian Pilot and Ledger Star)、《华盛顿邮报》(Washington Post)、《旧金山纪事报》(San Francisco Chronicle)、《洛杉矶时报》(Los Angeles Times)、《圣路易邮报》(St. Louis Post-Dispatch)、《明尼阿波利斯明星论坛报》(Minneapolis Star and Tribune)、《亚特兰大日报和宪法报》(Atlanta Journal and Constitution)、《旧金山考察者报》(San Francisco Examiner)、《米德尔塞克斯新闻》(Middlesex News)10 家报纸每天把计算机存储的电子版通过调制解调器和电话线传送到 CompuServe 公司在哥伦布市的主机,公司这时的订户已增至 2 万多。当时 CompuServe 传送报纸电子版是采用 video tex 模式,读者要从带编号的下拉式菜单中检索印刷版的新闻内容。《明尼阿波利斯明星论坛报》在 7 个月后首先退出,试验至 1982 年底全部结束,原因是报社和订户都认为报纸这种发行方式费用太高:在下午 6 时以后上网存取每小时收费 5 美元,每秒只能传输约 30 个字符,按照这种速度,下载一份日报的内容平均需要 6.2 小时。此外,仅仅向订户提供新闻是不够的。美联社和 CompuServe 公司的试验主要提供报纸印刷版的文字新闻,不能传送图片,订户需要更多的服务项目,更需要对话,就社区和国内外各种共同感兴趣的问题交换意见。

1987 年美国的《圣何塞信使报》(San Jose Mercury News)把报纸内容搬上互联网,成为世界上最早上网的报纸。1993 年 5 月 10 日,该报网站开设于美国在线,1994 年 12 月推出万维网测试版,1995 年 1 月 20 日正式在万维网上完整推出。① 之后迎来了报纸上网的高峰,据有关资料表明,1994 年到 1996 年初,全球上网报纸为 900 家左右,1997 年 10 月达到 2 300 家。1998 年 10 月初,《美国新闻评论》杂志网站公布的数据表明,全世界的网络报纸已增长至 4 295 家,1998 年底增至 4 925 家,而如今网络报纸的发展更是突飞猛

---

① 宋昭勋. 网络新闻学历史与定义. 国际新闻界,2007(3):40-43.

进。总的来看,网络报纸的发展大致有以下几个阶段:一是电子版阶段,即网上所有内容都是纸质报纸的翻版。二是超链接阶段,即通过网页上具有特定颜色的超链接,使读者随时通过链接从这一网站跳到另一网站,以寻求所需信息。同时,在各网络报纸的网站上还开辟 BBS、邮件列表等服务,供受众在网上发布信息。三是多媒体阶段,由于技术水平及设备完善程度的限制,网络报纸要达到完整的多媒体阶段还有待时日。

与此同时,欧美和日本在电子纸研发方面取得了突破,这种"电子纸"不仅可以显示报纸内容,而且还可以更新、修改与重复使用。2000 年,美国电子墨水公司宣布研制出世界上第一张可卷曲的黑白"电子纸"。2002 年,日本出现了第一张彩色"电子纸"。2002 年 11 月,美国俄亥俄州的肯特州立大学新闻与大众传媒学院教授、信息设计试验室负责人罗杰尔·费德尔创造了电子便携报纸——"肯特格式数字新闻书"。这个"新闻书"把图像和声音结合在一起,随时可以进行人机交流,弥补了报纸的先天缺陷,同时又承袭了报纸善于深度报道的传统优势和版式风格。① 2004 年,荷兰飞利浦集团推出世界首台用于商业的电子报纸显示器模块设备,显示质量可与现有报纸媲美,而且具有重量轻、便于携带等特点。近些年来美国《纽约时报》、英国《每日电讯报》、法国《世界报》等报社都纷纷行动推出电子报纸的计划。

中国电子报纸起步晚,但发展速度快。1994 年 2 月,《杭州日报》创办了我国首份电子报纸,入网用户可以通过电脑调阅报纸的内容。1994 年 10 月,《中国贸易报》成为国内首家正式发行汉英双语的全国性报纸电子版,同时也是中国第一家在网络上发行的日报。1998 年初,我国上网报纸已达 273 种,到 2003 年 8 月,通过搜索器检索出来的国内中文报纸站点已达 2 000 多家。

2006 年 4 月 14 日,解放日报报业集团和荷兰电子阅读器制造商 IREX 公司联合推出中国乃至世界的第一张电子报纸。这份电子报纸以阅读器进行呈现,轻薄小巧,页面可翻新。2006 年 10 月 25 日,宁波日报报业集团推出 iRex 电子报纸《宁波播报》,2006 年 10 月 27 日,烟台日报传媒集团全面开通了旗下四报三刊的 iRex 电子报刊,成为全球首家全面进入电子纸时代的传媒集团。2006 年 12 月 13 日,广州日报报业集团也推出了电子报纸《广州日报移动数字报纸》,并由大洋网、广州金蟾软件研发中心和中国香港权智集团三方合作推出的 1/8 版《广州日报》大小的电子纸阅读器支持阅读。之后,湖南

---

① 曾凡斌.发展数字报业战略的关键点及需要注意的问题.中国报业,2006(10):23-37.

日报报业集团、苏州日报报业集团等都纷纷参与电子报纸的研发。

三、电子报纸的使用与管理

随着网络时代的不断发展,"电子报纸"的出现与普及,使得纸质报纸将逐渐退出历史舞台。但目前来说,由于电子报纸仍处于研究与试验阶段,网民主要是通过商业门户网站和新闻网站浏览网络新闻或报纸 PDF 版。随着相关材料技术与多媒体技术的升级,一种超薄、超轻的显示屏,即理解为像纸一样薄、柔软、可擦写的显示器的"电子报纸"问世与普及,网民只要购买一个阅读器就可以随时随地随便看任意报纸了。

目前网络报纸大部分是免费的,《纽约时报》曾经收费浏览,后来又改为免费,但对于信息资料查询等服务项目实行有偿服务,以此拓宽收益渠道。但是电子报纸除了依靠广告之外,无论是出售阅读器还是有偿订阅都应该是未来应该积极尝试与探索的内容。

第三节 电子杂志

电子杂志作为网络与传统杂志相结合的产物,自出现以后,不仅深深吸引了网民的关注,同时由于使用和创办技术门槛低,网民爱好者纷纷都自己制作电子杂志,同时很多单位也纷纷制作传阅电子内刊,甚至有电子杂志在国际互联网上广泛发行与传阅。

一、电子杂志的概念、分类与特征

电子杂志作为数字化网络发行的多媒体杂志新形式,自有其明显的特点与内涵。

(一)电子杂志的概念

电子杂志(E-magazine),又称电子期刊(E-journal)、数字期刊(Digital-journal)、数字杂志(Digital-magazine)、网络杂志、互动杂志、多媒体杂志。目前对于电子杂志的定义还没有形成统一的观点,其中有代表性的定义主要有:

新闻出版总署在2008年给出的定义：是指以数字代码方式，将有知识性、思想性内容的信息编辑加工后存储在固定物理形态的磁、光、电等介质上，通过电子阅读、显示、播放设备读取使用的大众传播媒体，包括只读光盘（CD-ROM、DVD-ROM等）、一次写入光盘（CD-R、DVD-R等）、可擦写光盘（CD-RW、DVD-RW等）、软磁盘、硬磁盘、集成电路卡等，以及新闻出版总署认定的其他媒体形态。①

广义的电子杂志是指以连续方式出版并通过电子媒体发行的杂志，如光盘、联机数据库、网络资源等；狭义的电子杂志是指学术性的电子杂志以电子形式连续出版有关科研成果。②

以计算机技术、网络技术和电子通信技术为依托，通过电子邮件或文件传输方式出版发行的电子杂志。③

以数字形式存储于光磁等介质上，并可以通过计算机设备在本地或远程读取利用的连续出版物，它是现代IT技术发展的产物。④

综合起来看，电子杂志就是数字化出版、多媒体内容杂志形态，通过网络或数字设备发行，并通过在线或离线或阅读器阅读的连续电子出版物。

（二）电子杂志的分类

根据不同的分类标准，电子杂志可以分为不同的类型。其中根据电子杂志的物理载体不同，可以分为软磁盘（FD）、只读光盘（CD-ROM）、交换光盘（CD-I）、图文光盘（CD-G）、视频光盘（VCD）、照片光盘（Photo-CD）和集成电路卡（IC card）、联机或网络化电子杂志。根据电子杂志的出版形式，可以分为纯电子杂志、"电子—印刷"并行杂志两种。根据使用者付费与否，可以分为免费与付费两种。

（三）电子杂志的特征

电子杂志兼具平面与互联网两者的特点，且融入了图像、文字、声音、视

---

① 新闻出版总署.电子出版物出版管理规定（新闻出版总署令第34号）.2008年2月21日.

② 黄晓鹏.我国期刊管理工作研究.北京：北京图书馆出版社，2003：112.

③ 向飚.论网络期刊发展的制约因素.郑州大学学报（哲学社会科学版），2003（6）：154-156.

④ 曾建勋.数字化期刊手册.北京：科学技术文献出版社，2002：32.

频、游戏等通过相互动态结合来呈现给读者。电子杂志还有超链接、即时互动等网络元素，是一种享受型的阅读方式。所以电子杂志具有可视性、交互性、娱乐性、及时性与便捷性等特点。同时电子杂志还具有成本低、订阅方便、形式活泼、内容新潮等优势。此外，电子杂志延展性强，未来可移植到PDA、MOBILE、MP4、PSP及TV（数字电视、机顶盒）等多种个人终端上进行阅读。

二、电子杂志的起源与发展历程

电子杂志起源于20世纪80年代的BBS热潮中。"亡牛的祭奠"（Cult of the Dead Cow）声称于1984年发行了第一部电子杂志，并且持续了20多年之久。但是，这个情况是否属实存在激烈的争议。费力克（Phrack）于1985年发行了自己的电子杂志，不同于"亡牛的祭奠"的单篇文章杂志，费力克的电子杂志每期都包含了各种不同类别的文章，更近似于我们的纸质杂志的模式。网络合作小说杂志——《Dargonzine》于1984年在BITNET的学术网页上制作了自己的电子版本，而且直至今日仍在发行。

国外最早出版发行的电子杂志是1976年10月的EIES项目，即美国新泽西技术研究所主办的电子信息交换系统（The Electronic Information Exchange System，简称EIES）。20世纪70年代初，联机的电子杂志（机读磁带版）出现，如《化学文摘》（CA）、《工程索引》（EI）、《科学文摘》（SA）等书目数据库。这些数据库通过DIALOG、ORBIT、BRS等大型联机系统，供世界各地用户检索。[1] 20世纪90年代初，国际出版物市场出现了利用CD-ROM只读光盘制作的联机杂志全文检索产品，如著名的《哈佛商业评论》（Harvard Business Review）。[2] 从1996年开始，主流出版商和发行中介商大规模地开展杂志上网，将原先许多享有盛名的杂志出版物放到Web服务器上，如著名的Reed Elsevier、Academic Press、OCLC等。杂志网络版成为电子杂志最盛行的形式。目前全世界的主流杂志几乎都出版电子版或拥有独立的网站，提供网络版。

1992年中国科技信息研究所重庆分所在我国率先推出了《中文科技期刊光盘篇名数据库》，标志着我国电子杂志的产生。1994年4月世界上出现了第一种中文的网络电子杂志《华夏文摘》，标志着中文网络电子杂志的诞生。

---

[1] 罗良道.电子期刊：现状与发展.晋图学刊，2000(3)：22-24.
[2] 彭伟.网上电子期刊研究.情报科学，2000(4)：296-300.

1995年1月,由原国家教育委员会主办的《神州学人》创刊,并通过教科网(CERNET)向全球发行,它是我国大陆第一种上网发行的电子杂志。此后,国内电子杂志不断涌现,1996年1月,清华大学光盘国家工程研究中心开发的《中国学术期刊(光盘版)》问世,后来发展成为国内最大的中文学术期刊数据库之一——中国知网(www.cnki.net)。至今我国大型电子学术杂志数据库还有万方数据库(www.wanfangdata.com.cn)与维普数据库(www.cqvip.com)。

随着Web2.0的到来,Flash、博客与电子杂志相融合,出现了多媒体网络杂志,尤其是电子杂志制作平台的面世,使电子杂志进入DIY"自媒体"时代。2003年,电子杂志平台Xplus(www.xplus.com.cn)成立。还有Xdoc多媒体杂志(www.xdoc.com.cn)、Vika网络杂志(www.vika.cn)、Poco(www.poco.com)、Zcom(www.zcom.com)、魔幻盒子(www.magbox.cn)等电子杂志平台。2005年,国内网络杂志种数达到100余种,电子杂志平台出现了20多家。

中国社会科学院文化研究中心公布的《文化蓝皮书》(2011年)显示:2009年,我国网络期刊全文数据库销售收入为6亿元;2008年,我国网络期刊全文数据库销售收入为3.6亿元。这意味着其年度增长幅度达到75.4%。据《中国期刊年鉴》(2009年卷)称,仅就主要网络期刊全文数据库网站统计,其期刊文献的年度总访问次数多达60亿次,同比增长约75%。而且,自2010年以iPad为代表的平板电脑、电子阅读器热卖以来,曾遭遇发展瓶颈的E-Only期刊,也取得了戏剧性的增长。2010年初,移动互联网阅读平台"读览天下"每个月下载量才30多万本,到2010年底,数据已达200多万本,下载量月增速达50%,手机杂志用户年度增长率更是达40.6%。

三、电子杂志的使用与管理

电子杂志的使用既可以付费登录大型电子杂志数据库直接查找浏览,也可以在杂志专有网站通过免费或付费登录直接浏览,或者下载浏览器或购买阅读器阅读自己所需要的电子杂志,还可以去电子杂志平台制作一本自己喜欢的电子杂志,并传给自己的朋友浏览。

电子杂志在国内发展很快,但是它目前主要存在的问题有:重视形式而忽视内容,缺乏应有的资金支持,电子数据库的更新与维护滞后,下载速度太慢,内容的同质化明显等。这些都是电子杂志在今后的发展中必须解决的问题。

同时国家新闻出版总署于2008年修订发布了《电子出版物出版管理规定》,从宏观上在法制层面对电子杂志的市场与行业发展加强了规范与管理。所以,未来电子杂志的发展应在国家法律、政策的支持下,不断提升技术升级、改进服务水平,积极营销与推广,全面普及电子杂志的阅读,从而实现产业的全面发展。

思考练习

1. 你是否读过电子图书?若读过,请你讲述你的经历与体会。
2. 你是否读过电子报纸?若读过,请你介绍你所读的某一种电子报纸的情况。
3. 以自己的兴趣与爱好为主题,设计编辑一本电子杂志。

第九章　手机新媒体

《扬子晚报·手机报》：吃螃蟹的感觉不错

《扬子晚报》早在2001年7月30日就推出了短信版的"扬子随身看"，成为中国报业最早一批"手机报"的践行者。在5年的实践和探索过程中，"扬子随身看"从原来的定时播发，变成了全天候滚动播发。随着技术的发展，又及时推出了基于彩信、WAP技术的"扬子随身看"。2005年7月，与江苏三大电信运营商合作，推出全国第一家手机语音(IVR)听新闻的新业务——"扬子随身听"，进一步拓展了"扬子随身看"的内容，所有江苏移动、联通、电信用户均可通过手机听到当日的新闻。2006年4月，与江苏移动合作，推出江苏系列手机彩信报刊，集文字、图片、声音、视频、动画于一体，浓缩《扬子晚报》的全部精华，并按手机用户的喜好、消费特点进行分类。"扬子随身看"按品种可以分为短信、语音、WAP、彩信等，根据手机用户的喜好，每个品种又分为新闻快讯、服务超市、娱乐休闲等栏目。根据运营商的规定和要求，"扬子随身看"每个品种的每个栏目又分包月定制和按条点播，每个业务的包月定制费用在5~10元，每条点播费用在0.2~1元。2006年9月，"扬子随身看"系列彩信报刊的订阅人群已经超过3万人，并在不断扩大中，2005年该业务的营业收入达到160万元左右。

在3G真正投入使用前，手机报不太可能做大，现在的手机报只是一种过渡产品。现阶段我们主要是利用手机报这种形式，为不同用户设置个性化的内容，吸引更多用户的参与，最终目的是探索报纸如何利用新技术实现数字化转型。随着3G时代的到来，手机报的内容及表现形式也必然会从平面、静态的文字变为动态、互动的多媒体。

学习要点：
1. 了解并学会使用手机短信、彩信与彩铃
2. 了解并学会使用手机图书、报纸与杂志
3. 了解并学会使用手机广播、电视与电影

根据中国电信、中国移动、中国联通三大电信运营商于2013年3月份发布的财务报表数据显示，截至2013年2月，中国手机用户已经达到11亿，2012年三大电信运营商营业总收入达10 924亿元人民币。手机（Mobile），即"移动电话"，在日本及中国港台地区通常称为"手提电话""手电""携带电话"。原本仅为语音通话的通信接收终端，但随着手机与互联网的结合，使用的广泛普及，手机开始逐渐成为人际传播与大众传播兼而有之的又一大众传媒，也即被称为继报纸、广播、电视、互联网之后的"第五媒体"——手机媒体。

目前国内关于手机媒体的定义还没有形成一致的观点。其中有代表性的观点主要有：

手机媒体，是指通过手机终端，进行各种（文字、音频、视频等形式）媒体内容的传播。[1]

手机媒体，是以手机为视听终端、手机上网为平台的个性化信息传播载体，它是以分众为传播目标，以定向为传播效果，以互动为传播应用的大众传播媒介，也叫"第五媒体"或"移动网络媒体"。[2]

作为继报刊、广播、电视、互联网之后的"第五媒体"，手机媒体在语音通话的基础上，已经不断发展并产生了手机短信、手机报纸、手机广播、手机电视、手机电影等具体的新媒体形态。

---

[1] 匡文波.手机媒体概论.北京：中国人民大学出版社，2006：5.
[2] 朱海松.第五媒体：无线营销下的分众传媒与定向传播.广州：广东经济出版社，2005：11.

第一节 手机短信、彩信、彩铃

手机媒体作为新媒体，最初级也是最基础的就是语音与文字的信息传播，手机媒体文字与语音传播的具体形式又构成了我们日常生活中常见的新媒体形态，那就是手机短信、手机彩信与手机彩铃。

一、手机短信

手机短信是手机人际交流中最简单的文字信息，但是这种传播形式被为数众多的人使用之后，就会产生社会性影响，所以手机短信逐渐被社会公众所关注与重视。

（一）手机短信的概念

手机短信（SMS，Short Message Service），即短消息服务，是电信领域的一种增值服务，指的是用户通过手机或其他电信终端直接发送或接收的文字或数字信息，用户每次能接收和发送短信的字符数，是 140 个英文或数字字符（字节），或者 70 个中文字符。

（二）手机短信的特点

手机短信最主要的特点是传播快捷、操作简便、成本低廉、信息容量小等。

1. 传播快捷

手机短信可以随时随地点对点地传播，跨越了时间、地域的限制，近乎达到了实时同步的效果。短信的传收双方都能在弹指间获得信息，并及时快速地回复，可以做到反馈及时，尤其是短信的群发可以使一条消息在数秒钟之内传遍全球，这就更彰显了其传播的快速。

2. 操作简便

用户无须开通短信业务就可以随时随地收发短信，既没有高端的设备也无须掌握特别的技术，只要会写字就可以根据自己的需求自主撰写相关的文字内容，修改方便，操作简单，几乎人人都会。

3. 成本低廉

随着手机用户群体的扩大和短信资费的降低,发短信的价格越来越低。现在国内短信基本价格是每条0.1元,而且还有很多套餐服务,几乎免费让用户发短信。正因为如此便宜,所以越来越多的用户选择短信服务,每年全国发送的短信近万亿条。

4. 信息容量小

用户每次能接收和发送短信的字符数,仅为140个英文或数字字符(字节),或者70个中文字符,而且只能用文字编辑,缺乏相应的图像资料,所以用户略感缺憾。

(三)手机短信的发展

手机短信(SMS)是在20世纪80年代被提出的,直到1992年,世界第一大移动通信运营商英国沃达丰的GSM网络通过电脑向手机发送成功世界上第一条短信息。我国最早的短信服务开始于1995年,当时叫做"中文短消息"业务。目前这种短消息的长度被限定在140个字节之内。其实早在1994年,中国的移动通信网络已经开始具备短信功能,不过当时的手机用户还太少,所以这项业务还不大为人所知。到了2000年,伴随着中国移动通信有限责任公司"移动梦网"计划的推出正式开通了短信服务,发出了中国第一条短信。之后,中国联通跟进推出短信服务。2001年,全国短信发送总量达到189亿条,2005年总量达到了3 046.5亿条,2008年总量达到了6 996.7亿条,目前短信年总量已经超过万亿条。

二、手机彩信

手机彩信是手机短信发展的第三代,在基本原理与特点和手机短信相同的基础上,手机彩信又有其特别之处。

(一)手机彩信的概念

手机彩信(MMS, Multimedia Messaging Service),即多媒体信息服务,是指在GPRS网络的支持下,以WAP(Wireless Application Protocol)无线应用协议为载体,实现即时的手机终端到终端、手机终端到互联网或互联网到手机终端的文字、图像、声音和数据等多媒体信息的传送。

手机彩信的基本特点与手机短信大体一致,但它最大的特色就是支持多媒体功能,能够传递功能全面的内容和信息,这些信息包括文字、图像、声音、数据等各种多媒体格式的信息。

(二)手机彩信的发展

2001年3月,瑞典的爱立信在法国戛纳成功发送全球第一条彩信,标志着手机彩信业务开始正式投入商用。2001年11月,福建泉州的移动通信分公司成功发送国内第一条彩信,此后我国第一个移动多媒体信息服务试验网在泉州正式开通。此后不久,重庆移动通信公司与爱立信签署了合作协议,共同进行彩信服务测试。2002年10月1日,中国移动通信公司率先推出彩信业务。随后,中国联通也在2003年3月推出了具有品牌特色的"彩e"业务。2002年10月,彩信推出时,市场规模仅0.29亿元,2004年,彩信市场规模达到了6.73亿元,2005年,彩信市场规模突破10亿元。目前国内彩信市场规模为至少100亿元。

三、手机彩铃

手机彩铃虽然仅为一种手机接听的铃声,但是由于铃声音乐内容的差异,往往具有不同意义的流露与表达,所以手机彩铃也是不可忽视的手机传播形态之一。

(一)手机彩铃的概念

手机彩铃(CRBT,Coloring Ring Back Tone),全称为"多彩回铃音",又称"个性化回铃音",指的是一种个性化回铃音业务,它由被叫用户定制,为主叫用户提供一段悦耳的音乐或一句问候语来替代普通回铃音的业务。以前的手机多数为手机内置的铃声,现在随着手机的智能化和多样化,可以自己添加手机内置的音乐为手机铃声。当用户开通了彩铃业务后,对方在拨打该用户手机等待接通的时候,听到的将不再是"嘟……嘟……"的回铃音,而是用户特别选定的美妙乐曲或音效,从而尽情展现个性化风采。手机彩铃主要有音乐片段、声效原创与集团彩铃。

(二)手机彩铃的发展

2002年3月,韩国SK Telecom公司最先推出手机彩铃业务,很快韩国电信运营商 LG Telecom 与 KTF 也陆续推出自己的彩铃业务。2003 年,中国移动通信集团公司率先在上海、广东、北京和浙江四省市试推彩铃业务。中国联通也随即推出了"炫铃"业务。2003 年底,中国网通上海分公司第一次在固定电话服务上开通了彩铃业务。2004 年 9 月,中国电信和中国网通也为其网内的小灵通用户开通彩铃业务。国内权威研究机构计世资讯(CCW Research)于 2005 年 5 月出具的调查报告显示,所调查的移动用户中,正在或曾经使用过彩铃业务的用户占 30.3%,综合考虑调查的方式和样本误差,保守估计中国彩铃业务的渗透率已经超过 10%。而国家信息产业部的数据显示,截至 2005 年底,我国彩铃用户数已突破 6 000 万,其市场规模已突破 20 亿。

第二节 手机报纸、图书、杂志

手机媒体作为新出现的"第五媒体",在与数字出版相结合之后产生了手机报纸、手机图书、手机杂志等新旧媒体相结合的新型融合媒体。这些媒体一问世便受到广大受众的欢迎与喜爱。

一、手机报纸

手机报纸虽然是传统报纸与手机平台的嫁接,但却有其自身固有的特点与形式。

(一)手机报纸的概念

目前关于手机报纸的定义还没有形成统一的观点。其中有代表性的定义主要有:

手机报是指将纸质的新闻内容,通过无线电技术平台发送至用户的彩信手机上,使用户每天在第一时间通过手机阅读到当天报纸的精华甚至全部内容;或者用户通过手机直接访问手机报的 WAP 网站在线浏览。[1]

---

[1] (美)约翰·帕夫利克. 新媒体技术:文化和商业背景. 周勇,张平锋,景刚译. 北京:清华大学出版社,2005.

手机报,是最新的移动增值业务与传统媒体的结晶。它是将纸质报纸的新闻内容,通过移动通信技术平台传播,使用户能够通过手机阅读到报纸内容的一种信息传播业务。①

手机报是指传统报业资源与移动通信技术结合,将平面报纸的资讯内容经过精简再编辑后,通过彩信、WAP、短信等技术手段发送到读者的手机终端,根据手机屏幕、容量的特点,一般是将报纸每天相对重要的内容提取出来进行编辑发布。②

综合起来看,所谓手机报纸(Mobile Newspaper),简称手机报,就是将传统报纸信息经过整合编辑后变成适合在手机上观看的新闻,再通过基于 GPRS 等无线网络技术的彩信业务平台将其通过彩信(MMS)发送到用户的手机上,或者用户利用 WAP 连接到网络直接浏览信息的全新传播模式。手机报纸主要有彩信手机报、WAP 手机报、短信手机报、语音(IVR,Interactive Voice Response)手机报、掌信型手机报等具体形式。手机报纸已经成为传统报业继创办网络版、兴办网站之后,跻身电子媒体的又一举措,是报业开发新媒体的一种特殊方式。

(二) 手机报纸的特点

手机报纸最主要的特点是时效性强、互动性高与多媒体化。

1. 时效性强

手机报纸可以实现信息的即时传播和接收。因为手机报的载体是手机,用户随时随身携带,所以,手机报编辑可以将新闻第一时间发送到用户的手机上,省去了报纸的印发环节,特别是遇到突发事件时,手机报可以像网站一样实现新闻的动态传播,用户不仅可以第一时间知道新闻的结果,而且可以时刻关注它的发展过程,使用户身临其境般地感触新闻事件。

2. 互动性高

手机报纸真正实现了传播流程的反馈。手机报的用户可以通过短信等方式实现与手机报编辑的有效互动,不仅可以最快地得到新闻,而且可以得到自己最想获取的新闻。通过互动反馈,每位用户可以实现新闻定制,手机报编辑可以将用户最需要看到的新闻发送过来,真正体现了传播的人性化和个性化。

---

① 匡文波.手机媒体概论.北京:中国人民大学出版社,2006:54.
② 朱海松.手机报:新媒体的最佳利器.广告大观,2009(6):109-110.

3. 多媒体化

手机报所发送的新闻,不是短信意义上的文字新闻,而是一个多媒体数据包。这个多媒体数据包包含了图片、文字、声音、动画等,可涵盖4开8版报纸的全部内容。这样,用户不仅可以去看、去听,而且还可以借助于图片和动画等形式更深刻地去理解新闻,充分调动受众的视听器官,实现新闻的多维阅读。

(三)手机报纸的发展

手机报纸最早在美国与日本等国家兴起。2003年9月1日,江苏的《扬子晚报》联合江苏移动和江苏联通,率先尝试将新闻以报纸的方式登录手机,推出《扬子晚报·手机版》,手机用户可以通过手机订阅《扬子晚报》的新闻内容。2004年7月,《中国妇女报》与北京好易时空公司推出了《中国妇女报·彩信版》,并提出了"彩信+报刊≥资讯2"的口号,每天在第一时间将该报的新闻图文发送到定制用户的手机上。它包含一个精粹版和一个全文版,这是国内真正意义上的第一家手机报。2005年,杭州日报报业集团和杭州移动合作,推出了一份彩信手机报,它以《杭州日报》《都市快报》《每日商报》为主要的信息来源,把信息整合编辑成适合在手机上阅读的新闻,再通过基于GPRS技术的彩信平台,将新闻通过彩信发送到用户的手机上。2005年8月,广东移动、新华社广东分社、《南方周末》《羊城晚报》《广州日报》联合推出《南方手机报》。2005年10月,中国移动推出《中国手机报》。2007年2月28日,《人民日报》面向全国正式发行手机报——《中国手机报》WAP和彩信两个版本。据统计,2008年,全国绝大多数党报和都市报都与运营商合作开办了手机报。2008年,中国移动的手机报用户超过了4 000万户。

(四)手机报纸的经营

目前手机报纸的盈利主要是通过向彩信定制用户收取包月订阅费、WAP网站浏览用户采取按时间计费和广告投放三种方式。但是由于手机报纸信息容量小、资费偏高以及手机报纸读者群规模小等,再加上运营和盈利模式的单一,手机报的运营总体上仍处于初级市场的试验与探索阶段。所以手机报纸在今后的经营过程中首先必须解决上述问题,拓宽与探索其他相关的收益模式。

二、手机图书

手机图书,即手机电子书、手机出版。作为一种以手机为载体的图书的新形态,手机图书自有其固有的属性与特点。

(一)手机图书的概念

手机图书,指的就是具有合法出版资格的出版单位,通过以手机为载体,以移动通信网络为流通渠道,出版销售的数字图书(或电子书)。在手机图书的出版过程中,出版机构或者手机内容供应商以及其他商业实体都以移动通信设备为平台,进行图书选题策划、编辑出版、信息发布、宣传营销以及售后服务。手机图书主要有短信和彩信版、登录出版网站网址或 WAP 版、阅读软件预置版、纸质图书扫描而成的二维码版四种版本类型。其中阅读软件的手机图书主要格式有 PDF、EXE、CHM、UMD、PDG、JAR、PDB、TXT、BRM 等。目前手机图书最活跃的是手机小说。

(二)手机图书的特征

手机图书除了具备电子出版物的多媒体、超文本、方便、快捷、互动性强、易于检索、低成本、时效性强、到达率高等明显特点之外,还具有易支付、个性化服务、携带和使用方便等优势,但同时也有一些不足之处,那就是费用较高、内容不足、受众群体小、版权纠纷多、盈利模式单一等。

(三)手机图书的发展

手机图书最早诞生于日本。2000 年 1 月,全世界第一部手机小说《阿由的故事》(《深爱》系列第一本)在日本面世,一年内预订该手机小说的读者突破 200 万人。2005 年,一部名为《恋空》的手机小说在日本问世,使日本掀起了手机小说热潮。2008 年上半年,日本十大畅销书排行榜中,一半是由手机小说改编的作品,平均每部卖出 40 万本。《日本经济新闻》甚至断言,日本的手机小说正在成为带动电影、音乐、出版等多媒体联动的产业。

2004 年 8 月,广东作家千夫长推出了号称国内第一部手机小说《城外》。这部仅仅 4 200 字的小说被北京无线增值业务运营商华友世纪率先以 18 万的天价买断了国内版权,包括 SMS 短信、WAP 手机上网和 IVR 语音业务等版本。该手机小说的第一篇是:

"走出围城,第一次约会城外,接头暗号是张爱玲爱情名句:于千万年之中遇见你所遇见的人,于时间的无涯荒野中,没有早一步,没有晚一步,刚好赶上了。"

70个字符,是一条手机短信息的最大长度。这部以婚外恋为主题的小说共4 200字分割成60条短信出版发行,不到两个月的时间给运营商带来了200多万的收益,创下了80万手机用户付费订阅的记录,从此国内手机阅读开始起步。2005年11月,千夫长又以同样的价格出售了第二部手机小说《城内》。

2005年11月,江苏人民出版社和手机多媒体互动平台服务商南京掌门科技有限公司合作,利用"百阅手机多媒体阅读"的专利技术,将该社出版的图书制作成手机电子书,谋求纸质图书与手机下载订阅双向盈利。2006年7月,商务印书馆发布了数字出版的标志性工程——工具书在线。该工程二期阶段启动了面向手机、移动设备等无线网络用户的实时工具书内容查询、内容订阅服务。

2009年6月29日,盛大文学无线公司宣布与"魔幻岛"达成出版权互换协议,《恋空》将被授权翻译成中文在盛大文学无线业务平台发布,同时盛大文学旗下的《鬼吹灯》小说也被授权译成日文在日本手机平台发布,这一合作在国内文学界引起了不少关注。

三、手机杂志

手机杂志作为数字化杂志内容与手机平台相结合而产生的杂志新形态,不论在形式上还是在生产发行等环节都有其特有的特性与要求。

(一)手机杂志的概念

手机杂志,是一种电子杂志,主要是通过数字化技术将传统杂志的文本内容"数字化",通过数字多媒体技术将图片、音频、视频等多媒体化,然后通过移动通信网络发送给用户手机,供用户阅读的多媒体资讯杂志。目前手机杂志主要有两种形式:一是传统杂志的手机版,如《南风窗》《凤凰生活》《瑞丽》《时尚》《中国国家地理》等知名杂志都有手机版;二是媒体专门为手机量身定制的杂志,手机用户可以通过WAP在线阅读或使用智能手机上的手机杂志客户端接收、下载后阅读。如中央电视台推出了中国第一本手机视频杂志《手边》。

其中VIVA手机杂志是指基于移动互联网,向手机终端用户提供集合"图、文、音、视频"等多媒体内容,定期发行的类"杂志"移动多媒体应用服务。

VIVA手机杂志提供时尚、财经、娱乐、音乐、体育、旅游、时政、汽车、电影、动漫、数码、IT、摄影、军事、健康、生活等17大类杂志,已经拥有千余种杂志媒体库,1 300多种杂志签约版权合作。VIVA手机杂志平均每天推出上线的杂志达5本之多。

此外,国内较知名的手机杂志客户端提供商是"掌媒"。2007年6月,掌媒推出了全球第一款用手机看杂志的软件——掌媒V1.1。通过这个浏览器,用户不仅可以跟传统媒体保持同步,还能欣赏到海量的杂志内容,同时还提供局部放大和书签等功能。

目前国内手机杂志还处于市场培育阶段,但是发展潜力很大。

(二)手机杂志的特点

手机杂志的主要特点是精准定位、分众传播、成本低、资讯多、携带方便、随时阅读、轻松获取、保存方便、时效性强、共享性高、环保时尚、节约资源,表现形式丰富,等等。既仍然具有传统纸质杂志的形态与内容,又有手机新媒体的新元素。

第三节 手机广播、电视、电影

手机媒体作为新兴的媒体形式,主要以移动通信网络为传播平台,所以在与数字广播、数字电视与数字电影相结合方面为广播、电视、电影提供了新的传播渠道,同时也形成了新的媒体形态,那就是手机广播、手机电视与手机电影。

一、手机广播

手机广播作为手机媒体与广播媒体的融合媒体,自出现以来,既为人们所关注与喜爱,又在自身经营上面临诸多的问题与困难。

(一)手机广播的概念

手机广播是手机媒体的一种存在形式。所谓"手机广播",就是利用具有收音和上网功能的智能手机收听广播。从技术上看,手机广播有两个实现途径:一是随着GPRS、3G、4G、WAP等无线通信技术和服务的发展、完善,依托移动通信网络和互联网络,用上网手机实时收听或点播网络广播节目;一是在手机中内置了FM广播调谐器,用手机可以直接收听电台广播节目。所以手机广播有语音服务方式、网络广播电台方式与移动多媒体广播方式三种形式。

作为新的媒体终端,手机广播正在成为电信运营商、广电部门争夺的下一个市场目标。对广播电台来说,手机广播拓展了广播的新时空,增加了节目的外延;对于电信部门来说,手机广播开发了新的商机,更是一次技术上的创新,而直接受益者则是广大的广播受众。

(二) 手机广播的特征

手机广播作为手机媒体的一种,将广播媒体与手机媒体的功能有机结合,表现出与众不同的媒介特性。其特性主要体现在以下三个方面:

1. 跨媒体共享信息

手机与网络技术结合后,在充分发挥手机自身语音传输功能的同时,集文字、图片、声音、视频于一体。如3G、4G手机对用户最大的吸引力就在于内容,由于拥有足够的带宽,3G、4G能够实现手机在线听广播、看电视、视频点播等内容。一机在手,可以共享多种媒体信息。

2. 多渠道实现互动

"手机广播"可以和广播、电视、报刊实现互动,如用短信或者热线电话参与节目,和主持人或者受众讨论相关话题,发送下载音频、图片资料给传统媒体;受众也可以用手机广播在线收听、点播节目,也可以发电子邮件或者进入聊天室、BBS、网上调查等参与电台的节目讨论;手机广播还可以利用手机直接通话交流,链接不同媒体的受众群,促使不同媒体之间的受众进行多方面的沟通和交流,实现更广泛、迅速的互动。

3. 个性化传播

手机精巧、轻便,便于随身携带,使人们可以随时随地收听广播,实现了"一人一媒体",达到了点对点传播的效果。受众还可以利用手机上网,收听自己喜欢的节目,也可以按照自己的意愿随时点播节目。随着通信网络覆盖率的提高和无线通信技术的发展,手机广播将使受众在全球范围内收听自如。

(三) 手机广播的发展

日本和韩国在2004年联合发射了一颗直播卫星 MBSAT (Mobile

Broadcasting Satellite)，其中 30 个音频、7 个视频和 13 个数据广播通道专门为两国的手持移动终端用户以广播方式提供音频、视频和数据业务服务。

2005 年 6 月 15 日，电信设备巨头爱立信和 Napster 宣布将为移动运营商提供无线音乐下载服务。2005 年 7 月 28 日，M-Gen 公司独家研发的 moCasting（即 Mobile Broadcasting）平台正式开通，成为全球首个集博客、播客、网络广播以及手机广播于一体的 3G 多向流动多媒体个人广播平台。摩托罗拉在 2005 年第四季度推出 iRadio 服务，用户可利用普通车载音响播放保存在手机中的乐曲。

新兴公司 Mercora 早就提供手机用户免费听取歌曲的广播服务，而且允许每一位用户设立自己的小型广播站，并可发送广播信号。

2003 年我国首次出现了手机广播业务，但因为节目形式、内容以及资费等因素限制，一直没有发展起来。2005 年 7 月 1 日，上海文广新闻传媒集团（SMG）开播了"SMG 手机电台"，这是一个互动式语音应答（IVR）方式的手机广播，用户可以实时和点播收听。这是国内第一个由传媒机构全程提供集群语音内容支持，并通过无线通信网络和广电网络实现语音资讯实时或延时互动传播的强大语音资讯平台。[①]

2007 年 2 月，中国移动在广东地区推出了"掌上电台"业务，用户只需在手机上安装客户端软件，通过本地化菜单浏览节目内容，随时随地点播收听，资费是点播 0.1 元/次或 0.2 元/次，包月 1 元/月或 2 元/月。

2008 年 9 月，黑龙江人民广播电台与中国移动公司联合开办了手机广播，用户只需通过手机拨打相应的号码，即可实现广播节目 24 小时的自由点播，还可以免费拨打直播间的互动电话或使用主持人的留言信箱参与节目。

2009 年 3 月，上海率先开通了基于 CMMB（中国移动多媒体广播网络）移动多媒体广播的手机电视和手机广播。

（四）手机广播的经营

作为现代人不可或缺的通信工具，手机在我国已经非常普及，但手机广播在未来的发展中还存在一些难题。首先是现有广播电视部门与电信部门之间的政策管制壁垒无法促成广播电视与电信的融合与合作，其次是用户定制费与数据流量费所造成的居高不下的资费问题，再次是所有参与的网络提供商、应用开发商、内容提供商、手机终端商还没有形成多方共赢的运营模式，最后

---

① 宫承波.新媒体的多维审视.北京：中国广播电视出版社，2008：103.

是具备听广播功能的手机价格比较高导致多媒体手机终端的普及率低。所以手机广播今后的发展必须解决上述难题,借助于新媒体技术的革新与普及,国内广电网、电话网、互联网"三网"融合的契机,降低资费,重视营销,以全面普及手机广播。

二、手机电视

手机电视作为以手机为收看平台的电视新形式,不仅含有新的技术也还有其新的特点。

(一)手机电视的概念及技术支持

手机电视(Mobile TV),就是利用具有操作系统和流媒体视频功能的智能手机观看电视的业务。其主要内容形式是移动电视剧、实况电视节目等。

目前,手机电视业务的实现方式主要有三种:第一种是移动蜂窝网络的方式,如美国的 Sprint、中国移动(GPRS 网络)和中国联通公司(CDMA1X 网络)。第二种是卫星广播的方式,韩国的运营商计划采用这种方式。第三种是地面数字广播方式,即在手机中安装数字电视的接收模块,直接接收数字电视信号,如日本的 ISDB-T、欧洲的 DVB-H、韩国的 T-DMB。

我国手机电视的技术标准是 2006 年颁布的 CMMB(China Mobile-Multimedia Broadcasting,中国移动多媒体广播)和 2008 年颁布的由北京新岸线软件科技有限公司提出的 T-MMB。

(二)手机电视的特征

手机电视最主要的特点是个性化传播与交互式传播。

1. 个性化传播。手机精巧、轻便,便于随身携带,使人们可以随时随地收看电视,实现了"一人一媒体",达到了点对点传播的效果。受众还可以按照自己的要求选择时间、地点收看自己喜欢的节目,也可以按照自己的意愿随时点播节目,完全实现电视收看的个性化。

2. 交互式传播。手机电视可以单向传播,也可以双向甚至多向传播。手机电视观众可以自由地选取自己所需要的信息,也可以参与电视的节目活动,甚至还可以通过发送电子邮件或者进入聊天室、BBS、网上调查等参与电台节目的评论与讨论,从而真正实现广泛、快速的交流与互动。

(三) 手机电视的发展

自 2003 年起,日本的 NTTDoCoMo 和 KDDI 两大移动通信巨头纷纷推出手机电视业务。其中 NTTDoCoMo 专门推出了 OnQ 手机终端,并于 2005 年 12 月斥资 1.77 亿美元收购富士电视台 2.6% 的股份,合作开发手机电视市场。而 KDDI 则致力于发展数字广播网络下的手机电视业务,与日本广播协会(NHK)合作并于 2003 年 5 月和 2004 年 5 月开发了两款数字电视手机。此外日本还专门研发并发布了手机电视的技术标准——ISDB-T,2006 年 4 月,正式推出采用 ISDB-T 标准的免费服务的 ISEG 手机电视,受到用户的普遍欢迎。

韩国电信公司 SK 专门成立合资公司 TUMedia,积极推动 DNB(数字多媒体广播业务)的发展,为此,SK 公司于 2004 年 3 月花巨资与日本移动广播公司 MBC 合作,在美国的佛罗里达发射升空了一颗价值 3.1 亿美元的专用卫星,负责向移动电话、手持通信设备或者车载设备发射电视节目。自 2005 年起,韩国数字多媒体广播业务(DMB)正式开始进行商业运作,并成为世界上第一个商业化运营手机电视的国家。除了 TUMedia 独家运营的 S-DMB(卫星数字多媒体广播)以外,韩国还有六家运营商联合向用户免费提供 T-DMB(地面数字多媒体广播)业务服务,但是 S-DMB 的运营状况优于 T-DMB。

2003 年,美国 Sprint 公司推出了手机电视业务,成为全美第一家推出手机电视服务的运营商。Sprint 公司是通过 2.5G 的通信网络,采用美国 Idetic 公司的 MobiTV 系统,为用户提供手机电视服务,基本月租费 10 美元。但由于 MobiTV 系统实时影像发送的帧速仅为 1—2 帧/秒,还不及常规电视机的帧速率 30 帧/秒,Sprint 公司的手机电视收视效果并不理想。美国最大的移动电话公司 Cingular 于 2005 年 2 月推出手机电视服务套餐,月租费为 9.99 美元,用户可以即时收看美国财经资讯电视台(CNBC)、美国有线新闻频道(MSNBC)、澳大利亚广播新闻网以及教育频道等 22 个频道的电视节目。2007 年 3 月,美国最大的 CDMA 运营商 Verizon Wireless 与高通旗下的 MediaFLOUSA 合作推出了"V CAST MobileTV"手机电视业务。该公司采用高通的 MediaFLO 技术,向用户 24 小时提供 ESPN、FOX 移动、MTV 等 8 个频道的电视节目,并成为全美第一个具有常规电视品质的移动电视服务。截至 2007 年 6 月,Verizon Wireless 已经把"V CAST MobileTV"手机电视业务推广到了纽约、洛杉矶、费城、芝加哥、达拉斯、丹佛和西雅图等 30 个城市。

2005年3月,世界著名的手机制造商——诺基亚在芬兰首都赫尔辛基发起了"赫尔辛基手机电视试验",首次试用DVB-H技术标准向该地区500个使用诺基亚7710的手机用户发送电视和广播节目。2005年9月,英国通信运营商O_2与广播电视服务提供商NTLBroadcast共同推出了基于DVB-H的手机电视试验业务,为用户提供16个频道的电视节目。同一年,英国最大的移动通信公司沃达丰集团也正式推出了手机电视业务,并与HBO、20世纪FOX公司、MTV、Fashion TV等世界知名媒体公司展开合作,为用户提供精彩的电视节目内容。2007年11月,欧盟宣布将诺基亚主导的DVB-H标准作为欧洲手机电视的技术标准。

2003年,在博鳌亚洲论坛期间,手机电视业务初登中国舞台。2004年3月,广州移动向其全球通用户提供手机电视业务,通过中国移动GPRS网络传输信号。2004年5月,中国联通也推出"视讯新干线"手机视频服务,通过中国联通CDMA1X传输信号。截至2006年7月,中国移动全国手机电视"梦视界"业务的用户已突破100万,用户可以通过手机电视收看8大主题频道,59个特色栏目。中国联通的"视讯新干线"也达到约60个频道,涵盖了全国主要电视台。[①] 与此同时,自2005年起,上海电视台、中央电视台、中央人民广播电台和中国国际广播电台等分别获得国家广电总局颁发的手机电视牌照,获准运营手机电视。2005年6月,国家广播电影电视总局成立了中广卫星移动广播有限公司(简称中广移动),负责多媒体广播项目的投资、运营与节目的传输,推动CMMB手机电视的运营。2006年10月,国家广播电影电视总局确立CMMB为中国手机电视行业标准,并在2008年6月26日与北京奥组委联合宣布,通过CMMB为奥运会服务。在2008年的奥运会上,中广移动携手中国移动推出TD制式CMMB手机,通过CMMB网络向用户提供视频信号,同时,中国移动还携手央视国际推出通过目前2.5G或2.75G的移动通信网络向用户提供流媒体技术的手机电视业务。此后,国家广播电影电视总局全面推动CMMB手机电视的发展,并规划向用户提供广播电视频道业务、数据广播业务和互动业务三种业务。2009年3月,CMMB手机电视在上海率先展开商用服务,用户每月交纳20元的收视费即可收看7套数字电视、2套数字广播,还有股票信息、天气预报、电子报纸等数据服务,上海成为我国第一个CMMB手机电视投入商业运营的城市。

---

① 李传涛.手机电视发展现状分析.http://www.enet.com.cn/ediy/inforcenter/enet_z.jsp?articleid-20060911191216.

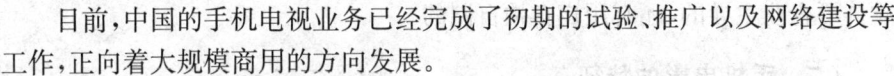

目前,中国的手机电视业务已经完成了初期的试验、推广以及网络建设等工作,正向着大规模商用的方向发展。

(四)手机电视的经营

手机电视在国内虽然完成了前期的基础准备,正走向全面商业化、民用化,但是其发展也面临诸多的问题:首先在内容上由于没有前期的受众调查与研究,再加上资金投入的不足,手机电视内容资源匮乏;其次在接收终端上存在电池使用时长的限制,手机终端价格太贵,再加上可能有其替代品的出现等问题,可以收看电视的手机还没有被广为接受;还有技术标准上既有国家技术标准 T‑MMB 又有行业技术标准 CMMB,两个标准以及所代表的电信业与广电行业之间的争端,导致技术标准的不统一;再加上用户对手机电视的认识不足以及盈利模式的单一,等等,这些都严重阻碍着我国手机电视今后的推广与发展。所以手机电视未来的发展既要国家政策与技术的支持,还需要大量资本的投入,更要积极探索盈利的模式。

三、手机电影

手机电影是手机与数字电影相结合的产物,但自有其特别之处,所以很受年轻受众的欢迎。

(一)手机电影的概念

关于手机电影的定义,目前还没有形成能为众人完全认可的观点,主要的一些观点有:

通过网络付费传输到手机中进行观赏影片的方式被称为手机电影。

手机电影其实就是将电影分成片断,通过网络发送到手机或者 MP3 上,以供消费者观看。

用常规的技术和方式拍摄电影,只是完成以后转换成适合通信网络传播和手机观看的格式而已,有的更是把普通电影的剪辑片断做成了手机格式。

手机电影指以手机为主要拍摄与制作工具,并能够通过手机平台传输与手机下载、观看的电影。

综合起来看,广义的手机电影,就是通过手机平台播出的电影,而狭义的手机电影,则是所有电影的拍摄、制作、传输、播出与观看都必须在手机平台上完成。此外,从手机电影的业务模式上看,手机电影既有电影公司主导的、视频许可企业主导的,还有用户自拍自制的。

(二) 手机电影的特征

与传统电影相比较,手机电影最为明显的特点是时间较短、叙事简单、平民视角,等等。

1. 时间较短

一般电影时长为2~3小时/部,一般电视剧时长为20~50分钟/集,但是手机电影因为手机的随身携带,随时随地变换环境甚至中断信号,再加上手机的小屏幕极容易让人视觉不适甚至产生视觉疲劳,所以手机电影的时长一般比较短。2004年12月,美国ZOIE电影公司举办了首次全球性的手机电影节,参赛作品长度要求在1至5分钟。2005年10月,法国巴黎举办"口袋电影节",展出的手机电影基本上都是在30秒以内。2005年7月,由田壮壮任艺术总监的中国第一部手机电影《聚焦这一刻》共含8部短片,每部3分钟。2006年,《西安宣言》将手机电影的时长规定为10分钟之内。所以,总的来说,虽然没有统一的规定与规则,但手机电影的一般时长为3分钟,至多也要在10分钟以内。但无论怎么比较,手机电影的时长还是短的。

2. 叙事简单

由于播放环境随时随地可能变换,手机电影时长非常短,再加上手机的硬件与网络服务技术不能支持较长时间的播放和较好的播放效果,手机电影的叙事情节必然要大大缩短,叙事方式必须简单。所以只有简短的故事情节才适合作为手机电影的题材。

3. 平民视角

因为手机电影不会也不需要演员和导演,更不要超长的剧本,往往就是随拍随看,随看随拍,从选题到拍摄、制作、传输、播出等所有环节都是用户或爱好者自己全程完成的,所以技术上是平民的,即业余的,而且内容素材上也往往是以记录用户们生活当中平民的故事为主。

(三) 手机电影的发展

手机电影起源于美国与欧洲。2004年12月,美国ZOIE电影公司举办了首次全球性的手机电影节。2005年10月,法国巴黎举办"口袋电影节"。现在美国的手机电影产业链已经成型,开始大规模制作。美国福克斯电视台于2009年初推出了手机版《24小时》,名为《24:阴谋》,每集时长60秒,每月收费

15 美元,固定订户至少 1 万人。欧洲手机电影交易空前繁荣,英国一年的手机电影交易额高达 1.9 亿美元。

亚洲的手机电影最先出现在印度和日本。2004 年 12 月,印度的电信公司和电影厂合作,推出了手机电影《为我停驻》,讲述了一群印度青年的成长经历,影片通过 GSM 技术采用高速无线传输给观众在线观看。2007 年 12 月,日本举行了首届"口袋电影节",电影节规定参赛影片不限长度,但必须是用手机拍摄而成的。

2005 年 5 月 18 日,由中博传媒出品的手机系列电影《聚焦这一刻》在北京开机,并在 6 月 2 日完成拍摄。这部电影被《西安宣言》追认为"中国手机电影发轫之作",被媒体称为"中国第一部手机电影"。

2005 年 6 月,在上海国际电影节上,戛纳电影节获奖影片《青红》的制片商召开新闻发布会,宣布推出"手机版"《青红》,全片总时长 18 分钟,分 6 部,每部 3 分钟。2005 年 10 月,圣一门影视策划公司在北京举行了"真正的手机电影"暨中国第一部手机电影媒体发布会,会上北京电影学院的陈廖宇副教授介绍了他的全新"手机电影"概念,并播放了他以索爱 K750C 手机为主要创作工具拍摄、剪辑的短片《苹果》《车夫》及《迷路》等 7 部作品。2005 年 12 月,冯小刚推出手机电影《手机,打死也不说》。

2006 年 10 月,首届中国手机电影盛典在西安举行,这是国内第一次以手机电影为主题的电影活动,其主题是"手机电影和我们的生活",并规定所有参赛作品的时长为 1 至 10 分钟。2007 年 12 月,在中国成都举行了第二届中国手机电影盛典,即"中国(成都)国际手机电影年度盛典"。2009 年 12 月,由中博传媒主办的第三届中国手机电影盛典暨"深圳印象"手机电影大赛在深圳举行,并永久落户深圳。

思考练习

1. 调查一下你身边的同学对手机短信、彩信与彩铃的使用情况。
2. 调查一下你所在的大学校园对手机图书、报纸与杂志的订阅情况。
3. 调查一下大学生对手机广播、电视与电影的认知程度。

参考文献

一、著作、编著

1. [美]罗杰·菲德勒. 媒介形态变化:认识新媒介. 明安香译. 北京:华夏出版社,2000.
2. [美]托马斯·鲍德温. 大汇流:整合媒介信息与传播. 龙耘,宫希明译. 北京:华夏出版社,2000.
3. 王菲. 媒介大融合:数字新媒体时代下的媒介融合论. 广州:南方日报出版社,2007.
4. 石磊. 新媒体概论. 北京:中国传媒大学出版社,2009.
5. 蒋宏,徐剑. 新媒体导论. 上海:上海交通大学出版社,2006.
6. 吴满意. 网络媒体导论. 北京:国防工业出版社,2008.
7. 宫承波,翁立伟. 新媒体产业论. 北京:中国广播电视出版社,2010.
8. 杨继红. 谁是新媒体. 北京:清华大学出版社,2008.
9. 岳泉,汪徽志,刘红珠. 新媒介概论. 南京:南京大学出版社,2010.
10. 王长潇. 新媒体论纲. 广州:中山大学出版社,2009.
11. 宫承波. 新媒体概论(第2版). 北京:中国广播电视出版社,2009.
12. 严三九. 新媒体概论. 北京:化学工业出版社,2011.
13. 殷俊等. 新媒体产业导论——基于数字时代的媒体产业. 成都:四川大学出版社,2009.
14. 陈刚. 新媒体与广告. 北京:中国轻工业出版社,2002.
15. Stewart Brand. The Media Lab:Inventing the Future at MIT. New York:Viking Penguin,1987.
16. [美]曼纽尔·卡斯特. 网络星河:对互联网、商业和社会的反思. 郑波,武炜译. 北京:社会科学文献出版社,2007.
17. Mandel Michael. The Coming Internet Depression. New York:Basic Books,2000.
18. [英]安德鲁·查德威克. 互联网政治学:国家、公民与新传播技术. 任孟山译. 北京:华夏出版社,2010.

19. 季金奎. 中国电子政务领导干部知识读本. 北京:中共中央党校出版社,2002.

20. [英]约翰·基恩. 媒体与民主. 郤继红,刘士军译. 北京:社会科学文献出版社,2003.

21. 俞可平. 民主与陀螺. 北京:北京大学出版社,2006.

22. [美]马克·波斯特. 互联网怎么了?. 易容译. 开封:河南大学出版社,2010.

23. 巨荣良,王丙毅. 现代产业经济学. 济南:山东人民出版社,2009.

24. 克里斯·安德森. 长尾理论. 乔江涛译. 北京:中信出版社,2006.

25. [加]埃里克·麦克卢汉,弗兰克·秦格龙. 麦克卢汉精粹. 何道宽译. 南京:南京大学出版社,2000.

26. [美]托马斯·达文波特,约翰·贝克. 注意力经济(第2版). 谢波峰,王传宏,陈彬,康家伟译. 北京:中信出版社,2004.

27. 张雷. 注意力经济学. 杭州:浙江大学出版社,2002.

28. 余明阳,杨芳平. 品牌学教程. 上海:复旦大学出版社,2009.

29. 汪伯文,付强. 风险投资的代理经济学分析. 成都:西南交通大学出版社,2008.

30. [美]亚德里安·斯莱沃斯基,大卫·莫里森,劳伦斯·艾伯茨. 发现利润区. 凌晓东译. 北京:中信出版社,2010.

31. [美]安德鲁·基恩. 网民的狂欢:关于互联网弊端的反思. 丁德良译. 海口:南海出版公司,2010.

32. 吴小坤,吴训信. 美国新媒介产业. 北京:中国国际广播出版社,2009.

33. 陆地,高菲. 新媒体的强制性传播研究. 北京:人民出版社,2010.

34. 匡文波. 论发达国家对手机媒体的管理. 郑保卫. 新闻学论集(第20辑). 北京:经济日报出版社,2008.

35. [美]理查德·A. 斯皮内洛. 世纪道德:信息技术的伦理方面. 刘钢译. 北京:中央编译出版社,1998.

36. 陆俊. 重建巴比塔:文化视野中的网络. 北京:北京出版社,1999.

37. 严耕,陆俊,孙伟平. 网络伦理. 北京:北京出版社,1998.

38. 李一. 网络行为失范. 北京:社会科学文献出版社,2007.

39. [英]戴维·冈特利特. 网络研究——数字化时代媒介研究的重新定向. 彭兰译. 北京:新华出版社,2004.

40. ［美］哈格尔三世,阿姆斯特朗.网络利益:通过虚拟社会扩大市场.王国瑞译.北京:新华出版社,1998.

41. ［美］丹·吉摩尔.草根媒体.陈建勋译.南京:南京大学出版社,2010.

42. 方兴东,王俊秀.博客——e时代的盗火者.北京:中国方正出版社,2003.

43. 斯蒂夫·琼斯.新媒体百科全书.熊澄宇,范红译.北京:清华大学出版社,2007.

44. 屠忠俊.网络传播概论.武汉:武汉大学出版社,2007.

45. 黄晓鹏.我国期刊管理工作研究.北京:北京图书馆出版社,2003.

46. 曾建勋.数字化期刊手册.北京:科学技术文献出版社,2002.

47. 宫承波.新媒体的多维审视.北京:中国广播电视出版社,2008.

48. 匡文波.手机媒体概论.北京:中国人民大学出版社,2006.

49. 朱海松.第五媒体:无线营销下的分众传媒与定向传播.广州:广东经济出版社,2005.

50. ［美］约翰·帕夫利克.新媒体技术:文化和商业背景.周勇,张平锋,景刚译.北京:清华大学出版社,2005.

51. 靖鸣,刘锐.手机传播学.北京:新华出版社,2008.

52. 张文俊.数字新媒体概论.上海:复旦大学出版社,2009.

二、期刊论文

53. 朱海松.手机报:新媒体的最佳利器.广告大观,2009(6):109-110.

54. Coase. The institutional structure of production. The American Economic Review, volume 82, issue 4, September, 1992:713-719.

55. 刘洋.浅议草根文化.辽宁师专学报(社会科学版),2008(3):48-49.

56. 蒋建国.论网络消费文化的特征.贵州社会科学,2010(12):49-52.

57. Porter. M. E. Clusters and the New Economics of Competition. Harvard Business Review,1998:77-79.

58. 龚勤林.论产业链构建与城乡统筹发展.经济学家,2004(3):121-123.

59. 贾星客等.论左版.云南师范大学学报(哲社版),2002(1):13-19.

60. 章忠信.美国一九九八年数字化千禧年著作权法案简介.万国法律,1999(107).

61. 陈英敏.未成年人"触网"的利弊及其对策.青少年犯罪问题,2002(5):15-18.

62. 毕研韬. 世界各国对网络色情的控制手段. 信息网络安全,2007(8):70-73.

63. 孙伟平,贾旭东. 关于"网络社会"的道德思考. 哲学研究,1998(8):10-16.

64. 严耕. 道德建设的全新领域——网络道德建设初探. 马克思主义与现实,1997(6):51-55.

65. 苏丹. 法治严明秩序为先——新加坡的网络内容管理. 中国记者,2004(10):84-85.

66. 周宏. 试论计算机网络的道德问题. 道德与文明,2000(5):31-33.

67. 陈勇,王艳霞. 论网络时代思想政治教育创新. 煤炭高等教育,2001(6):35-37.

68. 付立宏. 论网络信息伦理的培育. 图书情报工作,2002(7):25-30.

69. 曹劲松. 网络道德建设初探. 道德与文明,2002(2):63-66.

70. 小光. 黑客闪客之后,博客崛起. 管理与财富,2002(12):40-41.

71. 林信成,陈莹洁. Wiki 协作系统应用于数位典藏之内容加值与知识汇集. 教育资料与图书馆学,2006(3):285-307.

72. 刘美. 维基解密能引发"新媒体革命"吗?. 环球财经,2011(1):102-103.

73. 郭长禹. 论高校数字图书馆门户网站建设. 图书馆学刊,2005(3):49-53.

74. 亓文会,杨文刚. 企业门户——企业 e 化转型的战略性方向. 中国管理信息化(会计版),2006(2):25-27.

75. 李广乾. 建设政府门户网站 全面深化电子政务. 新经济导刊,2003(11):72-75.

76. 蒋望东. 互联网上的搜索引擎综述. 中国科技信息,2008(13):103-104.

77. 张海鹰,耿爱静. 电子图书的现状分析. 情报科学,2001(11):12-18.

78. 黄立华,赵莲芳. 电子图书文件格式及其制作阅读工具的分析研究. 图书情报工作,2002(9):56-59.

79. 刘学燕. 电子图书基本要素及其发展探析. 图书馆工作与研究,2009(3):29-30.

80. 周劲. E-book 数字之花悄然开放:关于 E-book 的几个话题. 中国出版,2002(1):53.

81. 金兼斌. 电子报纸与网络传播. 新闻与传播研究,1998(3):24-33,93-94.

82. 宋昭勋. 网络新闻学历史与定义. 国际新闻界,2007(3):40-43.

83. 曾凡斌. 发展数字报业战略的关键点及需要注意的问题. 中国报业,2006(10):23-37.

84. 向飒. 论网络期刊发展的制约因素. 郑州大学学报(哲学社会科学版),2003(6):154-156.

85. 罗良道. 电子期刊:现状与发展. 晋图学刊,2000(3):22-24.

86. 彭伟. 网上电子期刊研究. 情报科学,2000(4):296-300.

三、网络资源

87. 刘书文. 从新浪和搜狐比较看中国门户网站现状和未来. http://news.xinhuanet.com/ec/2005-06/22/content_3119191.htm.

88. 北京金路公务员考试研究中心. 科技文献版公务员行测:文章阅读. http://bj.yuloo.com.

89. www.baike.baidu.com.

90. 艾瑞咨询. www.iresearch.com.

91. 中国互联网信息中心. www.cnnic.cn.

92. www.wikipedia.org.

93. www.newmediastudy.org.